U0827563

尽　善　尽　美　　　弗　求　弗　迪

战略执行力

将组织战略转化为经营成果的管理实践

组织与人才发展精进系列

周　锋
王安辉
◎著

電子工業出版社
Publishing House of Electronics Industry
北京 • BEIJING

内 容 简 介

三分战略，七分执行。无论组织决策有多好、思路如何清晰，如果不能付诸实践，不执行到位，一切都会成为纸上谈兵。战略的正确性最终要靠企业强大的执行力来加以体现。

本书从战略与执行、共启愿景、组织与权责、从战略到计划、流程化运作、协同作战、督导与改进、绩效牵引奋斗、激活人才这九个方面系统阐述了塑造组织战略执行力的内在奥秘与方法。本书可作为企业中高层管理人员的参考用书，帮助管理人员打造企业、部门和个人的超强战略执行力。

图书在版编目（CIP）数据

战略执行力：将组织战略转化为经营成果的管理实践 / 周锋，王安辉著. —北京：电子工业出版社，2022.1

ISBN 978-7-121-42466-3

Ⅰ. ①战… Ⅱ. ①周… ②王… Ⅲ. ①企业战略－战略管理 Ⅳ. ① F272.1

中国版本图书馆 CIP 数据核字（2021）第 241741 号

责任编辑：杨　雯
印　　刷：三河市鑫金马印装有限公司
装　　订：三河市鑫金马印装有限公司
出版发行：电子工业出版社
北京市海淀区万寿路 173 信箱　邮编：100036
开　　本：720 × 1000　1/16　印张：18.25　字数：288 千字
版　　次：2022 年 1 月第 1 版
印　　次：2022 年 1 月第 1 次印刷
定　　价：68.00 元

凡所购买电子工业出版社图书有缺损问题，请向购买书店调换。若书店售缺，请与本社发行部联系，联系及邮购电话：（010）88254888，88258888。

质量投诉请发邮件至 zlts@phei.com.cn，盗版侵权举报请发邮件至 dbqq@phei.com.cn。

本书咨询联系方式：（010）57565890，meidipub@phei.com.cn。

前言

当前，企业战略和执行力被越来越多的企业所关注。企业战略规划确定了组织使命和主要目标，战略制定得好坏关系到企业的生存与发展，而执行是否得力则直接关系到战略最终能否产生效果，没有得到执行的战略再宏伟也无济于事。企业战略的实质是要行动，而不是空谈。

曾任思科全球副总裁的林正刚强调："思科成功之处并不在于技术，而在于执行力。"比尔·盖茨也说："没有执行力，就没有竞争力。"也就是说，仅有好的战略，并不能让企业在激烈的市场竞争中脱颖而出，只有执行力才能为企业创造出实质性的价值。

近年来，我和我的团队一直致力于为企业提供管理咨询服务。在与国内众多企业接触的过程中，我发现很多企业的执行力都不是真正的执行力，大部分员工都只是被动地忙乱接受并完成上级交代的工作，很少去思考自己执行的是什么，为什么要执行；企业管理者也经常将"执行"挂在嘴上，大家看似忙碌，但是企业战略意图并没有实现。

为什么会出现这样的情况呢？根据合益（Hay）咨询公司的研究，全球最受赞赏的公司取得成功的关键因素之一就是成功地执行战略。执行必须和企业的战略高度一致，而大多数企业在执行和战略之间都存在断层。执行的目的是实现战略，战略执行力才是真正的执行力。因此，通过高效管理促使企业各部门、员工更好地执行战略，提升整个企业的战略执行力显得尤为重要。

《财富》杂志统计分析表明，只有 10% 的战略能够被有效执行。可见，战略执行是多数企业面临的最大挑战之一。近年来，我和我的团队一直致力于中国企业的管理研究、咨询辅导和培训，我们在咨询辅导的过程中，对打造战略执行力有一些思考和实战经验。于是，为了帮助有些企业经营者和管理者摆脱目前的迷茫，掌握塑造组织战略执行力的方法，我和我的团队策划、编写了这本书。

塑造组织战略执行力是一项系统工程，它涉及企业管理的各个方面。本书将从战略与执行、共启愿景、组织与权责、从战略到计划、流程化运作、协同作战、督导与改进、绩效牵引奋斗、激活人才这九个部分来阐述提升战略执行力的方法实践。其中愿景和使命保障战略执行的目标正确，组织权责确保战略执行的分工与职责清晰，从战略到计划确保战略执行的方向统一，流程化运作确保战略执行的标准与规范性，协同作战确保战略执行的全员一致性，督导与改进确保战略执行能够及时进行纠偏与调整，绩效牵引奋斗确保战略执行有成果，激活人才为战略执行提供强有力的人才保障。

就本书的创作而言，我和我的团队通过相关的咨询辅导项目，与一些企业经营者和管理者进行了深入沟通，对于如何帮助企业塑造强有力的战略执行力进行了积极而有效的探索。我们在本书中也融合了部分我们在管理咨询服务中的一些实践工具，以供广大读者共同交流探讨。

总体来说，本书从解决企业战略执行力问题的角度出发，系统地介绍了如何打造组织战略执行力的一套可操作的解决方案，旨在帮助企业解决战略无法全面落地的问题，真正让执行力成为将组织战略转化为经营成果的有力保障。

在写作本书的过程中，我们获得了众多管理同行的帮助，在此表示感谢！衷心希望本书能够对读者朋友们有所启发，并且能够提供切实有效的帮助。最后，我们也深知自己水平有限，书中可能存在需要进一步推敲的观点和见解，若您有更好的建议，恳请不吝指正。

周　锋

目录

第 1 章 战略与执行

第 2 章 共启愿景

第 3 章

组织与权责

第 4 章

从战略到计划

第 5 章 流程化运作

第 6 章 协同作战

第 7 章

督导与改进

第 8 章

绩效牵引奋斗

第 1 章
战略与执行

STRATEGY STRATEGY STRATEGY STRATEGY STRATEGY

战略是企业经营之魂。企业要根据自身实际情况制定适应未来发展的战略，更重要的是要确保战略落地和执行。因此，企业在制定明确的战略目标后，就必须专注于如何将其落实转化为实际的行动并确保其实现。

1.1 战略的内涵与作用

“自古不谋万世者，不足谋一时；不谋全局者，不足谋一域。”战略原本是一个军事术语，指的是军队作战的谋略。后来，战略一词被广泛地应用到军事之外的其他领域，如政治、经济和企业管理等领域。

1.1.1 战略的认知误区

当前，越来越多的企业认识到战略的重要性，也有国内外很多知名企业在战略管理方面做出了很好的示范，但还是有很多人对战略的认识存在诸多误区。

误区一：战略等于目标

在一些企业领导者的认知里，战略就是企业的目标。他们会在企业会议上向员工宣布：“今年我们的战略目标是实现 5 亿元的销售收入。”然后大家开始分组讨论并表示认同。有人也会对此有疑问，这是战略目标没错啊。其实不然，这只是领导者为企业制定的业绩目标而已，并非战略。

战略是实现企业目标的工具，它可以用来指导一个组织如何向前迈进。因此，战略并非简单的业绩目标，而是包括一系列连贯性的分析、理念、方针、论证和行动。

当企业在制定战略时，如果没有给出一个合理可行的行动方案，就会导致战略执行不到位的情况发生。战略也会因此而流于形式，难以获得预期的成果。但是战略并不包含执行的细节，只是给出合理可行的行动方案。如上面所提到的，如果领导者在设定目标后，委派下属制定实现目标的具体措施，这个过程我们可以称为目标设定过程，而并非制定战略。

误区二：战略等于运营效益

很多企业在进行战略规划时，更加注重运营效率的提升，比如设置一系列的 KPI（关键绩效指标）、进行组织架构变革等。但正如迈克尔·波特指出的，真正的战略应以竞争性定位为核心，对企业经营活动进行取舍，以获得独特的优势。

战略应该解决的是如何更好地配置资源以帮助企业实现竞争目标的问题。战略的着眼点在外部，而运营效益的着眼点在内部。

光明乳业曾经是中国乳制品行业的领头羊，曾经获得了多个市场第一的称号。由于企业运营效益连续下降，光明乳业领导层做出决定——实施“轻资产战略”，即通过输出管理、技术和品牌以获取利润。不出所料，“轻资产战略”的确帮助光明乳业获得了运营效益的提升，解决了很多管理与运营方面的问题，但是，“轻资产战略”并没有考虑到如何帮助光明乳业获得市场竞争优势。缺少差异化的定位使得光明乳业逐渐失去了消费者的认可，被其他品牌赶超。

运营效益并不等于战略，企业只有建立起一种长期可保持的差异化，才能胜出竞争对手。

误区三：战略等于关键任务

我在给国内某快消公司做一线经理执行力提升咨询项目时，发现该公司总经理把关键任务当成了战略。每年年初，公司高层召开战略会议，制定当年年度的三大关键任务。这些关键任务每年都在变化，且各年度关键任务之间并没有连续性。在与员工进行访谈时，他们说不清楚公司的战略到底是什么，只知道公司每年都有这么几件事需要完成。我们要知道，战略应该有一个核心理念，而关键任务只是这个核心理念的实现策略。

从上述阐述中，我们具体了解了战略认知中的“战略等于目标”“战略等于运营效益”和“战略等于关键任务”三个误区。事实上，在战略认知中还存在着诸如“战略就是时髦的标语口号”“战略在取胜之后就失去意义了”等误区。

那么，到底什么才是战略呢？真正的好战略应该具备什么要素呢？

1.1.2 什么是战略

简言之，战略是企业为了在未来的市场竞争中取得良好的经营业绩而制定的一系列的选择和行动，它包括企业的目标、目标的实现路径和策略等。

【管理研究】不同管理学家对“战略”一词的定义

国内外管理学家针对企业战略开展了很多研究，不同学者对企业战略赋予了不同的定义。美国著名管理学家钱德勒提出：“企业战略最重要的是目标的决策、相应的路线和资源配置。”美国著名战略学家安索夫指出，企业在制定战略时，有必要先确定自己的经营性质，进而通过区分目前的产品和市场与未来的产品和市场来把握企业的方向，恰当地指导企业的内部管理。美国哈佛商学院教授安德鲁斯认为，战略是通过一种模式把企业的目的、方针、政策和经营活动有机地结合起来的做法。美国哈佛商学院教授迈克尔·波特对战略的定义是“以竞争定位为核心，对经营活动进行取舍，建立符合本企业的独特的适配”。

战略管理专家理查德·鲁梅尔特指出，好战略应该有一个基本的逻辑结构，包括三个要素：调查分析、指导方针及连贯性活动[1]。调查分析是战略的先导，是各种后续行动赖以开展的前提。指导方针就像路标一样指明前进的方向，但没有给出具体的路线。连贯性活动是为了落实指导方针而采取的资源配置及行动。

2004年，阿里巴巴进入蓬勃发展期，支付宝诞生，淘宝初具规模。此时，阿里巴巴经历着公司规模从小到大的扩张转变，战略也要同步跟上。为此，阿里巴巴首先对公司内外部环境进行了一番调查分析。阿里巴巴外部环境分析结果如图1-1所示。

1 鲁梅尔特. 好战略，坏战略[M]. 蒋宗强，译. 北京：中信出版集团，2017.

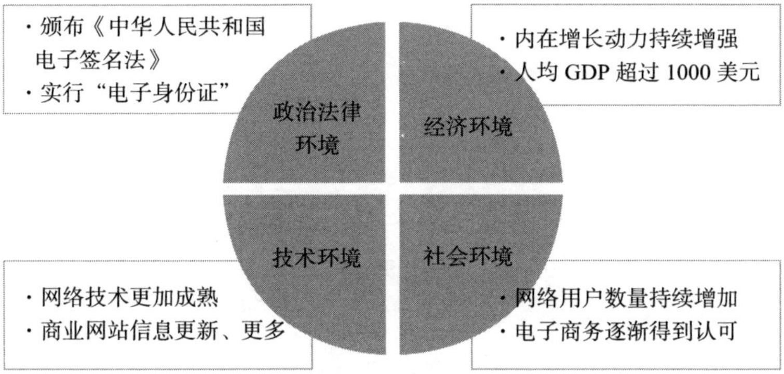

图 1–1　阿里巴巴外部环境分析结果

公司内部优劣势分析结果如下：

◆ 阿里巴巴是中国目前最大的 B2B 电子商务服务提供商，拥有庞大的企业客户群；

◆ 阿里巴巴以顾客为中心开展服务，获得了广大用户的信任，拥有极高的信誉度；

◆ 阿里巴巴有着强有力的管理团队及极具人格魅力的核心领袖；

……

综合调查分析结果可知，阿里巴巴需要拓展并确保核心事业高效运作，建立新兴增长动力，获取未来增长方案。在这个过程中，阿里巴巴的发展目标是“成为一家持续发展 102 年的企业”。为了实现这个目标，阿里巴巴还围绕研发、营销、渠道、服务等方面制定了一系列的规划和战略举措，同时搭建支撑战略实现的能力平台。

当一个企业成功地制定和执行价值创造的战略时，就能够获得战略竞争力。选择一种战略，意味着企业在不同的竞争方式中做出了选择。也就是说，战略就是做正确的事，就是要有所为，有所不为。

对于战略，杰克 · 韦尔奇强调：“我每天想的事情都是规划未来。”我们不禁要思考，战略到底对企业发展有何作用？进行战略管理的意义何在？

1.1.3 战略与企业发展

战略决定了企业的发展方向，是帮助企业获得最佳商业成果的方法。

1997年，为了让濒临破产的苹果公司死而复生，乔布斯选择了战略变革：缩减公司产品款式，同时聚焦于产品创新。

改革的具体措施包括：将原来15款台式机缩减到1款；将所有手提和手持设备产品型号缩减到1款；创立全新的网站直销方式，通过网络直接向消费者销售产品。

由于缩减了产品款式，苹果公司减少了80%的库存量，降低了成本，同时公司能够将专注力、创造力更有效地投入产品创新当中，使之达到极致效果。

乔布斯经过以上种种改革，最终使得公司转危为安，甚至在后续的几十年里，始终立于行业不败之位。

通过苹果公司的案例，我们可以感知到：好战略不仅能够帮助企业渡过难关，还能够使得企业在未来到达巅峰。

美国一项调查表明："超过90%的经营者认为，其工作中最花时间、最为重要、最感困难的事情，就是制定和实施企业战略。"在企业管理中，永远不会有机会主义，企业获得持续成功的关键在于战略正确，即在"做什么、怎么做、为什么做、什么时候做"中有着一套科学的逻辑与思考。

2016年，任正非在华为市场工作大会上强调：

"当前技术发展和企业与政府对云服务的需求，使网络及数据中心出现了战略机会，这是我们的重大机会窗，我们要敢于在这个战略机会窗开启的时期聚集力量，密集投资，饱和攻击。扑上去，撕开它，纵深发展，横向扩张。我们的战略目的，就是高水平地把管道平台做大、做强。"

这段话清晰地指出了华为的战略目的、战略措施和战略路径。可以说，华为的成功源于它的管理和战略。企业通过正确的战略管理可以实现持续增长，压倒其他竞争者。

字节跳动成立于 2012 年，如今全球员工已经突破 5 万人，并入选“2019 福布斯中国最具创新力企业榜”。它的发展历程可以分为三个阶段，每个阶段都有特定的战略（见图 1-2）。

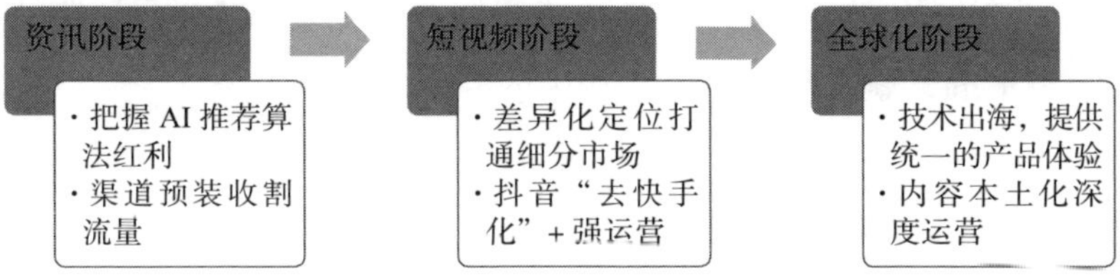

图 1-2　字节跳动的发展历程

在资讯阶段，互联网移动化催生智能分发需求，智能手机销售量呈爆发式增长，字节跳动把握机遇，推出“今日头条”产品，通过向用户智能化推荐新闻，收获大批用户，同时与渠道合作，在手机上预装 App，收割流量，使得今日头条成为中国最热门的信息 App 之一。

在短视频阶段，资本及平台混战驱动短视频行业迅猛发展，字节跳动先后推出火山、西瓜、抖音三个短视频 App 取得了巨大的成功。从此，“头条系”生态系统逐渐成形。

在全球化阶段，字节跳动以“技术出海＋内容本土化”善用全球配置优势，获得了全球众多国家和地区用户的认可。

战略的设计与选择是企业最重要的决策，战略的正确性影响企业的经营绩效。尤其在当今快速变化的市场环境中，企业必须及时抓住发展机遇，采取积极的战略行动，持续培育未来所需的竞争力。

1.2　战略落地的困境

战略十分重要，几乎所有企业家都承认这一点，但是很多企业在战略落地中总会遇到各种各样的问题。归纳起来，战略定位不准确、战略分解不到位、缺乏有效的执行系统是企业战略落地中常见的三大困境。

1.2.1 战略定位不准确

俗话说:“方向不对，努力白费。”这句话对于企业战略管理也同样适用，一旦战略定位不准，就容易发生事倍功半的结果。

HTC 公司于 2006 年被美国《商业周刊》评为世界排名第三的科技公司，可以说，它是一家曾被寄予厚望的科技企业。

2008 年，HTC 准确捕捉到 Android 手机市场商机，推出世界上第一款由 T-Mobile 定制的 Android 智能手机。随后，HTC 的战略布局聚焦于推出大量基于 Android 平台的产品。这样的布局，让 HTC 占领了先发优势，2010 年的业绩比上一年飙升了 160%。但是，随着众多竞争对手加入 Android 智能手机市场，HTC 仍然保持着原有的战略布局，结果业绩一路下滑。

究其失败的原因，其中最显著的就是 HTC 的战略定位与市场脱节。2013 年，HTC 中国区总裁表示，HTC 的战略定位是中低端市场，但是 HTC 推出的智能手机 HTC One 系列，售价高达 4888 元。当时同等价位的手机还有三星的 Galaxy S4 等，与之相比，HTC One 系列并没有压倒性的优势，在销量上远远比不上其他品牌。

在 HTC 定位的中低端市场中，高性价比的产品才是市场的主流。诸如小米、魅族等，这些厂商可以在大幅压缩成本的基础上，提供给用户配置强劲的产品。同等配置的产品，小米的 4 核红米手机价格仅 699 元，而 HTC 手机售价则要超过 2000 元。

由此看来，HTC 并没有认清楚自己的业界地位，推出的产品硬件配置低于市场水准，价格却相当高。它既不能媲美高端品牌，同时在中低端市场也毫无竞争力。

HTC 的整体战略落后于市场节奏，并且长时间内没有做出正确的调整，导致其销量一降再降。2019 年 5 月，HTC 官方微博宣布将暂时关闭 HTC 京东和天猫旗舰店。曾经的安卓鼻祖——HTC 的故事就这样暂时告一段落了。

企业战略定位是企业品牌和产品市场规划的核心定位，企业必须把长远利益和当下实际利益有机地结合到企业的战略定位中，才能发挥战略的作用。

为什么有些企业家陷入战略定位不准确的困境中呢？原因可能包括以下几种：

（1）聚焦短期增长。当企业陷入暂时的经营困境时，更容易被短期利益所吸引，从而忽视长远的发展，导致战略定位模糊不清，难以指导企业的发展。

（2）回避取舍。企业一定要有所为，有所不为。但是很多企业家认为做取舍是一种软弱的表现，觉得只要努力就可以做好所有的事情。因此，对于企业该做什么，不该做什么，没有清晰的定位。

（3）盲目追求创新。当下社会都在强调创新，一些领导者盲目跟风，不断地改变战略方向，却没有考虑清楚企业的实际情况是什么，造成企业战略缺失。

1.2.2 战略分解不到位

战略规划只是战略管理的起点，企业还需要通过战略解码，将组织战略转化为全体员工可理解、可执行的行动方案。因此，战略分解是否到位也是影响企业战略落地的重要因素。

综合来看，企业战略分解不到位的表现主要包括三种类型：一是未将战略目标转化为年度经营目标；二是未围绕经营目标制订计划和预算；三是计划和预算与绩效考核脱节。

1. 未将战略目标转化为年度经营目标

战略目标通常是一个长期目标，它需要转化为年度经营目标，才能被有效执行。在制定年度经营目标时，需要明确和承接战略规划的执行要求，确保年度目标不偏离战略目标。值得注意的是，年度经营目标并不是一个简单的财务目标，而是基于企业战略实现的一套目标体系。通常，我们在制定年度经营目标时，会采用平衡计分卡这个工具，从财务、客户、内部运营、学习与成长四个维度来确定战略指标。

2. 未围绕经营目标制订计划和预算

经营计划和财务预算是保障年度经营目标实现的重要条件，企业每条产品线、每个部门在战略执行中需要完成的工作、需要达到的目标、需要配置的资源都需要一一明确。这也就意味着经营目标必须向下分解，并且保持目标分解的纵向一致性和横向协调性，即各部门及各产品线的目标必须能够支撑经营目标的实现，各部门及产品线之间的目标能够相互配合。

3. 计划和预算与绩效考核脱节

战略最终的执行者是员工个人，因此战略分解需要责任到人。将经营目标落实到个人绩效考核中，通过绩效目标的完成，层层支撑企业战略目标的实现。因此，企业在制定员工个人绩效考核标准时，不能只考虑岗位工作职责和要求，还需要纳入战略目标指标，确保员工的工作方向与企业战略目标保持一致。

总之，战略解码过程要实现战略规划与经营目标、计划预算和绩效考核之间的相互支撑与协调，具体如图 1-3 所示。

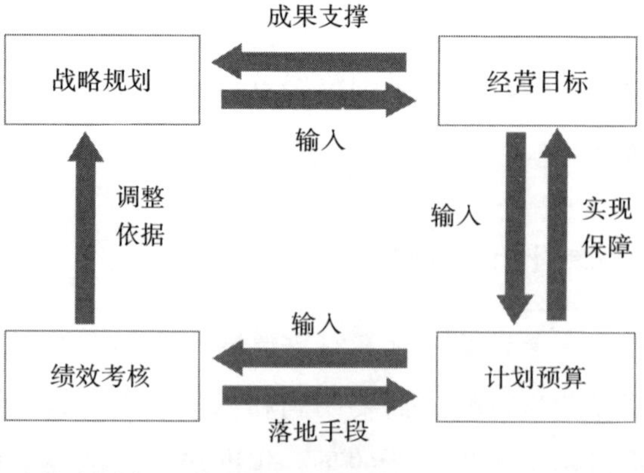

图 1-3　战略规划、经营目标、计划预算、绩效考核四者之间的关系

战略解码是企业战略落地的抓手。目前很多企业家对行业、业务的理解都是非常深刻的，发现战略机会点已经没有那么困难了，但是战略机会点怎样落地转化为销售额和利润，是值得大家仔细研究的问题。

1.2.3　缺乏有效的执行系统

华为公司创始人任正非说过："企业经营要想成功，战略和执行力缺一不可。执行力是什么？它是各级组织将战略付诸实施的能力，反映战略方案和目标的贯彻程度。许多企业虽然有好的战略，但因为缺少执行力，而最终失败。"

不难看出，任正非认为企业失败并不完全是战略的问题，还有执行力的问题。而要确保强大的执行力，关键就在于组织、人才和文化。业务领先模型（BLM）指出，组织、人才和文化是战略执行的重要保障（见图 1-4）。

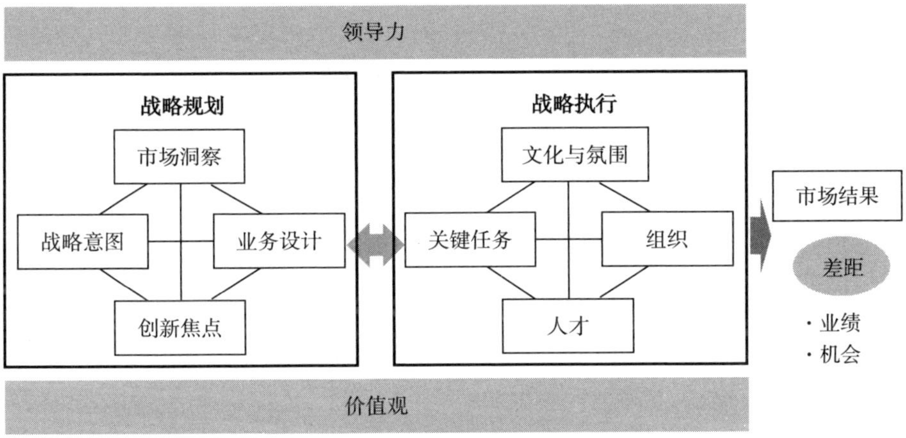

图 1–4　业务领先模型

1. 组织是战略落地与执行的保障

这里的组织并不是指狭义的组织架构，而是指广义的组织系统。一个完整的组织系统包括组织架构、业务流程、运营管控、制度体系等。

战略的本质不是企业做了多完美的计划，而是计划落实到了什么样的层级，谁来干，考核指标是什么。回答了这三个问题才是真正的战略落地。马云说："如果有人告诉我他调整了战略，我最关心的是你打算关掉哪些部门，合并哪些部门，哪些领导上位，哪些领导下台。这才是战略的开始。"

企业战略解码后分解出来的各项任务需要由各个部门来完成，这时各部门间的权责关系、制度流程、运营管控机制等是否能够发挥足够的支撑作用就显得尤为重要。因此，企业需要对组织体系进行审视和调整，以匹配战略执行的需求。

2. 人才是战略执行的人力资源保障

在影响企业运营和发展的所有因素中，人才可以说是最重要的因素。一个优秀的企业必然离不开才华横溢的精英人才，人才就是企业核心竞争力。吸引并留住人才，培养并优化人才，让各类人才在各自的岗位上发挥才能，这样的团队才能够创造出一流的工作效果和执行力。

比尔·盖茨说："一个公司要发展迅速得力于聘用好的人才，尤其是需要聪明的人才。"企业要招聘人才、赏识人才，使人才能够留下来为我所用，真正为企业战略实现做出贡献。

3. 文化是打造团队执行力的源头

积极的文化对打造团队执行力具有重大价值。它使人们能够借助组织自己的表达方法进行迅速的交流，它也使人们能够"正确行事"，另外，它还降低了人们的"重复劳动"。

因此，用文化融合制度，提升制度的精神内核，员工才能抱成一团，团队才能真正形成一个整体，所向披靡。

1.3 从战略规划到战略解码

一般来说，企业战略管理包括三个阶段：战略规划、战略解码与战略实施。战略规划是指企业关键的少数人对组织战略进行思考和探索的过程。战略解码是指层层拆解战略，确定任务分工、资源分配等的过程。战略实施是指通过将战略与经营计划、绩效管理制度等进行结合，让战略真正落地。企业战略规划确定了组织使命和主要目标，战略制定得好坏关系到企业的生存与发展，战略解码确保“上下同欲”，而战略执行是否得力则直接关系到战略最终能否产生效果。

因此，正确的战略加上精准的战术和高效的执行体系，是企业能够持续发展和成功的前提条件。

1.3.1 做好市场洞察，把握机会点

马云强调：“战略的第一要素是明白谁是你的客户，第二要素是明确你能为他们创造什么价值，第三要素是明白如何传递价值。”也就是说，企业进行战略规划需要完成市场洞察、竞争优势塑造和业务设计等工作。

没有前瞻性的市场洞察，企业就没有真正的战略。只有做好市场洞察，才能在起点就保证战略成功的可能性。“五看”模型是企业进行市场洞察常用的模型之一。所谓“五看”是指看行业趋势、看市场和客户、看竞争、看自己和看机会。

1. 看行业趋势

看行业趋势就是从宏观的角度，分析研究行业发展趋势对企业的影响，洞悉未来的价值转移趋势。

1930 年，福特汽车公司的 T 型车风靡整个美国市场。福特公司采取成本领先战略，通过大规模地生产标准化产品，以低成本获得了极大的成功。实施这种战略的前提是广大消费者的收入不高，低成本的低价产品让普通消费者也买得起汽车。但是随着人们生活水平的提高，消费者不再满足于标准化产品，而愿意为产品的差异化付出更多的费用。市场需求的变化给美国汽车行业中的其他企业带来了新的发展机遇。通用公司看到了这个战略机会，果断采取差异化

战略，以不同的产品品种满足市场的不同需求，从而一跃成为世界上最大的汽车公司。

当消费者消费能力发生变化时，市场需求也会随之改变，从而对企业甚至整个行业造成全局性的改变，这就是外部宏观环境变化给企业带来的机会和威胁。

看趋势，不是简单地进行环境分析，而是要看这些趋势如何影响企业的客户市场，明确未来企业的客户市场将会发生什么样的变化，是否会发生利润转移，如果发生了利润转移，这些利润将流向何处。

【管理研究】行业趋势的分析角度

为了对未来行业发展趋势有更清楚的判断，企业可以从以下角度开展分析：

（1）行业规模：当前行业的市场规模有多大？

（2）行业政策趋势：行业相关的政策有哪些？

（3）行业技术趋势：行业内有哪些新的技术？

（4）经济发展趋势：经济趋势、贸易趋势对企业业务的影响是什么？

（5）产业链趋势：目前的产业链发生了哪些变化？

…………

通过分析这些趋势，企业可以了解外部环境中的机会和威胁，进而做出相应的应对措施。

2. 看市场和客户

看市场和客户就是以客户为中心，分析客户当前的需求与变化，发现战略机会点。看市场和客户主要从客户行为和客户系统经济学两个方面来分析：

（1）分析客户行为，包括对客户采购行为、客户交易行为和客户购买倾向的变化进行分析。通过对客户行为进行分析，可以让企业决定选择哪个市场作为产品与服务的切入点（见表 1-1）。

表 1-1　B 市场客户行为分析表（A 企业）（示例）

客　户	客户 1	客户 2	客户 3	客户 4	…
客户需求	消费量 ××	消费量 ××	消费量 ××	消费量 ××	
A 企业					
竞争对手 1					
竞争对手 2					
…					
总计	100%	100%	100%	100%	100%
应对策略					
考虑因素					

注：消费量表示的是对应的客户在 B 市场购买的产品与服务的数量。

（2）基于客户系统经济学去看客户和需求。客户和需求是在不断变化的。从客户系统经济学角度看未来影响企业的五个主要的问题是什么。对于 2B 行业，要看大客户、价值客户，看客户未来的发展和需求；对于 2C 行业，要看客户喜好的变化。

通过洞察市场和客户，企业能清晰地知道它的客户有哪些，这些客户购买了它什么产品与服务，影响客户购买这些产品与服务的决定性因素是什么，在客户中是谁决定购买企业的产品与服务，也就是客户内部的关键决策链是怎么样的，通过什么渠道来购买……

3. 看竞争

看竞争就是全方位分析主要竞争对手的所有要素，做到知己知彼、百战不殆。迈克尔・波特指出，分析竞争对手主要从产品、代理商 / 分销渠道、运作能力、营销与销售、研究和工程能力、总成本、财务实力、组织、综合管理能力、企业业务组合等方面来收集信息。

在辨别和分析潜在的竞争对手时，可以分七个阶段来进行：

第一阶段，筛选出那些在经营地域和经营范围上有较大冲突的企业。如果没有冲突或者只有轻微冲突，则可以忽略掉。

第二阶段，对已筛选出的企业，根据它们主要产品的威胁进行二次筛选，保留那些中、高威胁程度的对手。

经过第一、二阶段的筛选，已经能大概筛选出主要的竞争对手。但是这显然还不够，需要对竞争对手进行更为深入的分析。

第三阶段，着重分析对手在研发、技术标准、产品质量等方面的实力，同样保留中、高威胁程度的对手。

第四阶段，侧重于分析对手的组织结构、执行力、企业文化等方面的发展状况。分析其组织结构是为了洞察对方的发展力度和动态，分析其执行力是为了掌握对方的工作态度和竞争能力，分析其企业文化是为了了解其竞争心理。

第五阶段，着重分析对手的财务状况。通过财务状况可以了解到该企业的资金实力，能为竞争提供多大的动力。

第六阶段，分析企业的供应链。供应链是许多企业都至关重要的一个部分，关系到企业的生死。每个企业的技术、服务、规模都是不同的，差距也比较大，但在这方面，每个企业都有自己独特的发展道路。

第七阶段，着重比较企业的管理理念，往往先进的管理理念能够创造更多的价值，在竞争中也会处于优势地位。

通过这七个阶段的遴选和分析，竞争对手的真实状况就显现出来了。

4. 看自己

看自己是企业在对市场和客户以及主要竞争对手全面分析的基础上，对自身的经营状况与核心竞争力进行分析。

（1）企业的经营状况分析。主要是分析企业产品与服务的销售计划完成率、销售增长率、利润率、市场占有率、市场覆盖率等。

（2）企业核心竞争力分析。与竞争对手相比，企业在哪些环节有很强的竞争优势（如研发、生产、销售、品牌等）？在这些竞争优势中，哪些是确保企业业务领先的关键？

5. 看机会

看机会就是寻找企业未来有什么样的投资机会，该投资机会的市场空间有多大。通过看行业趋势、看市场和客户、看竞争对手、看自己等一系列动作，企业可以从中发现很多战略机会点，而把握战略机会点和发挥主动性对企业管理者来说更为关键。

从 2002 年“小灵通事件”开始，在之后的发展过程中，华为几乎没有大的战略失误，反而每一次都能识别并抓住新的战略机会，占领战略制高点。华为是如何准确抓住大大小小的战略机会点的呢？

第一，达成共识。共识包括两个层面：一是核心经营团队的共识；二是高层管理团队和中层管理团队的共识。华为通过不同层次的战略务虚研讨会，让各层面达成共识。

第二，构建强大的管理体系。战略要落地，一定要有一个很好的管理体系来支撑。例如，做产品的要转变为做解决方案，组织业务流程可能会发生很大的变化，这就需要有好的管理体系来支撑。

第三，持续构建战略控制点。战略控制点可能是品牌、专利组合、客户关系等。华为终端的战略控制点就是技术与品牌。

在市场洞察阶段，企业可以基于对发展趋势与战略机会的了解，确定企业战略与业务发展的重点和方向，从而推导出合理的战略意图。

1.3.2 管理业务组合，塑造竞争优势

塑造企业竞争优势的关键在于匹配战略机会点来管理业务组合。企业需要对不同层面的业务类型进行组合管理，即确定未来的核心业务以及为追求规模和盈利，需要为未来培育哪些业务，并且使其在一定的时间内成为主力业务。

通过设计未来业务组合，一方面可以满足现有产品的运营要求，另一方面可以为企业培育未来的新兴战略机会点。

麦肯锡公司通过对全球不同行业的 40 个处于高速增长的公司进行研究后，提出了企业业务构成的三个层面：第一层面是守卫和拓展核心业务，第二层面是建立即将涌现增长动力的业务，第三层面是创造有生命力的未来业务。麦肯锡公司强调：企业要保持高速增长，就必须协调好这三个层面的业务关系。

1. 守卫和拓展核心业务

第一层面的业务是企业当前的核心业务，这一业务为企业带来大部分的营业收入、利润和现金流。因此，对于核心业务，企业关注的是利润、投入资本回报率（ROIC）、生产效率等指标。

运营商业务不仅是华为的传统业务，也是华为营业收入的主要来源。过去，华为利用低成本优势，挤压竞争对手，帮助客户省钱，从而在激烈的市场竞争中取得了一次又一次的胜利，不仅超过了它的老对手中兴，更是打败了一些世界电信巨头，如阿尔卡特等。

但是，营业收入的增长并不意味着利润的增长。尽管市场份额在不断增加，但是利润增长逐渐降低。华为意识到需要开拓新的市场，来维持利润的持续增长。为此，华为成立了运营商 BG（Business Group，业务集团），以便更好地与世界各地的运营商建立更为紧密的关系，为其提供合适的产品和服务，从而实现利润的持续增长。

在核心业务方面，企业的经营原则是尽可能地延伸、捍卫现有的业务，增加生产能力，扩大其利润贡献，确保企业可以继续参与市场竞争而不出局。

2. 建立即将涌现增长动力的业务

第二层面的业务是已经经历了经营概念和经营模式探索的业务，基本确立了盈利模式，具有高成长性，并且已经产生了收入或利润，在不久的将来会像第一层面的业务一样带来稳定的盈利。对于成长业务，企业关注的是收入的增长和投资回报，如收入增长、新客户 / 关键客户获取、市场份额增长、预期收益、净现值等。

在任正非看来，企业业务具有非常广阔的增长空间。因此，华为将企业业务独立出来，成立企业 BG。华为企业 BG 总裁徐文伟曾表示："根据华为的规划，其未来的增长，很大程度上要依赖企业市场。华为已经从关注设备，转为关注客户和体验，随着云计算、BYOD 移动办公、大数据等的兴起，客户对于更大带宽、更大规模以太网的需求在提升，新的市场空间远大于电信网络市场，我们的重点客户将集中在大量的企业园区里，同时包括政府、交通、金融、能源等行业的企业。"

经过不断的努力，华为在企业业务市场的影响力与日俱增，取得了一系列令人瞩目的成绩，赢得了越来越多的客户的信任。

同样，华为的消费者业务也属于成长业务。对此，公司的经营原则是逐步扩大其规模，增加市场份额，将其培养为新的市场机会点，使公司获得竞争优势地位。

3. 创造有生命力的未来业务

第三层面的业务是处于探索阶段的未来业务，它们应当不仅是企业领导人的想法，还应该是可以实质性运作或投资的小型项目，这些项目在将来有可能发展成第二层面业务，甚至成为第一层面业务。对于新兴机会，企业关注的是回报的多少和成功的可能性，如项目进展关键里程碑、机会点的数量和回报评估、从创意到商用的成功率等。

2010 年 11 月，华为极为高调地发布了云计算战略及其端到端解决方案，同时启动"云帆计划 2011"。这是华为战略重心发生转移的显著标志。2017 年 3 月，华为正式宣布成立 Cloud BU。五个月后，华为再次宣布将 Cloud BU 正式升级为公司的一级部门，其战略地位仅次于原有的三大BG，以更好地支撑公司业务的发展。

2020年，任正非在华为内部会议上强调，要集中优势兵力聚焦于做好华为云平台及其提供的云服务。华为云首先要在极致性价比、可用性、数据安全性等基础能力上构筑核心竞争力；同时针对所聚焦的行业、聚焦的场景做好使能层，构建好云生态体系，构筑有竞争力的获客能力。华为要打造领先的ICT基础设施，要在联接、计算与企业存储和华为云三方面都取得胜利。将联接、计算与企业存储和华为云有机融合，构筑面向所聚焦的行业场景的行业"智能体"，助力其智能升级。

对于新兴机会，企业的经营原则是培养能力和价值、播种成长的机会，使企业改变现有行业地位、获得颠覆性发展。

总体来说，企业要建立平衡的业务组合，即把增量业务和存量业务恰当地组合在一个体系里，塑造企业的核心竞争力。

1.3.3 战略规划的落脚点是业务设计

企业在完成战略洞察、明确战略意图、获取塑造企业竞争优势的方法之后，就需要思考如何利用企业内部现有资源进行一个好的业务设计。战略制定的落脚点是业务设计，即企业实现战略目标的方式。业务设计包含六个战略要素：客户选择、价值主张、价值获取、业务范围、战略控制与风险管理。

1. 客户选择

客户选择即定位目标客户。企业设计的产品是为了满足哪类客户需求的？这类客户在所处行业的位置是怎么样的？客户市场很大，企业不可能满足每个客户的需求。因此，企业需要确定选择客户的标准和优先级，以及在该细分市场中，客户的特定需求是什么，在此基础上有针对性地去做产品设计和定位。

以华为手机为例，不同系列的手机，其目标客户群体是不一样的：P 系列定位的目标客户是爱拍照的都市白领，MATE 系列定位的目标客户是商务人士，NOVA 系列定位的目标客户是爱自拍的年轻人。

2. 价值主张

价值主张就是与竞争对手相比，企业能够为目标客户提供什么独特的价值。简言之，价值主张就是客户发自内心想要的东西。

汉庭酒店通过调研发现，客户在外住宿最关注的是卫生状况、安静程度和床铺质量这三个指标。因此，汉庭酒店按照比五星级酒店还高的要求来做卫生管理，床铺质量和安静程度略低于五星级酒店，在服务质量和建筑美观上比普通酒店要好，在大堂空间、休闲娱乐方面没有投入很高的成本。通过这样的设计，汉庭酒店传递的价值主张真正体现了其独特性，成为这些年扩张最好的商旅型、经济型酒店。

3. 价值获取

价值获取是指企业如何通过满足客户需求来获取价值，即企业的盈利模式是什么，是靠销售传统的产品，还是靠“产品 + 服务”，或是靠知识产权。

在滴滴出行的价值链上，司机和乘客是两个核心端。滴滴出行通过创造出连接双方的平台，一方面改变了传统打车市场格局，走出了传统打车信息不对称的困境，节约了司机与乘客之间的沟通成本；另一方面满足了不同用户的出行需求，优化了乘客的打车体验。通过重新整合价值链，滴滴出行创造出了新的价值获取方式。

4. 业务范围

业务设计的第四个部分就是选择业务范围。对企业而言，在产业链上做什么与不做什么是非常关键的。每个企业都生存在一条庞大的产业链甚至多条产业链中，选择业务范围就是要全面审视企业所在的整个产业链条，明确与企业相关的产业链成员的经营状态，确定与产业链成员的合作策略。哪些业务是可以自己做的，哪些必须通过合作来完成，这些都需要做出清晰的选择。

同样是手机产业，苹果的业务范围就是手机研发和营销，以及关键零部件的供应链管理，而华为的业务范围是研发设计、营销和核心制造。这两者的区别在于华为是有制造的，苹果没有制造，这就是业务范围的不同选择。到底应该做出什么样的选择，取决于企业自己的战略。

5. 战略控制

战略控制就是面向未来找到整个产业链和产业链发展演变趋势中那些最为关键的价值点，也就是竞争壁垒。企业必须建立起自己的竞争堡垒和“护城河”，避免竞争对手对企业的冲击，保护自己的地盘不会被竞争对手侵蚀掉。

英特尔在服务器产业链中，原本它自己可以直接生产出服务器卖给客户，但是它只卖核心的服务器芯片，其他部分由其合作伙伴来完成。整个服务器的发布节奏、性能、规格、功能，大部分都被英特尔控制在手上，这就是通过控制价值链来构建战略控制点的典型代表。

6. 风险管理

战略规划就是面向未来进行提前布局，因此它存在很大的不确定性，企业需要进行风险研究，梳理可能的风险点，评估这些风险因素的影响程度，提前制定好应对策略。

在完成上述六个步骤后，可以输出一张业务设计表，如表 1-2 所示。

表 1-2 业务设计表

业务设计六要素	当前的业务设计	期望的业务设计	备注（可能遇到的挑战）
客户选择（企业的目标客户是谁）			
价值主张（独特的价值是什么）			
价值获取（盈利模式是什么）			
业务范围（经营活动的角色与范围）			
战略控制（让竞争对手难以攻克的竞争堡垒是什么）			
风险管理（存在哪些潜在风险，如何管理）			

当完成业务设计模块后，整个战略规划部分就完成了。具体来说，这个部分的逻辑过程就是通过研究发现未来的市场机会，明确企业自身的定位和角色以及与产业链上其他企业的关系，找准企业的目标客户及其需求，确定价值获取方式，构建获取持续价值的战略控制手段，并且对其中的风险进行识别和防范。

1.3.4 将战略解码成行动与责任

企业战略制定出来以后，首先需要对战略进行分解，将战略目标分解为年度经营目标，然后再将年度经营目标分解为季度目标、月度目标；同时将年度经营目标从上到下分解到各大业务部门、产品线、区域，各部门的目标要支撑企业目标，各部门的关键举措和工作任务要支撑企业的战略举措和工作任务，要逐层进行分解，一直分解到每个人，从而把企业战略跟每个员工的工作打通。这整个过程就是战略解码。

华为将六西格玛质量方法融入战略执行领域，创新出华为战略解码工具——BEM（业务执行力模型），如图 1-5 所示。BEM 通过对战略逐层解码，用数据说话，导出可衡量和管理的战略KPI，以及可执行的重点工作和改进项目。

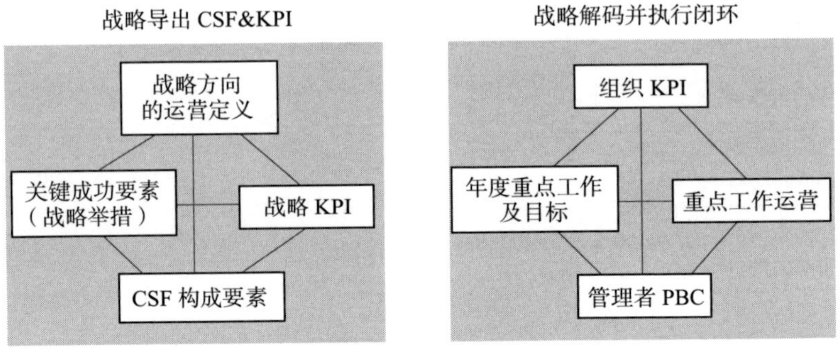

图 1-5　业务执行力模型

华为各级组织将公司战略依次分层解读。

第一步：华为的战略解码团队（包括人力资源部门、战略规划团队以及各个业务部门相关的人员）会由总的战略导出达成该战略所需的关键成功要素（CSF）和战略衡量指标，并选择战略衡量指标落入 KPI，从而牵引 KPI 对齐战略。其中，关键成功要素是指，为达成公司愿景和战略目标，需要组织重点管理以确保竞争优势的差别化核心要素。一般来说，关键成功要素是指一些特性、准则或能力，如果能够适当且持续地维持和管理，就能对公司在特定产业中竞争成功产生显著影响。

第二步：对齐关键成功要素，导出年度业务关键措施和目标（CTQ-Y），并进一步分解形成 CTQ-Y 树。

第三步：基于 CTQ-Y 树，按照工作相关性原则识别、组合，从而形成各部门的年度重点工作。

第四步：对重点工作所包含的关键措施，识别并导出重点工作子项目。

第五步：将重点工作责任到人，并且纳入绩效考核体系，形成个人绩效承诺（PBC）。

战略解码是战略实施的前提，通过战略解码，企业可以做到“上下同欲”“力出一孔”，提升战略执行力。

1.4　构建组织执行力

战略规划、解码只是前期工作，更重要的是战略执行，这是上下联动、战略落地的过程。

1.4.1　没有执行力就没有竞争力

什么是执行力？执行力是按质按量完成工作任务的能力，是部门和个人理解、贯彻、落实、执行决策的能力。对组织而言，执行力是将战略规划一步步落到实处的能力，它关系到组织的成功。

纵观国内企业，华为是一个拥有超强执行力的典型代表。良好的执行力，使得华为一步步完成了战略规划，落实了战略意图，成长为今天的通信行业巨头。

2007 年，第一代 iPhone 发布之后大获成功，苹果、三星、HTC 等手机厂商竞争如火如荼。基于客户接纳度、研发技术等原因，当时的华为还无法追赶上它们。于是华为战略部刘南杰另辟蹊径，提出做电信网络“端管云”，但是并未被纳入公司业务的主航道。

华为的消费者实验室经过研究发现，2G 的 GSM 快速普及时其价格在 170 美元左右，那么 3G 快速普及，其价格应该在 150 美元左右，于是向战略部提出启动智能手机战略，将主力放在 150 美元的智能手机上，国内也叫作千元智能机。

从 2009 年到 2011 年，华为全力推广千元智能机，得到了运营商的认可，也培养和积累了客户群。但之后许多手机厂商为迎合消费者，纷纷推出千元智能机，导致智能手机同质化严重，种类繁多，消费群体的选择也越来越多元化。

这时，华为制订了高性价比的战略计划，加大对手机业务的投入，并且成立了独立的手机业务部门。其坚持质量高、服务好、价格低的理念，推出荣耀系列、P系列等，结果大获成功。在接下来的几年中，华为手机业务在低、中、高端三线发力，全力超车。在芯片制造上，华为终端更是投入巨额资金，不惜一切代价研发海思芯片，最终研发成功，打破了西方对手机芯片的垄断，也使得华为手机获得了越发明显的优势。

企业制定了战略决策，并不意味着真正解决了问题。如果一个决策不能得到有效的实施，那么无论这个决策本身有多英明，它也只是一纸空文；即便最终取得了结果，也往往是灾难性的结果。只有完成从战略决策到行动实践的过程，才能取得良好的成果，在市场竞争中赢得优势。

战略的错误会导致企业失败，但是战略的正确却不能保证企业成功。成功的企业一定在战略方向和战术执行力上都到位。而执行力在企业发展中起到了更持久的作用，它不仅能保证战略落地，还可以在过程中巩固、优化战略方向。

1.4.2 组织执行力低下的原因

对于如何让执行更有效，德鲁克总结道："要使决策有效地变成行动，管理者必须明确无误地回答以下几个问题：谁必须了解这项决策？这项行动由谁来负责实施？如何确保这项行动正在有效地进行中？"

要想使战略决策能落到实处，执行者必须了解决策的具体内容、实施过程要求等信息，这是不言而喻的，但是在实际工作中，这一点却常常被人们所忽略。

云南有一家机床组装工厂，由于原材料价格上涨过快而且采购难度较大，厂家决定停产某一型号的机床。但由于这种机床是该公司多年来的主打产品，至今仍在被普遍使用，而这种机床产品的订单也很多，因此管理者决定在一年内继续生产这种机床，一年后全面停产。但是，管理者在做决策时没有让采购部门了解到以上决策，因此采购部门依旧继续订购生产这种机床所需的零部件。结果，公司正式宣布这种产品停产时却发现，库房里竟然堆积了足够继续使用数年的零部件。

由此可见，让部门和员工及时了解决策内容，是使战略决策生效的前提条件之一。不过，部分管理者似乎认为“只要所有员工都知道了这项决策，那么一切执行工作都没有问题”。其实，员工仅仅知道决策是不够的，他们还必须理解决策的内容。否则，在决策的执行过程中常常会遭遇一些意想不到的阻力。

“执行决策的人是谁”是一个必须加以考虑的问题。只有找对了执行人选，才能有效执行决策。执行者的能力决定了他能做什么和不能做什么。德鲁克认为：“如果管理者不在用人之前先问自己‘他能做什么’，那么可以肯定他的员工绝难有贡献。”换言之，管理者必须清楚员工是否有能力执行决策，这样才能确保决策能被按照设想去执行。

尤其是某项决策在推行时需要执行人员改变其行为习惯，那么如何化战略决策为行动，便是管理者最需要考虑的问题了。在这种情况下，管理者不但要确认执行人员是否有能力，而且绩效的衡量标准以及激励制度等也都必须与之协调配合，否则执行者就会陷入一系列的情绪冲突之中。

另外，在通常情况下，决策不会完全按照预先设想的方式得到实施，在决策实施过程中，难免碰到波折和各种意料之外的障碍。管理者必须做好决策执行的有效跟踪，从而确保决策的最终达成。

伊藤洋华堂是日本最大的零售集团，该集团的高层管理人士喜欢每个月都抽出一些时间去各大分店门口，以普通消费者的身份向其他顾客询问一些问题。很多人对这种行为表示不解，对此，管理者解释道：“在这里了解到的情况远比办公室里了解到的更真实、更准确。只有在这里才知道我们做的决策究竟是对是错，究竟有没有得到贯彻实施。”显然，伊藤洋华堂的成功与管理者对所做决策的有效追踪有着密切的联系。

在实际工作中，很多管理者制定决策后便不再过问决策的执行情况，直到最后才发现结果与自己的预期目标相差甚远。造成这种情况的主要原因就是，管理者不愿亲自去了解执行情况，而管理过程中又缺少有效的反馈机制，导致决策执行过程未能得到有效控制，故而未能实现预期的目标。

总之，造成组织执行力低下的原因有很多，企业需要从多方面入手，来确保战略决策的执行效果。

1.4.3 战略执行力的框架模型

华为公司创始人任正非说："战略是方向大致正确，组织充满活力。"由于客观环境复杂多变，企业不可能把未来预判得非常准确清楚，因此组织执行能力有时候和战略规划一样重要，它能够保障企业在面对变化的时候可以迅速纠偏，重新找出一条正确的路径，这样的组织就是充满活力的组织。

在长期的学习与实践过程中，我和我的团队接触和应用过全球范围内众多先进的战略管理方法与工具，也对战略执行力有过深入的研究。在集成 BLM、BEM、DSTE 等战略管理模型与方法论的基础上，我们提出了提升企业战略执行力的一套方法论，如图 1-6 所示。

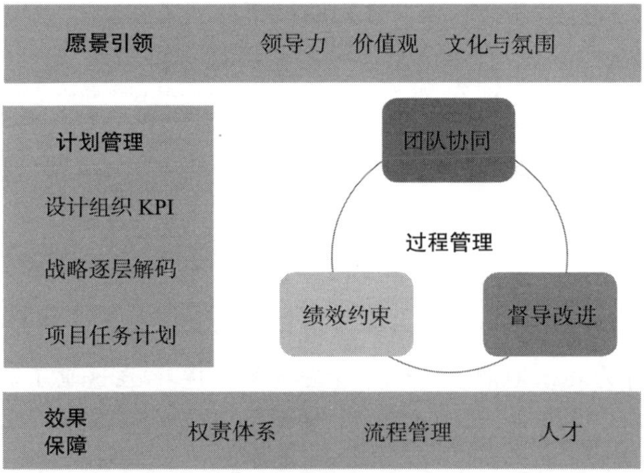

图 1-6 战略执行力的框架模型

提升战略执行力是一项系统工程，它不仅受个人行为的影响，还与企业管理的各个方面有关系。

（1）愿景引领：愿景和使命保障战略执行的目标正确。只有员工理解并认同企业愿景，才能齐心协力，共同为愿景而奋斗，而在这个过程中，领导力、价值观、文化与氛围发挥着重要的作用。

（2）计划管理：从战略到计划确保战略执行的方向统一。战略制定后，需要经过分解、逐层解码，让每个员工理解，并且去执行。通过战略解码，执行层可以很好地理解战略并找到自己在战略中的位置。

（3）过程管理：仅依靠员工个人的突出能力难以实现组织的成功，只有团队成员协同作战，互相补台，拧成一股绳，才能确保组织战略得到有效执行；督导改进确保在战略执行过程中能够及时进行战略方向的纠偏与调整；完善的绩效管理体系确保团队和岗位的绩效目标始终和企业战略目标保持一致，从而有效支撑企业战略的实现。

（4）效果保障：构建敏捷组织和权责体系，保障企业对市场和客户需求快速响应，提升战略执行力；流程化运作确保战略执行的标准与规范性；通过做好人才规划、选拔、培养和激励等，激活人才队伍的活力，为战略执行提供强有力的人才支撑。

强大的战略执行力可以使企业能够正确地做事，朝着既定的方向稳步前进，让每个人都成为推动企业发展的原动力，确保战略落地实施。

第 2 章
共启愿景

STRATEGY STRATEGY STRATEGY STRATEGY STRATEGY

华为公司或苹果公司这样的企业之所以能够迅速发展起来，成为今天家喻户晓的企业，就是因为领导者的个人愿景变成了公司各级员工的共同愿景，由此凝聚了众人的能量，并且在背景极其多样的员工中创造了积极的认同感。因此，共同愿景是促使组织成员朝着共同的战略目标奋斗的重要因素。

2.1 共同的愿景和使命

愿景概括了企业的未来目标、使命及核心价值，是企业最终希望实现的图景。它就像灯塔一样，始终为企业指明前进的方向。当这种共同愿景成为企业全体成员一种执着的追求时，它就成了企业凝聚力、动力和创造力的源泉。因此，以愿景激发员工的战略执行力是每位企业管理者义不容辞的责任。

2.1.1 明确企业经营的目的

企业领导者只有明确自己的事业是什么，才能准确把握企业组织运营的大方向。关于“我们的事业是什么”这个问题，现代管理学之父彼得•德鲁克一直认为这很难回答，需要经过努力思考和研究之后才能有答案，而且答案的正确与否通常很难界定。

德鲁克称，率先成功地回答了这个问题的人是西奥多•韦尔，他在大约50年前针对美国电报电话公司的经营情况表示：“我们的事业就是服务。”而在稻盛和夫的论述中，有关“事业”的定义更为具体化。他将自己的事业具化为“成为日本第一、世界第一”。

刚刚创立京都陶瓷公司时，稻盛和夫每天疲于生产客户订购的产品，根本无暇考虑明天的事情。坦率地讲，公司根本没有制定发展蓝图或战略。可每次饮酒时，他便会像念经一样地反复高呼：“总有一天京都陶瓷会成为日本第一、世界第一！”他看似是在鼓励大家，其实这也是他内心的一种强烈诉求。一开始的时候大家都不以为然，心想着稻盛和夫怎么又开始吹嘘了。但听了几遍、几十遍后，就逐渐被感染了，继而产生了共鸣。后来，松下电子工业向京都陶瓷大量订购用于电视机的镁橄榄石陶瓷产品。京都陶瓷上下众志成城，团结一致，销售额和利润实现了倍增，稻盛和夫的事业也自此蒸蒸日上。

企业经营的目的，是企业制定战略的依据，是决定事业兴亡的关键，它能引领人们深入探索组织及个人存在的价值和意义，想方设法去提升质量、品格、意志、价值观和勇气，继而牢记做事的原因和目的。

德鲁克在《组织生存力》一书中，提出了一个简单却又深刻的问题：我们的使命是什么？它所拷问的是一个组织存在的理由——为了什么而存在，而不是将以怎样的方式存在。使命能激发人们的热情，组织也将因其担负的使命而被人们所记住。

GE（通用电气公司）在 100 多年前由发明电灯的爱迪生创立，最早的电灯泡只能亮两三分钟，里面的灯丝很快就烧没了。GE 将它的第一个使命定为“让天下亮起来”，每个加入 GE 的人都认同这一目标，从老板到员工，都希望能把这两分钟的亮，做到二十分钟、三十分钟，这样一种“我的工作是让世界亮起来”的使命感和荣耀感，驱动 GE 上下一心，成为电气领域的领导者。

迪士尼公司的使命是“让世界快乐起来”，所以它招聘员工的标准是这个员工是否快乐，是否能将快乐传递给更多的人。迪士尼围绕着“让世界快乐起来”的使命，去招聘员工和搭建组织，它的戏剧、电影、乐园，所有事情都是为了让人们开心。在使命的感召下，所有员工朝着统一的方向努力，将迪士尼公司越做越大。

企业如果没有明确的使命，员工只是在为老板打工，这个企业很容易死掉。阿里巴巴创始人马云说：“我最怕阿里人进来只是为我打工，那是很累的。我希望和员工共同确定为什么要有这家公司，所有人围绕这个使命去工作。我自己也一样，我在公司五年、十五年，所做的一切都是围绕我们共同的使命展开的。”这表明，马云在经营阿里巴巴的过程中，并没有把个人的利益作为公司经营的终极目标，而是追求全体员工的共同利益。这种经营理念受到了广大员工的认同，并以此形成强大的凝聚力。在全体员工的高效执行中，阿里巴巴不断实现了一个又一个战略目标。

2.1.2 澄清共同愿景

有了使命之后，管理者就要思考企业在未来要达成的阶段性目标是什么，这就是企业的愿景。愿景不是简单的近期目标，而是对企业未来的规划，即企业十年、二十年后会是什么样子的。

美国学者金·佩雷尔说："如果没有一个可视化和可感知的清晰愿景，你就不知道要设定什么目标和采取什么行动。"明确愿景是提升执行力的开始，它是通往成功的向导，是决定个人如何行动的北极星。

企业愿景是组织在未来所能达到的一种状态的蓝图，阐述的是企业存在的最终目的。企业在制定愿景时，需要基于现实，但同时也要有一定的挑战性，它可以帮助企业占据行业领先和优势地位，从而获得长期的可持续的盈利能力。

阿里巴巴集团董事局执行副主席蔡崇信加入阿里巴巴前在香港投行工作，1999 年就有上百万港元年薪，却以 500 元人民币的月薪，加入当时刚刚上线第一个网站的阿里巴巴。蔡崇信在接受《福布斯》采访时回忆道："与马云见面时，他一直都在谈论伟大的愿景，谈论如何帮助数百万个中国工厂接触西方世界，我被他的人格魅力深深吸引。"很多企业在初创阶段没有资金去招募顶尖人才，而伟大的愿景却能吸引志同道合的伙伴加入。

马云说："我们不断强调使命和愿景，有的人讲阿里巴巴给大家洗脑，其实错了。在信息开放的今天，还有几个人能真的被洗脑？员工相信阿里巴巴的使命和愿景，是因为我们真正激发了员工内心的动力。愿景和使命碰在一起，会像化学反应一样，激发出强烈的火花，点燃人们的内心。大家觉得做这件事情有意义，才会努力做下去。"

清晰的愿景和使命在整个战略管理过程中发挥着重要的作用：第一，为企业发展指明了方向。企业愿景和使命一方面为企业员工理解企业的各种活动提供依据，保证企业内部达成共识，另一方面为企业树立良好的形象，使企业获得发展的信心和必要的支持。第二，是企业制定战略的前提。企业在制定战略的过程中，需要依据愿景和使命来确定战略活动的关键领域和行动顺序。第三，是企业战略的行动基础。明确的愿景和使命能够帮助企业正确合理地把有限的资源分配在关键经营活动上。

因此，企业在描述愿景时，需要回答清楚三个问题：①企业的经营领域是什么，即哪些业务属于企业的业务范围，哪些不是？②企业在行业中处于什么地位？③企业与利益相关者（外部客户、合作伙伴、内部员工、股东等）的关系如何？

随着个人计算机和手机业务不断下滑、内部组织问题凸显，微软公司急需进行转型。2014年，萨提亚·纳德拉被任命为微软公司CEO，他认为首要工作是重新寻找“微软的灵魂”。在纳德拉看来，真正的变革依赖文化变革。

在上任第一天的演讲中，纳德拉确立了“移动为先，云为先”的战略，并且引导员工思考是什么使微软与众不同，也就是如果微软消失了，这个世界会失去什么。纳德拉为公司找到的“灵魂”是技术的全民化和个性化。微软要想实现自己的新战略和灵魂，只能借助云服务，以定义“人类体验的移动性”。

不久后，在有1.5万人参加的微软全球峰会上，纳德拉向员工和合作伙伴表示，微软将围绕“重塑生产力和业务流程，打造全球性超大规模云平台，创造更个性化计算”三个愿景调动公司所有的资源。

纳德拉强调，重新发现微软的灵魂，重新定义使命，并阐述公司愿景，对投资者和客户是有利的，对公司的成长也是有利的。

一个成功的团队绝不仅仅是单纯一起工作的人群，而是由拥有互补的技能、清晰的共同愿景、一致的绩效目标的人组成的团体。清晰的共同愿景为组织成员提供了工作目标和动力，人们只会承诺去做与自己切身相关的事情，而这时有效和创造性的工作成果才会产生。共同愿景让人们能够审视自己的固有思维方式，促进他们放弃成见，接受新的思维方式并采取行动。

作为华为公司创始人，任正非一开始就为员工描述了一个美好的愿景——“三分天下华为必居其一”。当时很多人并不相信这个愿景能够实现，但是随着华为销售业绩逐渐增加，愿景变成了现实。人容易被外来的激励所感动，愿景的实现过程凝聚了人心，让员工自愿加入为公司战略目标而努力奋斗的队伍。因此，当任正非提出一个又一个目标时，华为人能够快速执行，实现高效产出。

制定清晰的共同愿景和使命，可以促使员工认同企业的目标，从而形成强大的组织凝聚力，助力企业实现商业成功。

2.1.3 制定分阶段的目标

阶段目标包括企业的中长期目标和短期目标。企业的中长期目标是对企业经营活动预期取得的主要成果的期望值，也可以说它是企业愿景的具体化描述。短期目标的完成是实现长期目标的基础，没有一个个短期目标的实现，集合起来为实现长期目标铺路，长期目标就不会取得预期的成果。

企业的中长期目标通常是按阶段来实现的，也就是说很多个短期目标实现一段时间后，中长期目标才能够实现。因此，企业要特别注意规划好长期目标，避免将注意力全部集中到短期目标上，因为长期目标才是企业的总目标。

企业制定经营目标的方法包括两种：一是营收增长率法，下一年度营收目标 = 上年度营收目标 ×（1+ 营收增长率），其中营收增长率取企业近三年的平均销售增长率；二是自下而上的目标制定法，各部门（分子公司）根据历史经营目标实现数据，预测下一年度经营目标数值，再采用逐级汇总的方式推算出企业总体经营目标。

一般来说，我们通常会采用上述两种方式相结合的方式来核算企业经营目标。企业自上而下采用营收增长率法，确定企业经营目标，各部门（分子公司）根据历史情况完成经营目标预测与分析，再结合对市场政策环境、企业战略侧重、资源投入、组织变化、产品投入等的要素分析，各部门（分子公司）进行目标比拼，重新梳理并制定企业最终的经营目标，然后下达给各部门（分子公司）。

在制定经营目标时，要注意的是，目标决策不能成为领导者的一言堂，目标制定需要考虑多方情况。评估企业所在行业的发展前景、竞争对手及自身产品的市场处境，分析企业近三年的销售业绩情况，找出增长或下降的原因，排除异常增长或下降因素，根据综合评估结果，制定合理的经营目标。

对于阶段目标，企业不仅要能理性、科学地制定，还应当使已确定的目标在企业上下加以明确，使所有的管理者和员工既清楚知道目标是什么，又明白当下应该做什么去实现目标。

管理的真正含义在于，设定目标，尔后据此决定管理者做什么，以及如何才能实现这一目标。彼得·德鲁克在其著作中阐述道："这些目标必须规定该人所管理的单位应达到的成就，必须规定他和他的单位在帮助其他单位实现其目标时应做出什么贡献，还应规定他在实现自己的目标时能期望其他单位给予什么贡献。"在这方面最能佐证德鲁克观点正确的便是沃尔玛超市的成功。

沃尔玛的经营特色目标是"天天平价"，同一种商品在沃尔玛的售价要比其他超市的售价低得多。在每周六早上召开的会议上，如果有分店报告"某商品在其他超市比沃尔玛的售价便宜"，那么沃尔玛会立即决定降价。但是，沃尔玛并不简单地通过压低采购价格来形成自己的价格优势，它还会关注产地经营成本、货架空间管理、组织结构管理等，对整体运作绩效进行综合性考虑，以期实现整体绩效的最大化。沃尔玛超市的这种目标管理方式，最终使之创造了"低成本、低费用结构、低价格、高效率、高服务质量、高回报"的整体成果。

可见，成功的目标管理要求确保企业上下都知道自己应对什么成果负责，如此方能确保其所有行为都以整体成果为导向，继而创造并维持自己独特的经营优势。

在一些企业中，人们并不关心经营性的成果，只关心自己是否完成组织上分配的任务，或实现某个由管理者界定的单一目标。在这里，目标仅仅被作为一种严格控制成员的手段，这便造成大部分员工对自身工作没有思考、没有创造力的局面出现，从而极大地影响了目标的最终实现。

实际上，任何目标的落实都有赖于管理者和组织成员与组织目标保持一致，为了共同的愿景，积极主动地分解目标，并矢志于目标的完美实现。

然而，很多员工并不了解管理者希望自己达成什么样的目标，因而人们常常发现管理者期望的目标总是与员工认可的目标之间存在极大的差异，往往无法如期实现目标。

德鲁克指出，管理者应关注整体目标与个体目标的关联性，应将企业的目的和任务转化为企业总目标，再细化分解为方向一致的分目标，并以此来指导每个人的工作。

【管理研究】关注整体目标与个体目标的关联性

我们可以借助下面这些问题考虑整体目标与个体目标的关联性：

➢ 你处于整体目标的哪一个环节？

➢ 该环节的目标是什么？

➢ 你所处的环节是如何为企业创造价值的？

➢ 你个人在这个过程中起到什么作用？

➢ 你的同事又起到什么作用？

➢ 你的上游环节和下游环节分别从事什么业务？

➢ 企业依照什么样的标准来评估你所在环节的业绩情况？

➢ 你如何知道自己的工作是否得以顺利完成？

➢ 你正采取什么措施来改善你所在环节的业绩情况？

这样的自问和回答，会使个体目标与整体目标及他人目标相关联并保持一致，而目标的实现也会更顺畅、更容易。

对于组织的领导者来说，其最基本的任务就是确保组织中的每个人都知道组织的使命，能够理解并认真加以贯彻执行。

2.2 领导力是根本

“领导力”是贯穿整个战略管理过程的关键环节，企业各级管理者均需要一定的领导力来完成各项工作。领导力并不是指组织赋予的权力，而更多体现了领导者能否带领大家对影响企业未来发展的战略问题进行识别，不断深入地洞察和剖析问题并顺利地解决问题。它最终要求领导者有推动整个企业进行战略转型的能力。

2.2.1 领导者要引领方向

德国军事理论家和军事历史学家克劳塞维茨在其《战争论》中指出："要在茫茫的黑暗中，发出生命的微光，带领着队伍走向胜利。"对此，任正非进一步强调："战争打到一塌糊涂的时候，高级将领的作用是什么？就是要在看不清的茫茫黑暗中，用自己发出微光，带着你的队伍前进，就像希腊神话中的丹科一样，把心拿出来燃烧，照亮后人前进的道路。"任正非作为华为的创始人，在大的战略目标和公司追求上指引华为前行，用自己的精神和行动聚集并激励无数华为人持续奋斗。这就是领导力的体现。

【管理研究】领导力特质理论

领导力特质理论指出，七项特质与有效的领导有关，它们是：内在驱动力、领导愿望、诚实与正直、自信、智慧、工作相关性和外向性。

（1）内在驱动力：有较高的成就愿望，进取心强，对自己所从事的工作坚持不懈，并且有较大的主动性。

（2）领导愿望：有强烈的愿望去影响和领导别人，乐于承担责任。

（3）诚实与正直：通过真诚无欺和言行一致与下属建立互相信赖的关系。

（4）自信：表现出高度的自信以让下属相信自己的目标和决策的正确性。

（5）智慧：具备足够的智慧来收集、整理和理解大量信息，并且能够确立目标、解决问题和做出正确决策。

（6）工作相关性：对有关企业、行业等方面的知识十分熟悉，这些知识能够帮助他们做出正确的决策。

（7）外向性：善于交际、坚定而自信，很少会沉默寡言或离群索居。

麦肯锡合伙人马克斯·兰茨伯格认为，在组织中领导他人的不是计划和分析，而是愿景、感召和动力的统一体，即领导力 = 愿景 × 感召 × 动力。真正高效的领导者会积极运用这三个方面来创造一个坚实强大的统一体。

所谓“愿景”是领导者对企业未来和实现目标的途径的准确描述；“感召”是一种通过领导力使员工产生有所作为的内心力量；“动力”是一种支撑组织到达目的地、实现愿景的力量。真正掌握好这三个方面运用技巧的领导者可以获得极大的成功。

在愿景方面，领导者关注的是做正确的事，关注企业将来长期的发展前景，并且致力于寻找必须变革的情景，喜欢冒险，在向员工表达愿景时总是理智夹杂着情感。

在感召方面，领导者依靠信任来联合员工向新的方向前进，告诉员工自己与他们正在为同一个事业奋斗，同时强调整个企业的核心价值观、共同的利益和哲学。

在动力上，领导者关注工作的效用，总是喜欢问“什么”“为什么”，喜欢改革，喜欢运用个人影响力调动员工积极性。

在一个组织统一体中，领导者必须具有创造共同愿景和激发组织斗志的能力。那么企业领导者如何创造共同愿景并激发组织斗志呢？

首先，共同的愿景来源于领导者对企业未来发展形势和战略的思考。领导者必须基于企业的发展实际，为企业制定一个能够让所有员工认同和执行的愿景，并且在愿景中描述出实现愿景对员工个人的积极影响。

其次，领导者不要指望一个愿景就能激励员工积极行动，员工的执行力不仅来源于对愿景的认同，更源自其对企业领导者的尊崇。因此，领导者要具有诚信、信任、自信、魄力和担当、坚持原则、谦虚敬人等品德。

最后，领导者要通过沟通的方式坦率地将自己的真实想法告诉员工，这可能是领导者营造员工对其信任，进而调动员工工作积极性的最好方式。假如领导者是一本“合上的书”，员工无法读懂他，无法了解其意图，就算他的想法再好，员工也不愿意心甘情愿地跟随他。

在一个企业中，真正掌握领导力本质的领导者更能带领团队取得巨大成就。

面对不确定的未来，领导者需要勇敢地担负起自己的责任，去努力创造未来。

2.2.2　领导力决定执行力

在西方的企业管理培训课程中，很少专门讲授“执行力”的课程，它更多的是被安排在“团队”“授权”“变革”等与“领导力”相关的课程中。关于领导力与执行力，美国领导力研究中心（CLS）创始人保罗·赫塞博士说：“‘执行力’本质就是‘领导力’。企业执行力的获得，要靠推行情境领导，即根据被领导对象的情况来决定自己的领导方式和行为。”

因此，从某种意义上讲，管理者的领导力决定了员工的执行力。团队的高效执行源于优秀的领导者。

每位企业领导者都应明白个人力量十分有限，团队力量却可以创造奇迹。因此，一位优秀的企业领导者最重要的职责就是明确企业发展方向，带好团队，将团队打造成虎狼之师。

美国前总统里根认为，带领团队好比划船，有人掌舵，有人划桨。作为管理者，只有掌握好“掌舵”与“划桨”，才能从众多纷繁复杂的事务中抽身处理好大事。如果处理不好各种事务之间的关系，不仅会导致身心俱疲，还会导致“触礁”，造成船体下沉。

在里根看来，“掌舵”就是带领队伍，给队伍指明前进方向，而“划桨”等琐碎的事情应该交由其他人去做。里根说：“我只把自己看作主角，而不是制片人或导演；我只专心表演，排戏和制作交给其他工作人员。”因此，里根在管理政事时，将精力用在关乎国家发展方向的事情上，而不考虑其他细节的问题。

里根在担任加州州长时，就已经养成了这种抓大放小的做事风格。他会根据工作需要选好人、定好方向，然后将事情交给这些人做。里根非常崇尚这种做事风格，认为领导者没必要事事亲为。

当有些问题涉及专业知识时，里根就会聘请专业人士来解决。他认为一个领导者做好领导的事情就可以了，专业的事情要交给专家做。因此，他在担任州长期间，组织了专家内阁。财政、就业、娱乐和农业的领导者都是相应领域的专业人才。

他在做总统后，将这种做事风格带到了白宫。国务卿舒尔茨，财政部部长里甘、国防部部长温伯格，都是相关领域的出色人物。里根的这种管理方式，让他在处理政事时如鱼得水。

每个员工都有自身的才华，作为企业领导者只需要带好队伍，将他们的才华激发出来，如此，领导者才能做到不越俎代庖，并且聚焦精力于自己的本职工作。

企业领导者之所以具有重要价值，就在于他能够解决企业发展过程中诸如发展方向、战略等关键问题。那么领导者如何抓住管理的关键呢？麦肯锡公司给出了答案。

首先，明确管理职能。不同的岗位需要不同的管理职能。管理者的管理职能是和企业的发展相关的，因此，管理者要明确任职企业需要的管理职能。

其次，明确企业发展的核心问题。不管管理者要做所有的事情还是做关键事情，其目的都是让企业在良好的轨道上运行。管理者要做出有意义的管理行为，就要知道企业发展的关键。比如，了解企业的核心竞争力、企业发展的制约因素等。企业发展的关键是提升管理有效性。

此外，管理者要做好督导。督导，顾名思义就是监督和指导。尽管人有主观能动性，但是不可否认的是还是有绝大多数员工并不能完全自觉地、主动地将各自的工作做到管理者预想的状态，他们在执行过程中需要学习，更需要管理者的监督和指导。

通用电气总裁杰克·韦尔奇曾说："一个首席执行官的任务，就是让你周围的人不断地成长、发展，不断地创新，而不是控制你身边的人。"一个企业领导者若能够做到如此，方可步步为营，打造出一个具有强大执行力的团队，自己的领导修为和管理魅力也由此得以提升。

2.2.3　领导力塑造组织氛围

一个企业的文化，最终是由各级领导者的行动塑造出来的。管理者的领导力，最终能塑造组织氛围，形成企业文化。

海尔集团总裁张瑞敏曾说：“管理者要是坐下，部下就躺下了。”这句话深刻地表明了领导者对组织发展方向的重要作用。在企业中，一位领导者的作用不仅在于管理员工和制定战略，更表现在以一种良好的表率作用引导团队积极行动。

麦肯锡公司在长期的管理咨询实践中发现，企业中的员工总能以最快的速度，通过一系列的小道消息和直接观察的方式对某个领导者形成一种印象。

在日后的工作中，员工们总会目不转睛地密切注意领导者的行为方式和与其形象有悖的地方，据此判断该领导者是否值得信赖。

此外，麦肯锡公司还发现，员工们不仅评价和观察自己的领导者，很多人还会模仿他。领导者的价值观和处事原则会对企业内部氛围造成重大影响。

大前研一曾是麦肯锡日本分社的社长，在担任社长的十几年里，他带领的同事总是保持一种良好的工作态度和氛围，公司的任务也总是能够出色完成。

在被问及自己的卓越领导秘诀时，大前研一说自己采取了一种简单的方法，他会把每个任务结果预想为 100，在下属完成工作后，用 100 减去下属完成的工作，剩下的差额，他则会想办法去努力完成。大前研一说：“既然是上司，我就有责任把工作做好，我信任我的部下，相信他们有能力将工作做到 97，只有剩下的 3 才需要我做，那么，我为什么不去做个好的表率呢？”

企业领导者的表率作用也得到了心理学家的认同。心理学家发现，企业中员工们总是会自觉不自觉地模仿其上司的习惯。比如，如果一个上司习惯在下班前把办公桌清理一下，那么，即使他没有要求过他的助手和秘书这样做，他们也会在每天下班之后整理完办公桌再走。

而员工之所以会这样做，是因为他们对自己的职场之路缺乏自信。或者说，他们并不那么清楚怎么做对他们最有益，所以，他们希望跟着一个人，通过模仿、学习这个人的言行，来获得成长。当遇到言行与自己期望一致的领导者时，他们就会向他靠近，不自觉地模仿他，以他为榜样和奋斗的目标。

在企业中，领导者的表率行为就是榜样，员工会因为榜样的感召和示范作用，鞭策自己也向着领导者的方向努力！麦肯锡建议企业领导者从以下两个方面做到以身作则：

第一，对待自己要比对待员工更严格。任何一个领导者工作中难免会出现失误，这是人之常情。其实这也是领导者做表率的大好时机。

领导者想要让员工知道哪些该做哪些不该做，就要好好利用自己的失误，对自己施行比员工更严厉的惩罚。领导者拿自己开刀，不仅会让员工从内心深处充满敬意，对严肃纪律、强化规则也会起到立竿见影的效果。

第二，可以在员工当中树立标杆。领导者每天的工作十分繁重，想要时刻站在员工面前成为榜样是一件不切实际的事，但是领导者可以在员工中树立标杆来引导其他员工的行为。

首先，员工之间的接触机会一定比领导者与员工之间的机会多，领导者树立的标杆能够随时指明方向。其次，员工有时会产生领导者本该比员工做得更好的想法，因此，领导者自己做榜样并不能很好地解决问题，而在员工中树立标杆，会让其他员工失去懈怠的借口。因为同样都是员工，别人能做到的自己也应当做到。

《盐铁论·疾贪》中写道，“欲影正者端其表，欲下廉者先之身”。意思是说，要想影子正就把个人仪表搞端正，要叫下属廉洁先要自身廉洁，也即我们所说的以身作则。当一名企业领导者具有以身作则的修为时，会在企业中形成一种健康向上的良好氛围，提升组织的战略执行力。

2.3 价值观是基础

价值观贯穿整个战略管理过程，有了价值观的指引，员工就能沿着正确的方向前进，确保战略执行到位。

2.3.1　价值观是组织的核心和灵魂

“使命是组织存在的原因，是组织的目的。它给我们提供了方向，而不是具体工作。使命、目的和宗旨都是同义词。愿景是未来所创造的图画，回答‘组织将成为什么’的问题，是实实在在的目标。价值观是在我们追寻使命过程中的生活方式，回答‘组织如何采取行动’的问题，是组织决策时的试金石。”这就是德鲁克对使命、愿景和价值观这三个极易混淆的词所做的清晰界定。而对于三者之间的联系，德鲁克将其归纳为：“使命是一切的根本，愿景把使命转变为真正富有意义的预期结果，价值观是以什么样的方式和行动去实现真正富有意义的预期结果。”

德鲁克认为，只有建立了共同的价值观，才能算建立了企业，否则，只是一帮乌合之众。建立共同的目标，是为了让每一个员工都明确自己在组织中的作用。大家有了一致的目标，就增加了企业的凝聚力。当所有的人都为一个目标而努力时，其实就意味着所有人都处于一个共同体中。在这个共同体中，大家休戚相关，企业的荣誉就是员工的荣誉，企业的失败就是员工的失败。反之亦然。

【管理研究】企业价值观的特征

价值观是企业决策层对企业的目标、经营方式等方面的取向所做出的抉择，是企业上下共同接受的某种观念。具体而言，它具有四个突出特征：

（1）价值观是企业所有员工共同持有的，而不是一两个人所有的。

（2）价值观是支配员工精神的主导思想。

（3）价值观是在企业内长期积淀下来的结果，而不是突然产生的。

（4）价值观是有意识培育的产物，而不是自发而成的。

企业价值观是一个企业文化体系的灵魂和根本依据，因而也是企业全部管理工作和战略方向的灵魂。麦肯锡 7S 模型指出，企业在发展过程中必须全面地考虑各方面的情况，包括结构（Structure）、制度（System）、风格（Style）、人员（Staff）、技能（Skill）、战略（Strategy））、共同价值观（Shared Value），其中价值观是影响企业成功的关键因素（见图 2-1）。

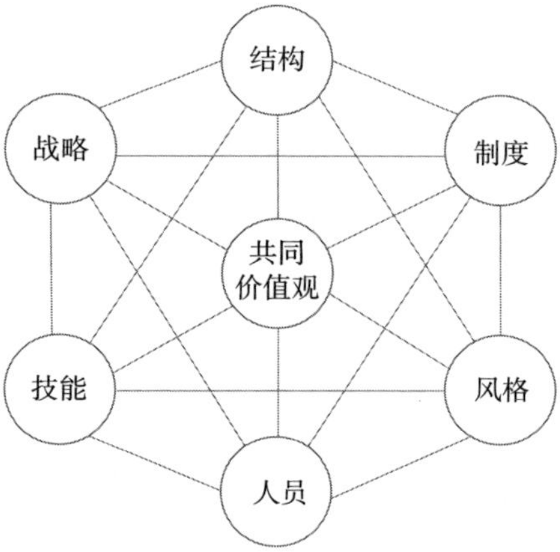

图 2-1　麦肯锡 7S 模型

正如麦肯锡 7S 模型所体现的那样，企业战略与企业价值观是相互制约、相互影响的，对于企业来说，重点在于培育与企业战略相适应的价值观，从而让它成为企业发展的黏合剂，凝聚战略、结构、制度、技能、人员与风格，为企业做大做强提供强大动力。

企业核心价值观是企业愿景、使命据以建立以及指导企业形成共同行为模式的精神元素，是企业得以安身立命的根本，是企业提倡什么、反对什么、赞赏什么、批判什么的基本原则。它的形成来源于两个方面：企业家的个人信念、组织成员的共同经验。

1. 企业家的个人信念

在企业初创阶段，企业的一切价值判断、选择都取决于企业创始人，他的价值取向会直接转化为企业的价值取向。因此，企业创始人对价值观的形成有非常重要的作用。

阿里巴巴创始人马云非常强调诚信的重要性，他认为没有诚信的公司是无法实现长远发展的，同时他也强调公司的产品研发要以客户体验为驱动。正是因为马云秉持着这样的信念，并且不断地向组织成员宣贯，所以阿里巴巴的价值观中才会有诸如“客户第一”等理念。

2. 组织成员的共同经验

组织成员的共同经验能够促使组织形成共同的精神理念。例如，组织成员通过团队合作、相互帮助从而顺利完成项目工作，长此以往，组织内就会形成“团队合作”的价值取向。组织成员向他人分享自己的知识和经验，在分享中，一方面加深了自己的理解，另一方面通过他人的反馈收获更多知识。分享带来的收益让组织中的每个人都变得更强大，进而组织内就会形成“主动分享”的价值取向。

对一个企业而言，人、财、物等是其借以存在的表现形式，而决定组织力量大小的则是一种看不见的精神元素，即企业价值观。美国学者查尔斯·汉普顿和阿尔方斯·特龙佩纳对 12 个国家的 15 000 家企业进行调研，最后得出结论：企业一旦做出“反经济信用行为”，它的最重要的无形资产——企业商誉就会受到重创。著名管理学家克拉伦斯·沃尔顿指出，企业是讲信誉、讲商誉、讲道德的组织，而不是赚钱的机器。一些企业在发展过程中没有树立正确的企业价值观，最终付出了惨重的代价。

某互联网巨头缺失正确的企业价值观，无道德底线的竞价排名规则，让其成为江湖庸医害死魏则西这个年轻人的帮凶。而这一负面事件，也让这家互联网巨头的股价在 40 天内下滑了 15.83%，市值从 680 亿美元跌至约 567 亿美元，缩水 113 亿美元，约合 740 亿元人民币。

2008 年，“三鹿”这个中国奶制品行业曾经的龙头企业由于企业价值观的缺失，导致“三聚氰胺”事件发生，造成了严重的食品安全事故。2009 年，三鹿被三元集团以 6 亿元收购，这个曾经被世界品牌实验室评为中国 500 个最具价值的品牌，就此灰飞烟灭。

美国加利福尼亚大学教授菲利普·塞尔兹尼克说："一个组织的建立，是靠决策者对价值观的执着，也就是决策者在决定企业的性质、特殊目标、经营方式和角色时所做的选择。通常这些价值观并没有形成文字，也可能不是有意形成的。无论如何，组织中的领导者，必须善于推动、保护这些价值观，若是只注意守成，那是会失败的。总之，组织的生存，其实就是价值观的维系，以及大家对价值观的认同。"可以说，企业价值观是企业的灵魂，有了它，才能保证员工向同一目标前进。

2.3.2 用价值观统一员工思想

阿里巴巴创始人马云也十分重视文化价值观的建设，无论在哪个发展阶段都十分明确地用价值观来统一员工思想，不断让阿里人能够基于共同的认识，确定自己努力的方向，明白自己该做什么、不该做什么。

2000 年 3 月 10 日，美国纳斯达克指数开始暴跌，从 5048.62 高点跌至 2001 年年底的 1114.11 点。短时间内，200 多家互联网公司相继倒闭，互联网行业进入寒冬期。此时阿里人的干劲、士气也大不如前。为此，阿里巴巴启动了著名的"延安整风运动"，马云将其概括为统一思想、灌输价值观。

第一是统一思想。马云提出阿里巴巴的共同目标是做一家 102 年的企业，成为世界十大网站，只要是商人都用阿里巴巴。

第二是灌输价值观。阿里巴巴首次提炼总结出来九大价值观，并以书面的形式确定下来，取名"独孤九剑"。

阿里巴巴通过统一思想、整顿队伍、修炼内功，奠定了迎接春天的坚实基础。

阿里巴巴的成功源于组织建立了所有员工共同认可的核心价值观，不断激发员工为公司奉献的意愿和能力，进而推动公司不断向前发展。

价值观决定经济活动的优先顺序，它不但赋予企业不同的风貌，同时也赋予企业产品和服务不同的特色。产品和服务所反映出来的企业工作风格，就是企业价值观的本质与境界的外显形态。优秀企业充分依靠企业价值观作为驱动力，并以此凝聚员工，促使他们更好地发挥主观能动性，为实现自己的人生价值而大显身手。任何一个企业在市场经济中存在的理由，是它在社会上体现出来的价值，也就是其他企业无法替代的特色。而这种特色的内在支撑力是企业共同信奉的价值观。

1992 年，华为销售收入突破一亿元，开始进入中国国内市场拓展阶段；1998 年，华为开始国际化，迎来海外市场拓展阶段；2005 年，华为海外市场收入占比超多 50%，开始进入全球化市场发展阶段；如今，华为已发展成行业巨头。支撑华为取得如此辉煌成就的正是融入每个华为人血液的华为核心价值观。对于华为而言，价值观本质上是对利益关系的认知与界定，它规定了企业的价值创造来源、价值评价标准和价值分配原则。

1996 年以前，华为的核心价值观为：嗅觉敏锐，不屈不挠，奋不顾身，群体奋斗，狼性文化。

1998 年《华为基本法》中将核心价值观确立为：成就客户，尊重员工，虚心学习，爱国敬业，合理分配利益，文化至上。

2005—2010 年，华为的核心价值观为：成就客户，艰苦奋斗，自我批评，开放进取，至诚守信，团队合作。

2011 年以后，华为核心价值观为：以客户为中心，以奋斗者为本，长期艰苦奋斗，坚持自我批判。

清晰的愿景、使命、价值观能统一思想，凝聚人心。核心价值观始终是支撑华为走到今天并且持续走下去的内在动力。

2.3.3　领导者要带头践行价值观

员工对企业的归属感总是寄予在领导者的身上，领导者自然就成了企业凝聚员工的核心。通用电气公司的杰克·韦尔奇曾经直言不讳地说，必须解雇那些对公司的价值观不能身体力行的经理，即便他们有好的业绩。

那么，领导者该如何用共同价值观凝聚员工呢？

首先，卓越的领导者应该懂得如何树立正确的价值观去影响员工。

北京同仁堂有三条价值观：“品位虽贵必不敢减物力”的质量价值观，“炮制虽集必不敢省人工”的工艺价值观，“童叟无欺一视同仁”的营销价值观。同仁堂的文化体系在330年的发展历程中不断丰富，但乐显扬创立同仁堂之初确定的三条价值观一直是同仁堂文化的灵魂。

这些价值观包括对内对外的行事准则、衡量真善美和假恶丑的界限，以及判断员工功过价值的思维模式。

何为正确的价值观？很重要的一个评判标准就是价值观必须是切中要害的、可衡量的。如果做到这一点，价值观将极大地提升企业的竞争力。否则，只会浪费大量的时间。

所谓“切中要害”，是指价值观必须与未来成功的关键要素联系起来。如果未来成功的关键要素为上乘的质量、出色的服务和创新，那么整个组织的价值观必须能够反映它们。而“可衡量的”是指价值观要被融入实际工作中，它们要变得实实在在，员工可以清楚地明白在组织的价值观下，自己应该怎样行动。

其次，卓越的领导者应该善于通过连续有效的行动，使企业共同的价值观成为企业文化的核心和基础。在行动过程中领导者还要善于不断检视价值评价过程中出现的偏颇，不断剔除在纷繁复杂的事物中滋生的与核心价值观相悖的价值标准，保持核心价值观科学、清晰，文化体系持续健康发展。

日本松下公司以“产业报国”为企业精神的第一项内容，以“感谢报恩”等思想为重要内容，源于松下幸之助的价值观。

松下幸之助关于企业经营工作的基本价值观，是“为社会创造像自来水那样质优价廉且源源不断的物质产品”，他认为这样的企业家和员工才算尽到了职责，才具有崇高的价值。他的价值观又是源于这样的对社会现象的思考：一个流浪汉经过一个村庄，打开一户人家自来水的龙头喝水，严格意义上讲，这种行为已构成侵权，但没有一个被侵权者将流浪汉告上法庭，为什么？是因为他喝的这点水价值很低，还不足以抵消诉讼的成本。如果社会的财富都能如自来水那样丰富，价格又低，那么社会犯罪率会大大降低。一个企业家如果能从这样高的民族责任感和社会责任感去考虑自己的事业，思考企业存在的价值，认识企业与社会的关系，其价值观是弥足珍贵的。

对于客户与员工来说，行动远比宣言重要。宣言仅仅说出了衡量行动的标准。客户和员工会经常对照价值观来评判管理层的行为。因此，卓越的领导者应当以企业的价值观作为自己的行为准绳，并且及时与部属就共同价值观进行有效沟通。

最后，也是最重要的一点，那就是卓越的领导者应时常思考如何通过共同的价值观来选拔人才。因为个体信念会与企业价值导向存在互不兼容的风险。

管理大师德鲁克曾在《哈佛商业评论》中撰文指出："一个人要在一个组织中获得成果，其价值观念必须与该组织的价值观念相容。这两种价值观念不必相同，但必须接近得足以共存。否则，这个人将不仅遭受挫折，而且还将不出成果。"

由此我们可以看出，当领导者选拔优秀人才供职于本企业时，首先要考虑的问题是：他的价值观是什么？企业的价值观是什么？他的价值取向与企业的价值导向相容吗？他能认同和适应企业的价值观吗？对这些方面如果欠考虑的话，时间浪费、资金流失、士气受挫都将是不可避免的，战略执行的结果自然也就难尽如人意了。

2.4 价值观与行为准则

企业核心价值观如果只是张贴在墙上的标语或员工口中响亮的口号，落不到实处，那么就丧失了企业核心价值观的真正作用。只有将核心价值观落地为制度，用公平、公正的制度去规范员工行为，员工才能发自内心地去遵从和执行。因此，企业的价值观要外化为员工的行为规范，将规章制度最终落实到行动上，让员工做到知行合一。

2.4.1 将价值观解读为具体的行为标准

很多企业在创业之初招聘人员的时候只谈工作内容、薪资和能力，几乎不谈企业的价值观，这让企业从一开始就缺少凝聚力，等到企业壮大之后再统一价值观，难度很大，是不利于企业发展的。事实上，良好且端正的价值观会让企业成员形成一种归属感和使命感，同时，好的价值观也会培养出具有非凡能力和魅力的组织成员，促进企业发展。

从某种意义上来讲，价值观是企业的游戏规则。游戏规则是什么？游戏规则就是一种做事的方式，能接受就参加，不能接受可以选择不参加。价值观管辖着员工的行为，企业通过价值观可以产生这样的凝聚力：无论是谁，来自何方，成长环境如何，毕业于哪个学校，面对同样的问题，大家的反应都是一样的。这就是一个企业的“基因”、一个企业的文化，是可以传承下去的。

企业要通过确立核心价值观，明确目标和追求，用价值观来凝聚员工并激发员工持续艰苦奋斗的原动力。将价值观解读为具体的行为标准，能够促使价值观实践和固化，并且将之沉淀下来。

IBM 的创始人汤姆·沃森曾根据 IBM 的核心价值观“精益求精、高品质的客户服务、尊重个人”制定了公司职员应遵守的规章制度。他要求所有员工每天上班都穿白色衬衫和黑色的正装，以最专业化、最职业化的状态服务客户，实现尊重客户、为客户提供高品质服务的目的。

这项规定延续了很长一段时间，IBM 的客户也都对其严谨的工作态度和职业化的着装表示了认可。但随着时间的流逝，IBM 面向的技术性企业客户改变了原有的着装习惯，如果 IBM 仍选择白衬衫、黑正装的着装风格就偏离了企业文化中的“高品质的客户服务”。于是 IBM 的总裁郭士纳根据现实情况调整了这项制度，围绕企业的价值观重新制定了员工的着装要求，即 IBM 的员工可以根据服务对象和会面场合灵活调整自己的着装。

制度和行为规范是体现企业价值观的，这些条例清晰地反映出企业赞同什么，不赞同什么，就像 IBM 的行为规范清晰地表达出 IBM 客户至上的价值理念。

以客户为中心是华为核心价值观之一，华为人的很多行为准则都体现了这一要求，其中首问负责制就是典型。

首问负责制是指任何客户咨询华为任何一个工作岗位的工作人员，第一个被咨询的人有义务对问题的解答负责到底。例如，华为终端销售工程师被客户问到关于交换机的相关问题，在自己不清楚的情况下，需要把问题转交给其他专家来解决客户疑问（中间可能需要协调、跳转多次才能解决），而最先被询问的工程师仍要对整个问题负责。这样一来，每个人都会对客户的每个问题进行很好的解答，真正做到以客户为中心。

所以，企业要明确的一点是，建立明确的制度是为了规范员工的行为，进而培养出员工遵守制度的行为习惯。根据企业文化制定的制度一定是有灵魂的，只有真正将企业文化植根于组织、制度和行为中的企业才能让员工深刻理解企业文化，从而明白自己真正应该做什么，不应该做什么，而不是死守成规。

2.4.2 画定行为红线，明确游戏规则

要将价值观转化为员工行为规范，就要将价值观行为化，画定行为红线，让员工采取正确的行为。华为在获取巨大成就后，管理层不可避免地出现惰怠现象。针对这一情况，华为干部会议讨论并列举了十八种典型的干部惰怠行为，严格要求干部警惕这些行为。

① 安于现状，不思进取；② 明哲保身，怕得罪人；③ 唯上，以领导为核心，不以客户为中心；④ 推卸责任，遇到问题不找自己的原因，只找周边的原因；⑤ 发现问题不找原因，头痛医头，脚痛医脚；⑥ 只顾部门局部利益，不顾整体利益；⑦ 不敢淘汰惰怠员工，不敢拉开差距，搞“平均主义”；⑧ 经常抱怨

流程有问题，从来不推动流程改进；⑨ 不敢接受新挑战，不愿意离开舒适区；⑩ 不敢为被冤枉的员工说话；⑪ 只做二传手，不做过滤器；⑫ 热衷于讨论存在的问题，从不去解决问题；⑬ 只顾指标不顾目标；⑭ 把成绩透支在本任期，把问题留给下一任；⑮ 只报喜不报忧，不敢暴露问题；⑯ 不开放进取，不主动学习，业务能力下降；⑰ 不敢决策，不当责，把责任推给公司；⑱ 只对过程负责，不对结果负责。

在将价值观行为化的实践中，我们可以借鉴华为的做法，基于企业核心价值观，在行为层面审视企业有没有明确的提倡和反对的行为，画定行为高压线，让员工明白企业提倡什么，反对什么。

谷歌在 2000 年创业之初，就把不作恶（Don't be evil）的企业文化写进了其行为准则中，坚持“不作恶，也可以赚钱”。多年来，谷歌凭借着“不作恶”的行为红线在海内外圈“粉”无数。“不作恶”也深深烙印在每个谷歌员工的身上，大家都自觉以“不作恶”来审视公司决策和自身行为。2018 年，谷歌宣布为美国五角大楼提供人工智能技术，为军事无人机提供技术支持。这个决定直接导致了超过 4600 名员工联名上书抗议，多名员工提出辞职。员工的诉求基本都是“该决策打破了谷歌‘不作恶’的行为红线”。

谷歌的此次员工抗议事件正是“不作恶”行为准则深入人心的表现。企业除了明确罗列提倡的行为和反对的行为，也可以将行为对应配套企业实践中的典型案例作为参照，以强化员工的认知。实践中的典型案例与员工密切相关，往往能起到很好的示范作用。近年来，越来越多的企业开始重视以实践案例来教育和引导员工的行为。

美纳多健康服务有限公司将公司员工工作中与公司文化和制度相悖的行为视为“公司病毒”，并且建立“公司病毒库”。“公司病毒”实际上是美纳多公司的“高压线”，它明确了公司“要什么”和“不要什么”。美纳多的“公司病毒库”是发动全员结合自身的业务实践，写出与公司文化和公司制度相悖的“病毒”，通过系统整理汇编而成的。

为了增强引导效果，公司将“病毒”拍成视频，给“病毒”取名、下定义，以生动有趣的形式向全体员工展示出来，并且定期组织员工培训、学习。

美纳多公司通过建立“公司病毒库”明确了公司的行为禁令，净化了员工成长环境，也让公司文化深入人心。在企业文化建设过程中，我们可以参考美纳多公司的做法，将价值观行为化，画定行为红线，结合员工实践中的典型案例将企业倡导或反对的行为以生动的形式呈现出来，强化引导效果。

2.4.3 将价值观纳入绩效考核体系

许多著名的企业都非常看重企业价值观对于员工的行为塑造，阿里巴巴公司便是极好的例子。阿里巴巴并不单单把价值观当作一个口号，而是作为所有员工的行为准则。围绕着这一准则，阿里巴巴还会对员工进行考核，员工每年的年终奖、晋升都与价值观考核结果挂钩，实现价值观考核“虚事实做”。

阿里巴巴价值观的各项内容都被细化成 5 个行为等级，赋值 1 ~ 5 分，如表 2-1 所示。

表 2-1 阿里巴巴价值观量化考核标准（部分）

考核项目	评价标准				
	1	2	3	4	5
客户第一	尊重他人，随时随地维护阿里巴巴形象	微笑面对投诉和受到的委屈，积极主动地在工作中为客户解决问题	在与客户交流的过程中，即使不是自己的责任，也不推诿	站在客户的立场思考问题，在坚持原则的基础上，最终让客户和公司都满意	具有超前服务意识，防患于未然
团队合作	积极融入团队，乐于接受同事的帮助，配合团队完成工作	决策前发表建设性意见，充分参与团队讨论；决策后无论个人是否有异议，必须从言行上予以完全支持	积极主动分享业务知识和经验，主动给予同事必要的帮助，善于利用团队的力量解决问题和困难	善于和不同类型的同事合作，不将个人喜好带入工作，充分体现“对事不对人”的原则	有主人翁意识，积极正面地影响团队，改善团队士气和氛围

续表

考核项目	评价标准				
	1	2	3	4	5
拥抱变化	适应公司的日常变化	面对变化，理性对待，充分沟通，诚意配合	对变化产生的困难和挫折能自我调整并正面影响和带动同事	在工作中有前瞻意识，建立新方法和新思路	创造变化并带来绩效突破性的提高
诚信	诚信正直，言行一致，不受利益和压力的影响	通过正确的渠道和流程准确表达自己的观点，表达批评意见的同时能提出相应建议，直言不讳	不传播未经证实的消息，不背后不负责任地议论事和人，并且能正面引导	勇于承认错误，敢于承担责任，客观反映问题，对损害公司利益的不诚信行为严厉制止	能持续一贯地执行以上标准

阿里巴巴在进行价值观考核时首先让员工根据自己的表现对照价值观的考核细则给自己打分，再由部门主管根据员工的具体表现打分，如果任意一项价值观得分在 1 分以下则无资格参与绩效评定，扣除全额奖金。

阿里巴巴将价值观量化并进行考核，可以有效保障行为规范发挥其效用，让员工明白什么是正确的做事方式，什么是错误的做事方式，充分发挥价值观的作用，使其更好地指导员工执行战略。

为了准确把握员工与公司价值观契合的程度，GE（通用电气公司）采用了 360 度考核法。

GE 的 360 度考核方法不是用来考核新进入公司的员工的，而是用来考核在 GE 工作时间较长的员工的。

360 度考核法把人员分为四组，这四组的构成分别是跟被考核者存在关联的上级、同级、下级和服务的客户。考核内容包括公司理念、公司战略、客户价值等。四组人员根据对被考核者的了解来评价其行为是否符合价值观的要求。对于同一位被考核者，每位同级、上级、下级和服务的客户可能会对其给出不同的评价，最后由专门的顾问公司对结果进行综合分析，得出被考核者的评价结果。被考核者如果发现在某个方面有的组比其他组给的评价较低，那么他可以找到这个组的几个人进行沟通，大家敞开心扉互相交换意见，从评价者那里得到自我改善的有效建议。

通过 360 度考核，每位 GE 员工都清楚地认识到自己在哪些方面尚未达到与公司契合的程度，随后便可以有针对性地加强该方面的训练。

企业价值观转化为全员理念的过程，实际上是一个让全员接受并能够去自觉落实价值观的过程。企业通过向员工灌输价值观，将使员工内心对企业价值观产生共鸣，把企业价值观转化为员工头脑中的信念。这样一来，员工便会对企业价值观的实质形成全面而深刻的理解，才会在价值观的牵引下积极地付诸实践。

2.5 用文化保障执行力

企业战略为企业发展提供清晰的定位和方向，是企业竞争优势的来源。企业的战略落地依赖很多因素，其中企业文化就为企业战略落地执行提供不竭动力。

2.5.1 思想文化权是企业最大的管理权

麻省理工学院艾德·希恩教授认为，在一个组织中，文化的精髓是隐藏在组织成员头脑中的假设和价值观。由于这些假设和价值观的存在，组织成员才会依据特定的形式去执行组织的事务。由此可以看出，真正决定一个组织的管理模式的就是存在于人们头脑中的价值观和信仰。而一个组织的管理者如果能够将头脑中的理念转化为组织共同的价值取向，那么他就能建立起统一的行为准则。

也就是说，一个组织的决策者拥有了思想权和文化权，他就拥有了最大的管理权。组织内部那些制度和流程约束不到位的地方，通过价值观的一致性弥合，可以使得组织内部沟通成本极低。

阿里巴巴创业团队从20人扩张到50多人的时候，团队成员觉得内部的沟通不再像以前那么顺畅了。对此，马云提出了三个关键词——可信、亲切、简单。这三个词也成了大家工作中的共同标准。当网页设计师对网站风格有疑问时，只需要回答："可信、亲切、简单。"当人力资源部对用人标准有疑问时，只需要回答："可信、亲切、简单。"……

当组织做所有的事情都是冲着同样的原则、同样的标准去做的时候，这个组织的统一性就越来越强，所有人的沟通效率就越来越高，做事越来越容易、协同越来越好。这就是企业文化的作用。

华为创始人任正非也非常善于利用他手里的管理权将自己的思想转化为华为人共同的价值观，通过自己的思想鼓动十几万华为人朝着共同的价值方向行动，他自己也说："我不是低调的人，否则鼓动不了十几万华为人。"

华为内部举办的思想文化宣导会议、思想文化培训……诸如此类的文化宣贯形式，都是任正非落实他的思想权和文化权的有效方式，其中最特别的一种贯彻华为思想文化的方式是辩论赛，任正非非常善于通过辩论赛传达他的思想并影响华为人的想法。

任正非出过几个辩题，事实上这些辩题也是任正非在管理上的一些思考，比如"用人要疑，疑人要用"这个辩题，辩论的一方观点与任正非的一致，另一方的观点则是"用人不疑，疑人不用"。这个辩论赛的规模非常大，从科室到部门一路辩到集团高层，在三轮轰轰烈烈的辩论赛的过程中，任正非一直指点双方的辩论，并且把握辩论赛的节奏和整体情况。他多次在关键的赛点休息时间提点与他想法一致的持方，最终与他想法一致的持方在辩论赛上指出，用人不疑、疑人不用是封建社会的糟粕，现代社会的用人之道早已有了变化，即用人要疑，才能使得企业和员工双方都保持警惕，利于企业和个人的发展。正是贯彻了任正非思想的关键要点使得这个持方掌握了整个局势，其借助任正非的想法深入阐述了企业和员工之间存疑的必要性，赢得了这次辩论赛的胜利。

诸如此类的辩论赛还有很多，华为文化中最为重要的"以奋斗者为本""以客户为中心""不让雷锋吃亏"等都曾被作为辩题在华为内部展开一系列的讨论。

举行“不让雷锋吃亏”辩论赛的时候，任正非还调侃道，一定要从实际出发，不能心口不一，并且开玩笑地说：“有谁愿意一直吃亏？”

实际上，这种辩论赛的意义在于通过一次次大张旗鼓、华为上下都关注的文化宣传活动，任正非将自己的想法在辩论赛的结果中显现出来，也使得华为人能够更深刻地理解华为文化。

这就是文化的力量，它对人的约束力远远胜过规章制度。所以，企业一定要把企业文化彰显出来，而且要实实在在地加以落地，这是最终推动企业发展成长的根基。

2.5.2　重视文化建设，激发组织活力

文化是一家企业发展的软实力，在企业中与共识和凝聚力有关的问题都必须借助文化来解决。企业文化对于当下的企业来说早已不是一个可有可无的经营要素，强劲的企业文化能够为企业的发展创建一片精神绿洲。

美国知名管理学家约翰·科特教授曾带领自己的研究小组进行了为期 11 年的研究，跟踪了 100 多家企业的动向，数据证明：凡是重视企业文化的公司，其经营业绩要远远胜于那些不重视企业文化的公司[1]（见表 2-2）。这也从管理学研究的角度说明，企业文化可以被用于推进企业战略执行中。

表 2-2　重视与不重视企业文化的公司的经营业绩对比（1977−1988 年的数据）

项目	重视企业文化的公司	不重视企业文化的公司
总收入平均增长率	682%	166%
员工增长率	282%	36%
公司股价增长率	901%	74%
公司净收入增长率	756%	1%

组织文化是组织约定俗成的做事方式，主要表现在团队成员认为合乎标准的行为和交往中。曾任麦肯锡资深管理咨询顾问的马克斯·兰茨伯格认为，企

1 何建湘 . 企业文化建设实务 [M]. 北京：中国人民大学出版社，2019.

业文化是企业最高领导者建立起来的，是企业领导者决定了企业文化的形态和走向，他对于企业文化的发展具有决定性的作用。但是文化建设不可能一蹴而就，因此，需要出色的领导者每天为其添砖加瓦。

麦肯锡咨询公司的创始人马文·鲍尔认为，优秀的企业文化是企业发展的一种独特气质和资源，这种企业文化一旦形成便具有稳定性，不易变动。因此，马文·鲍尔在麦肯锡发展初期就十分重视培养麦肯锡的快速行动企业文化。当然，对于管理咨询公司这类服务型企业来说，快速行动有时表现为快速反应。

在麦肯锡的管理体系和数据收集活动中，快速行动显得尤为重要。假如咨询师不能及时获取他人头脑中尚未形成的知识，就难以进行有效的知识管理。

一家医疗器械公司曾经与麦肯锡合作过，这家公司的执行副总裁十分推崇麦肯锡快速行动的企业文化。他说："麦肯锡在反应方面有一条规矩，无论是什么人，甚至是最初级的咨询顾问向全球任何地方的同事打了电话，都会在 24 时内得到答复。这对于总体指导以及数据收集大有裨益。其他地方就不是这样的，尽管我一直在自己的公司努力推行这些。"

对创业初期的企业来说，文化是最重要的资产。这个资产一旦形成，组织往往会产生十分强大的凝聚力。企业创始人在文化形成过程中始终扮演了一个特殊的角色——既是企业文化的创建者、发展者，同时也是管理者。因此，企业文化的本质是创始人人格的外化。

马文·鲍尔认为，在企业发展过程中，好的想法是"0"，执行力就是"1"，没有快速行动的执行力，再多的好想法都不会变成现实。好想法只有落实到行动中，才可以为企业创造出利润。他的这种理念也逐渐传递给了企业员工，促使员工朝着正确的战略目标方向不断前进。

资源是会枯竭的，唯有文化才会生生不息。文化不是停留在墙上的口号，而是企业发展的软实力。优秀的企业文化将为组织不断注入激情，激发组织活力，引领全体员工积极奉献，全力创造价值。

2.5.3　强化文化信念，统一奋斗方向

在组织中，只有大家的奋斗方向是统一的，才能够一群人一条心，迈大步向前走。独特的文化资本能够为组织提供一种强大的精神力量，人们在熟悉的场景下，不需要经过大脑的思考和判断，就能够做出本能的反应。这是一种无意识属性，是组织成员的共同信念。

文化是凝结员工的纽带，当企业领导者在企业中建立起了一种强大的文化，将其植入员工内心深处并生根发芽时，它将自动规范员工的意识和行为，使企业获得不依赖领导者的发展。那么如何强化员工的文化信念呢？

首先，核心管理层要言传身教。企业文化的传递往往是上行下效的，高层不能以身作则，也就难以要求员工遵守企业文化。著名管理学家帕瑞克曾说："除非你能管理'自我'，否则你不能管理任何人或任何东西。"要让广大员工遵守企业文化，就要让他们看到的管理者们是如何遵守的。

阿里巴巴前 COO 关明生看到自己的下属在管理方面获得成长时，手写了一封信给她，还让秘书把它封好。这位收信人只是阿里巴巴的一名基层管理者，对此，她非常感动，自己竟然获得了高层管理者的关注，他愿意花自己宝贵的时间来用心辅导自己、关注自己的成长。这件事也让这个基层管理者受到了触动，在后续的工作中，也要像关明生一样去辅导下属、培养下属。这就是核心管理层以身作则践行公司文化带来的影响。

其次，文化要融入制度。要以文化理念为指导建立或完善制度体系，通过"立规矩"让员工明白哪些事能做、哪些事不能做，用制度承载文化。

阿里巴巴建立了政委体系，政委要懂业务、推文化。阿里巴巴的业务经理在业务方面有决策权，但政委对那些违背公司文化和影响团队管理的决策有否决权。业务经理的决策视角就是"要业绩"，对不涉及业绩的内容往往容易忽视。政委的作用就是在肯定业务搭档的决策大方向正确的基础上，提醒他如"员工在执行业务过程中可能会忽视核心价值观""有潜在的损害团队利益和公司形象

风险”等问题。阿里巴巴政委和业务经理是一种微妙的平衡关系，共同确保业务在飞速发展的过程中团队的价值观不变味[1]。

最后，文化要落到行为器具上，如将文化写在墙上或员工工牌上，做吉祥物，开展文化系列活动等。

文化墙是阿里巴巴的一大特色。阿里巴巴有很多面不同的文化墙，包括阿里日、倒立文化、阿里土话、武侠文化、阿里成长史等，整体风格活泼、生动，与阿里巴巴的特性相呼应。

总体而言，企业文化有导向、凝聚、约束、激励、纽带、辐射等功能。优秀的企业文化一旦形成，便会形成一股聚合力，对企业员工起到很大的“黏合剂”作用，激励员工为同一目标不懈奋斗，使企业在激烈的市场竞争中越战越勇，持续地健康发展。

1 陈国海，刘贵鸿，陈祖鑫 . 阿里巴巴政委体系 [M]. 北京：企业管理出版社，2019.

第3章
组织与权责

STRATEGY STRATEGY STRATEGY STRATEGY STRATEGY

任何企业战略的实施都离不开对组织系统的调整与变革。组织结构是战略实施和流程运作的基本平台，流程是战略实施和组织运作的具体载体，组织结构与流程运作明确了组织内部的分工与协作，有助于企业充分利用相关资源，实现战略目标。根据战略行动，及时调整包括组织结构、流程、管理平台等在内的组织系统，可以为战略执行提供有力支撑。

3.1 面向客户随时调整阵形

组织结构的功能在于分工和协调，是保证战略实施的必要手段。以客户需求为导向调整内部组织，可以及时地为客户提供满足其需求的优质产品和服务，同时实现组织运作的高效率。

3.1.1 组织结构类型及未来发展趋势

组织结构是组织所有成员为实现组织目标，在管理工作中进行分工与协作，在职务范围、责任、权利方面所形成的结构体系。

【管理研究】组织结构的四个维度

组织结构包括职能结构、层次结构、部门结构、职权结构四个方面。

（1）职能结构：实现组织目标所需的各项业务工作及比例和关系。如企业围绕研发、生产、营销、售后等职能进行分工。

（2）层次结构：管理层次的构成及管理者所管理的人数（纵向结构）。如企业自上而下可分为董事长、总经理、副总经理、部长、主管、员工等层级。

（3）部门结构：各管理部门的构成（横向结构）。主要从组织总体形态，各部门一、二级结构进行分析。

（4）职权结构：各层次、各部门在权力和责任方面的分工及相互关系。如企业高层管理者与中低层管理者之间的责权分配等。

一般来说，企业组织结构的类型包括直线制、职能制、直线职能制、事业部制、矩阵制等。

1. 直线制组织结构

直线制组织结构是最古老的组织结构形式。在这种组织结构下，职权直接从高层开始向下传递和分解，经过若干个管理层次达到组织最低层（见图 3-1）。其特点是：

- 组织中每位主管人员对其直接下属拥有直接职权。
- 组织中的每个人只对他的直接上级负责或报告工作。
- 主管人员在其管辖范围内，拥有绝对的职权或完全职权。

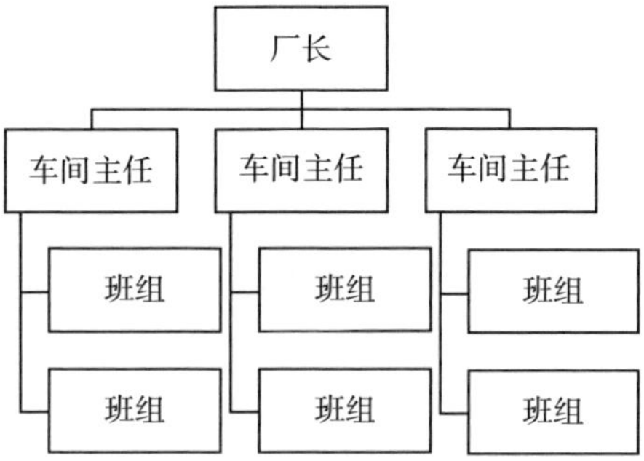

图 3-1　直线制组织结构示例

直线制组织结构比较简单，责任分明，命令统一，但它要求各级行政管理者必须熟悉与本部门业务相关的各种活动（尤其是最高行政首脑，必须是全能管理者），缺乏横向的协调关系，容易产生忙乱现象。因此，这种组织结构只适用于规模较小、管理比较简单的企业。

2. 职能制组织结构

职能制组织结构除设立各级行政单位主管负责人外，还相应地设立一些职能机构，如在厂长下面设立职能机构和人员，协助厂长从事职能管理工作（见图 3-2）。它的优点是能适应现代化工业企业生产技术比较复杂、管理工作比较精细的特点，能充分发挥职能机构的专业管理作用，减轻直线领导人员的工作负担，但缺点也很明显：妨碍了必要的集中领导和统一指挥，形成了多头领导等。

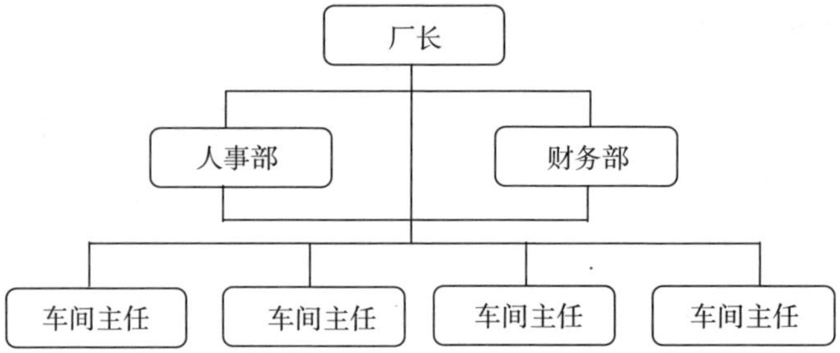

图 3-2 职能制组织结构示例

3. 直线职能制组织结构

直线职能制组织结构是在直线制和职能制的基础上，取长补短而建立起来的（见图 3-3）。它把企业管理机构和人员分为两类，一类是直线领导机构和人员，按命令统一原则对各级组织行使指挥权；另一类是职能机构和人员，按专业化原则，从事组织的各项职能管理工作。

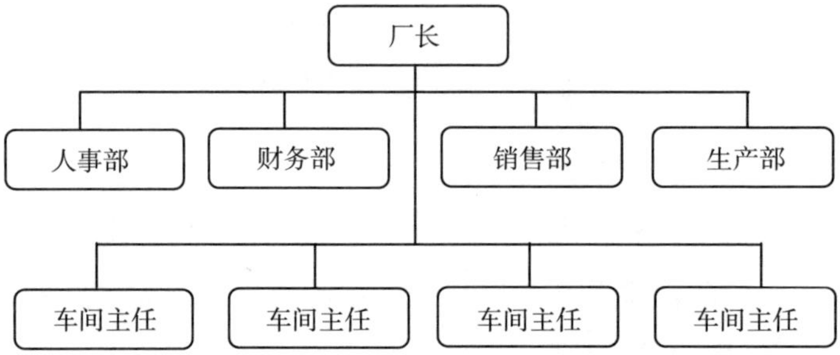

图 3-3 直线职能制组织结构示例

直线职能制组织结构既保证了企业管理体系的集中统一，又可以在各级行政负责人的领导下，充分发挥各专业管理机构的作用。其缺点是职能部门之间的协作和配合性较差，容易加重上层领导的工作负担，同时也会造成企业工作效率低。

4. 事业部制组织结构

事业部制组织结构最早是由美国通用汽车公司总裁斯隆于 1924 年提出的，是一种高度（层）集权下的分权管理体制（见图 3-4）。它适用于规模庞大、品种繁多、技术复杂的大型企业。事业部制组织结构是指将一个公司按地区或按产品类别分成若干个事业部，从产品设计、原料采购、成本核算、产品制造，一直到产品销售，均由事业部及所属工厂负责，实行单独核算、独立经营，公司总部只保留人事决策、预算控制和监督大权，通过利润等指标对事业部进行控制。也有的事业部只负责指挥和组织生产，不负责采购和销售，实行生产和供销分立，但这种事业部正在被产品事业部所取代，还有的事业部则按区域来划分。

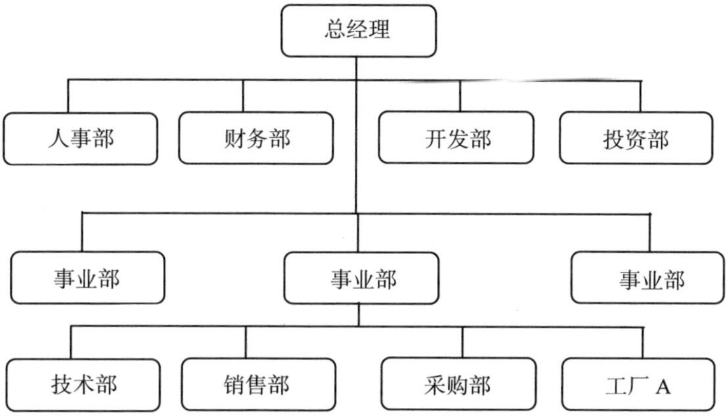

图 3–4　事业部制组织结构示例

5. 矩阵制组织结构

矩阵制组织结构是指既有按职能划分的垂直领导系统，又有按产品(项目)划分的横向领导关系的结构(见图 3-5)。

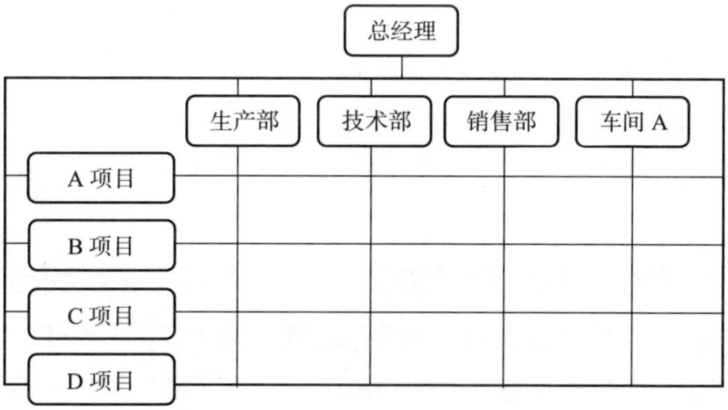

图 3–5　矩阵制组织结构示例

矩阵制组织结构非常机动、灵活，可随项目的开发与结束进行组织或解散，同时它也加强了不同部门之间的配合和信息交流，克服了直线职能制结构中各部门互相脱节的现象。但是，人员上的双重管理是矩阵制组织结构的先天缺陷，且由于项目组成人员来自各个部门，当任务完成以后，仍要回原单位，因而容易产生临时观念，对工作有一定影响。

矩阵制组织结构适用于一些重大攻关项目。企业可用来完成涉及面广的、临时性的、复杂的重大工程项目或管理改革任务。

企业组织结构的演变过程本身就是一个不断创新、不断发展的过程，除了这些基本的组织结构形式，国内外大型企业都在探索适合自身发展的组织结构形式。总体来说，企业组织结构发展呈现出重心两极化、外形扁平化、运作柔性化、结构动态化的趋势，相继涌现出了诸如团队组织、动态联盟、虚拟企业等新型组织结构形式。

3.1.2 组织结构要匹配企业战略

组织结构是助力企业实现战略目标的手段，因此组织结构必须与企业战略相匹配。

【管理研究】组织结构必须服从战略

美国管理学家钱德勒教授对美国 70 家大型公司进行研究，发现当公司选择一种新的战略以后，现行结构因未能立即适应新的战略而发生变化，直到行政管理出现问题，公司效益下降，公司才对组织结构进行调整。在组织结构改变以后，保证了战略的实施，公司的获利能力大幅度提高。因此，钱德勒提出：组织结构必须服从战略。

组织是战略实施的重要保障。企业的经营与发展战略决定着组织结构类型的变化，同时组织结构也反作用于战略的实施。适宜的组织结构会对战略实施起到极大的推动作用，与战略不匹配的组织结构将会成为战略实施的阻力。

经过三十多年的发展，华为在取得不断成功的同时，公司的组织结构渐渐跟不上业务变化，过程管控也变得越来越滞后，这在一定程度上影响了组织战略的有效实施。

在意识到公司成功背后的一系列问题后，任正非带领华为高层经过近一年的酝酿和研讨，最终由人力资源委员会纲要工作组初步拟订了《华为公司人力资源管理纲要2.0总纲（公开讨论稿）》。2018年3月20日，任正非签发电子邮件，在心声社区公开了《华为公司人力资源管理纲要2.0总纲（公开讨论稿）》，面向华为全体员工和全社会征求修订意见。

华为通过揭露当前华为组织结构与业务战略的不匹配性，为公司的组织发展指明方向，牵引组织进行以业务为导向的变革，从而实现组织与业务的适配，最终确保公司始终充满活力，实现持续性发展。

企业在不同的发展阶段，应该制定不同的战略，同时也要对组织结构及时做出调整，以匹配企业战略发展的需求。

2018年9月13日，小米创始人雷军发出内部邮件，宣布了小米集团最新的组织架构调整。这是小米上市后的首次重大调整，也是小米成立以来最大的组织架构变革。

此次组织结构调整主要涉及两个方面：一是新设集团组织部，负责中高层管理干部的聘用、升迁、培训和考核激励，以及各个部门的组织建设和编制审批，这意味着小米成了我国第三家专门设置人力资源部以外的专设机构进行核心团队管理的企业；设立集团参谋部，协助CEO制定集团的发展战略，并且督导各个业务部门的战略执行。二是将小米原有的电视、生态链、MIUI、互娱四大业务分拆成了十个部门，即四个互联网业务部、四个硬件产品部、一个技术平台部和一个消费升级的电商部。

小米为何做出这样的组织结构调整呢？在业务战略布局上，小米将重点放在了IoT（物联网）和互联网服务业务上。因此，在新成立的十个新业务部门中，有四个是互联网服务部门和四个与IoT相关的部门，小米希望通过组织架构调整，为这两项业务发展赋予更多的资源，提供更加完善和牢固的后盾。

小米在组织架构上发生了重大调整，这是企业成长过程中的必经之路。调整组织结构，可以使组织决策和执行更加快速，员工自主性增强，行动更加贴近市场。

3.1.3 组织变革要以业务为导向

一般而言，企业在进行组织变革的过程中，业务发展对组织模式的影响是最大的。组织模式必须服从企业业务发展，并且要跟随企业业务发展做出调整。

在华为创业早期，公司的业务开发聚焦于国内市场的程控交换机。也就是说，此时华为的首要任务是聚集所有部门的力量和资源去研发具有自主知识产权的程控交换机。在这种业务战略的指导下，华为采用了职能制组织模式，各部门职能划分明确，各司其职。

到了 1995 年，华为研发的程控交换机销售在国内市场呈现火爆状态。在打开国内市场后，华为开始把眼光转向国际市场。于是，华为打破原有的职能制组织模式，开始向矩阵制组织模式发展，力图打破过去的部门设置，实行项目管理模式，设立了跨部门矩阵组织，以便适应差异化的外部战略环境。在这种研发组织模式下，华为可以根据客户的实际需求随时组建新的项目组织，面向市场的灵活性加强了，市场应变的能力得到了进一步的提升。

从华为的发展历程中可以看出，华为的研发组织模式在很大程度上受到业务发展的影响。创立初期，公司规模比较小，战略重点在于扩大组织规模，此时只需要职能划分明确的组织结构；当公司进入快速发展阶段，公司规模越来越大时，其组织结构会影响公司业务的发展，因此需要随业务发展而进行组织变革，以保证组织结构能够随着公司规模的变化而不断地变化，公司内部管理和部门设置更加科学。

2020 年，我们给国内人力资源服务行业某国企做了组织变革与管理体系建设项目，其中组织权责体系设计是项目的重要组成部分之一。变革前的组织架构如图 3-6 所示。

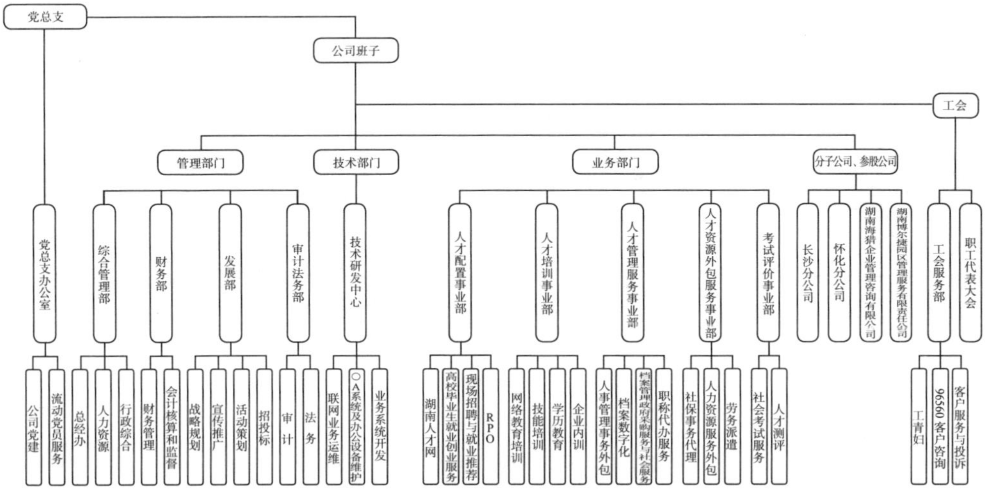

图 3–6　变革前的组织架构

通过调研发现，该公司在组织权责体系方面存在的问题包括：一是组织设计方面，组织架构缺少对业务开展的支撑；二是部门职能方面，部分部门职能定位不明确；三是部门协同方面，部门间的协同机制不畅；四是岗位职责方面，岗位设置缺乏合理性。因此，组织权责体系变革需要做好两个方面的工作：一是从组织架构上拉通各个业务部门；二是明确界定各部门、各岗位的权责。

在设计组织权责体系的解决方案时，我们遵循了“梳理业务地图—优化组织架构—划分组织权责”的设计思路（见图 3-7）。

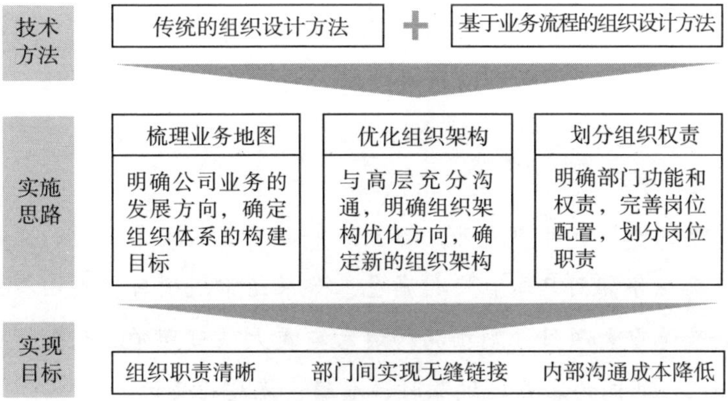

图 3–7　组织权责体系解决方案的设计思路

按照解决方案的思路，我们根据现代化公司管理要求，结合公司业务战略和重点业务需求，最终对公司组织架构进行了优化（见图 3-8）。

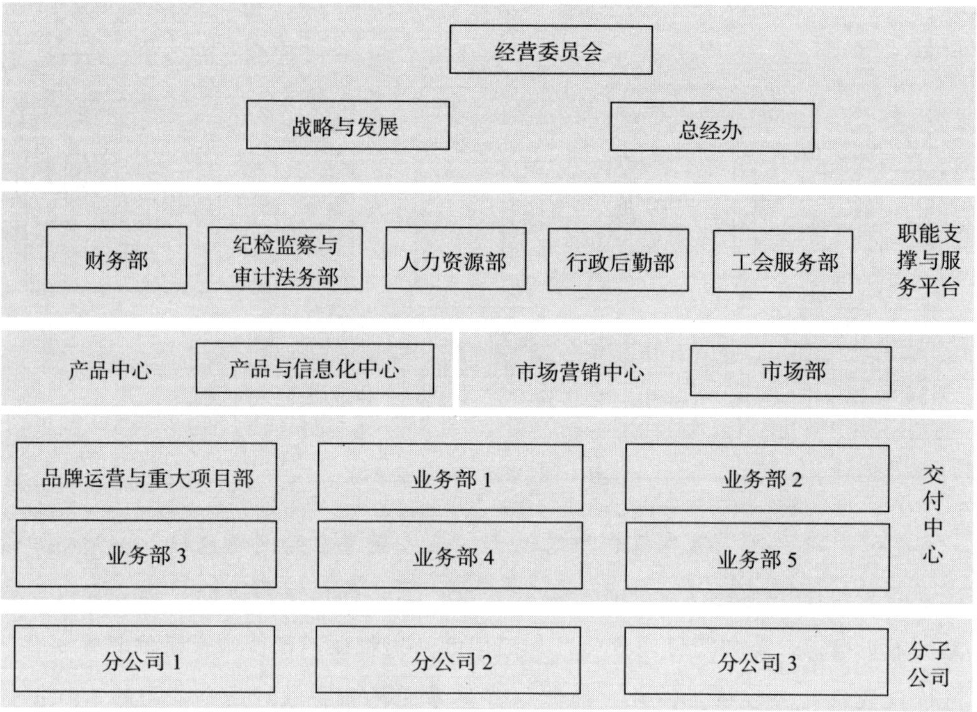

图 3–8 优化后的组织架构

1. 打造市场营销中心

市场部发挥作战指挥中心和使能中心的作用，贴近客户的各区域市场分子公司则成为直接的市场抓手。这就将原先由各业务部门各自抓市场的分散模式改变为统一的市场接口模式，以此减少部门间“本位主义”，增强公司的市场开拓能力。

2. 打造交付中心

成立品牌运营与重大项目部，与各业务部门共同成为公司的交付中心。在此模式下，各业务部门只承担交付角色。如果是常规项目，则由各业务部门牵头交付；如果是重大项目，则由品牌运营与重大项目部牵头交付，由其负责拉通各业务部门，共同为客户提供及时、准确、优质的交付。

3. 打造产品中心

成立产品与信息化中心，强化公司的产品研发能力，打通产品需求和信息化平台建设之间的关系，让信息化真正成为服务产品与业务的有效手段。

4. 打造职能支撑与服务平台

成立人力资源部，根据公司战略发展及公司价值观的引领要求，为公司可持续发展提供人力资源保障；在原有的审计法务部的职能中，增加纪检监察职能。人力资源部、行政后勤部、财务部等综合部门共同为公司提供职能支撑与服务。

总的来说，组织变革是为了适应未来业务发展的要求而进行的，用以提高组织效能，为客户提供满意的产品和服务，推动组织战略目标的实现，进而实现组织的可持续发展。

3.2 简化不必要的管理层级

美国管理学家德鲁克曾说："组织不良最常见的病症，也就是最严重的病症，便是管理层次太多，在组织结构上一项基本原则是，尽量减少管理层次，尽量形成一条最短的指挥链。"

3.2.1 设计组织层级的原则和依据

组织层级是指组织内从最高的直接主管到最低的基层具体工作人员之间所形成的管理层次，即组织内按照隶属关系划分的等级的数量。

【管理研究】组织层级设计的影响因素

通常来说，影响组织层级的因素包括管理幅度、组织规模和集权程度等。

第一，管理幅度。管理幅度是指一个管理者能够直接管理的人数。当组织规模一定时，组织层级和管理幅度之间存在着反比例的关系。管理幅度越大，组织层级越少；管理幅度越小，组织层级越多。

第二，组织规模。一般情况下，1000 人左右的企业，大概有 4 个层级就可以了，而对于 10 000 人左右的企业，则可能就会有 7 ~ 8 级。

第三，集权程度。企业集权程度受领导者风格的影响，越是事无巨细的领导者，就越喜欢集权，与之对应的管理幅度就会相对宽泛，组织层级也会较少。反之，组织层级就会偏多。

组织层级设计受很多因素的影响，企业需要结合发展阶段、规模、高层集权偏好等多种情况来设定，并且根据企业内外部环境不断地进行调整和优化。

首先，组织层级设计要考虑企业纵向职能结构。纵向职能结构是通过职能分析，全面考虑了影响企业职能结构的各种因素，包括企业经营领域、产品结构、规模、生产技术特点等而设计的，因而它所规定的纵向职能分工的不同层次，反映了企业外部环境和企业内部条件的客观要求。

其次，组织层级设计必须有助于提高组织效率。当前市场环境要求企业具有高效率，如果组织层级太多，致使决策流程过长，就必然降低组织效率。

伯兰为了帮助 IBM 吸引客户，提出了企业联盟的构想，后发展成一个几百人的部门。企业联盟颠覆了传统的销售人员上门推销硬件的营销方式，由程序员主动向客户了解其真实需求，然后根据客户需求，在较短时间内研发出能够满足客户要求的软件，简言之，就是为客户提供定制化的服务。这种方式大大吸引了客户的眼球，许多客户都主动找上门来。尽管客户都想找企业联盟，但是伯兰的权力有限，无法向其他部门提出要求。再加上 IBM 组织庞大，经理人员非常多，想要推进一项工作十分困难，需要经过的层级太多。因此，伯兰认为如果 IBM 不进行全面改革的话，就会影响其当前取得的成绩。

随后，伯兰病倒了，他躺在病床上，每天花好几小时、用无数的邮件去跟进他的计划进度。临死前，他说了一句话："我动弹不得，就像 IBM 一样"。

由此看来，IBM 由于组织机构众多、组织层级关系复杂，导致决策流程过长，时间浪费严重，极大地影响了组织开展工作的效率。企业设置机构是为了给作战队伍提供支撑和服务的，如果机构不能有效为作战队伍服务，则会影响员工的执行效率，进而影响企业战略目标的实现。因此，我们在设计组织层级时，要减少多余的管理层级，从而大大增强组织的灵活性，提高组织决策和执行的效率。

3.2.2 减少管理层次，增加管理跨度

企业内部的各种制度总是随着企业员工队伍的不断壮大发展而完善的，层级制度也是如此。我国早在南北朝时期就有“九品中正制”，在等级制度更为苛刻的元朝有了“一官，二吏，三僧，四道，五医，六工，七猎，八民，九儒，十丐”的层级排序。对于企业的发展来说，层级制度并非一种优秀的模式。现实中有很多大企业就受到了层级制度的不利影响。

从2008年起，丰田汽车公司取代了通用汽车公司，成为全球第一的汽车生产商。但是，丰田公司第一的位置还没有坐稳就陷入了“召回门”。2009年，丰田公司不断接到下属汽车品牌普瑞斯刹车失灵的投诉，在美国发生了超过100起，日本也有13起。

四个月后，丰田公司对ABS（Anti-lock Braking System，防抱死制动系统）进行修理。直到2010年2月，时任丰田执行副总裁的佐佐木才得知此事。2012年10月10日，丰田公司宣布在全球召回743万辆车。

丰田公司之所以如此缓慢地做出决策，是因为丰田的管理集权性和层级性很强，属于典型的老式日本公司的经营模式。丰田公司在全球业务的扩张并没有带来管理模式的变化。似乎，日本丰田公司的总部从没有想过分散权利，或是重新调整公司的集权制度。

集权制度的一个致命缺点就是无法做到信息及时上传下达。丰田公司有着庞大的雇佣集团——30万名员工，还有各司其职的多个部门，关键信息很容易在冗杂的环节中漏掉。在丰田，每个部门的分工也是非常细的，丰田还出现过这样的情况：有的时候接到顾客投诉，分工细致的技术部门员工甚至不知道该由谁负责解决问题，因此耽误了顾客的时间。

在丰田公司出现的问题，在通用电气公司却有很好的解决办法。杰克·韦尔奇视层级制度为团队热情工作的阻碍。他还用形象的比喻批判层级的“反应障碍”：“当你穿着六件毛衣出门的时候，你还能感觉得到气温吗？官僚体制就是我们那六件毛衣！”

杰克·韦尔奇在接过通用电气的担子后，大刀阔斧地改造通用电气的组织结构，迅速地砍掉了冗余的中间管理层，大幅削减管理层职位，有人戏称这次改革为“扁平化运动”。

韦尔奇改革后的结果比丰田现有的体制高明了不少。经过一系列的改革，通用电气从原来的9个管理层次减少至3个管理层级，他还请走了那些不作为的管理者和混日子的工人。

如此这番大改革之后，通用电气运作效率大大提高，业绩也随之呈现出稳步上升的趋势。

与韦尔奇“扁平化运动”相似的公司是西门子，西门子公司共有200多家分公司和40多万名员工，如此庞大的组织只需要1000名高级管理者、地区负责人和董事经理。正因为没有层级制度的种种限制，西门子公司的领导层反倒能迅速了解一线现状，做出理性决策，使公司始终维持正常发展。

企业应该清醒地认识到，过多的管理层级对企业而言有百害而无一利。撤销管理层次并扩大管理宽度，企业领导者才可实事求是地做出促进企业发展的正确决策，员工也能更快、更好地执行决策。

3.2.3 压缩决策点，提升组织运行效率

在简化管理层级方面，华为有着很好的经验。任正非强调，华为进行后方改革，将能力中心变成大部门制，就能减少一些决策点。每减少一个决策点，运行速度就会快一些。变革的目的就是更简单、更及时、更准确。

“更简单、更及时、更准确”包含了几个方面的意思：第一，变革的目的是简化决策流程，而不是越来越复杂。组织在发展过程中，难免会对某些方面

的管控越来越多，这是不利于公司长远发展的。因此，要压缩决策点，使业务工作开展变得更简单。第二，通过变革提升一线作战平台的能力，从而提高决策的效率，为组织效益增长做出贡献。第三，要优化决策过程，下放管理权力，让一线员工准确地呼唤炮火，实现炮火的有效利用。

华为通过加大一线授权，缩短决策链，提升组织运行效率，确保组织结构服务业务，从而提高"土地肥力"，帮助作战队伍"多打粮食"。

相比之下，那些围绕规模、角色、专业化和控制等要素来设计组织层级的企业，在迅速变化的市场和信息化下，组织机能开始失调。

苹果公司的史蒂夫·乔布斯和史蒂夫·沃兹尼亚克开发了最早的家用计算机。其实在1973年，施乐公司帕洛阿尔托研究中心的工程师就已经开发出了第一台个人计算机，它首次使用桌面比拟和鼠标驱动的图形用户界面技术，这比苹果公司推出Apple Ⅰ 的时间早了三年。传闻史蒂夫·乔布斯参观完帕洛阿尔托研究中心后，在苹果系统上添加了屏幕拖拽、菜单栏、下拉菜单及复制粘贴等功能。当时帕洛阿尔托研究中心的工程师未能说服公司的高层接受他们的创意，施乐公司的高层认为这与复印机不相关，也没有兴趣生产个人计算机，所以他们的创意没有得到足够的重视和资助。这些工程师们认为等级森严的组织层级，严重阻碍了高层决策的方向，因为高层有更重要的事情等着决策，一个还在实验室的样品这样的小事不足以引起他们的重视。他们感到失望，很多核心的工程师带着所掌握的技术离开了施乐公司，其中许多人去了等级不那么森严的苹果公司。而苹果公司后续推出的Apple Ⅱ电脑大获成功。

施乐公司过多的决策点让管理人员的决策变慢、变迟钝，起码在个人计算机这件事上没有引起足够的重视。管理层级过多，致使高层在决策时忽视了一些能够引起巨变的小创意或建议。我们在管理中应该极力避免此种情况的发生，不断精简机关、压缩干部数量，提高组织运行效率。

但是随着企业的发展、人才队伍的扩大，企业不得不增加流程和规则以防止企业出问题。一般在行业相对稳定、模式不变的情况下，增加规则是没有问题的。如果是在一个动态变化的行业里，流程和规则的增加就会影响企业的运行效率。这是因为企业发展起来后，依靠流程的惯性前进，一旦遇到行业突然发生变化，需要企业内部做很大调整的时候，这些惯性就成了束缚。那么我们该如何做好这种平衡呢？

一是看企业最终业务和管理目标是什么。字节跳动创始人张一鸣表示："我们认为，像今日头条所处的行业属于创新性行业，尤其在这几年会面临不断的挑战和变化，所以我们觉得应该减少规则，保持组织的灵活性，适应业务的发展。"因此，字节跳动倾向于让更多的一线执行者参与决策，让更多的想法自下往上涌现出来，而不是进行从上到下的战略分解，在这个过程中需要更多人基于实际情况做出判断，而不是根据上级指令来执行。

二是对流程进行系统化支撑。字节跳动的做法是提高人才密度，增加有大局观、有好的价值观、知识和能力也很全面的人才。通过使用一群高素质的人才，简化公司流程和规则，来提升组织运行效率。

在组织变革中，伴随着中间层级的消失，企业也要帮助中间层级的人走出混沌，注重利益的重新分配，以确保变革能够平稳过渡，避免引起激烈的动荡。

3.3 按流程来确定责权利

沿着流程来确定责任、权利和角色，可以提升组织工作效率，推动企业战略目标实现。

3.3.1 构建对事负责的流程责任制

纵观企业的发展史，由于认知能力的局限性，我们还无法清楚地描述出企业生死存亡的规律，但可以明确的一点是：成功企业的生命活动总是基于对事负责，而不是对人负责的。对事负责要求企业要有规范化的流程，如果没有规范化的流程，企业势必会依靠对人负责来维系运作。只有在规范化流程的保障下，企业才能客观地执行对事负责。

华为发展初期，规章制度和流程还不太健全，管理者习惯于用自己的经验和能力进行决策，因此功能组织的作用被放大，所有员工都以管理层的决策来调整自己的工作方式，而不是依据固定的流程工作，员工只要遇到问题就会向领导者请示，甚至就连一些中高级干部都习惯于机械化地向上级请示。这就导致管理上出现种种问题，其中最突出的就是效率低下，上级的命令传达下来，有些工作错过了最佳时机，这也使得华为内部的管理呈现混乱的状态。很多工作其实都有章可循，员工能够根据固有流程自己独立解决问题，却因为碍于功能组织的权威一直向上级请示，事无巨细都希望上级做决策。任正非表示："公司主要的管理控制权都掌握在企业家或掌握了关键技术的少数人手里，很多东西都没有标准和制度可言。"

很快，任正非就发现这种混乱的管理不利于华为的快速发展。于是，华为很快就淡化了功能组织的权威性，突出科学的流程管理的重要性，并且根据华为的业务状况改进了管理制度和业务流程，以此确定员工的责权利，实现规范化管理。这种规范化的管理有效并快速地满足了华为的发展需要。

当一个企业太重视功能组织的管理能力，而不依据流程确定每个员工的职责，一旦人员流动就会造成企业的不安定，过于依赖上级也会导致企业无法拆掉部门墙，无法让各个部门的员工相互协作，依据流程高效工作。

员工的一切工作行为都应该建立在对事负责的基础上。企业在成立初期，由于流程制度等不健全，需要管理者根据个人经验与能力来做出决策，对人负责的情况就会比较明显。但是当企业发展到一定规模后，如果还采用事事向上级汇报的方式，则会影响企业运作效率，同时滋生一些不良的工作风气。因此，管理者必须认识到对事负责的重要性，自觉地实现从对人负责向对事负责的转变。

如何才能让员工对事负责呢？可以根据企业业务流程来确定部门责任及岗位责任，如图 3-9 所示。

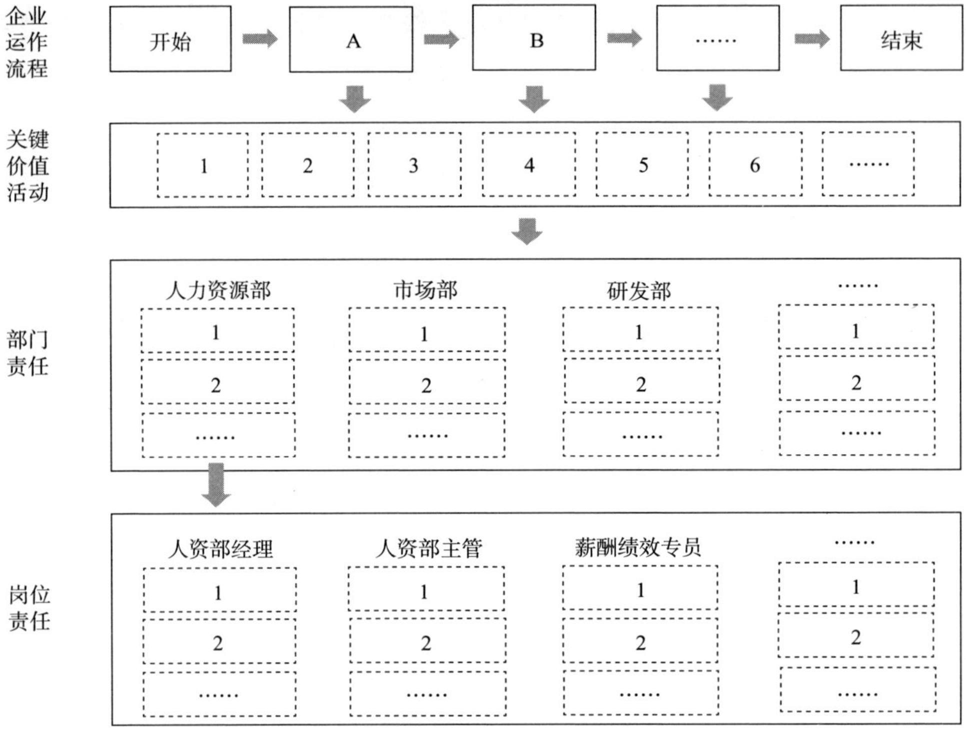

图 3-9　按流程确定部门责任及岗位责任

首先，梳理企业全业务流程，确定业务流程各阶段的关键价值活动。

其次，将关键价值活动分配到各个部门，确定各关键价值活动的责任部门和协作部门。将与每个部门有关的关键价值活动进行汇总与提炼，确定各个部门的责任；

最后，根据各部门关键价值活动，输出各部门重点工作清单，再对单个部门的关键价值活动一一进行梳理，并将其分配到各个岗位。将与每个岗位有关的关键价值活动进行汇总与提炼，确定各个岗位的职责。

构建人人对事负责的流程责任机制，能够避免出现分段流程的责任人缺失、部门间相互推诿等现象，确保业务流程的高效运作，强化组织战略执行力。然而，企业复杂的业务流程往往会涉及若干职能部门，在业务流程与职能部门相交叉的环节，清晰地界定责任人，调整原有不合理的责任机制，形成人人对事负责的流程运作氛围，对流程建设至关重要。

3.3.2 将流程责任转化为绩效考核指标

在流程责任的划分和明确过程中，有必要梳理出企业的流程管理组织架构，即明确在各流程上，谁应该对相应的流程负责（见图 3-10）。

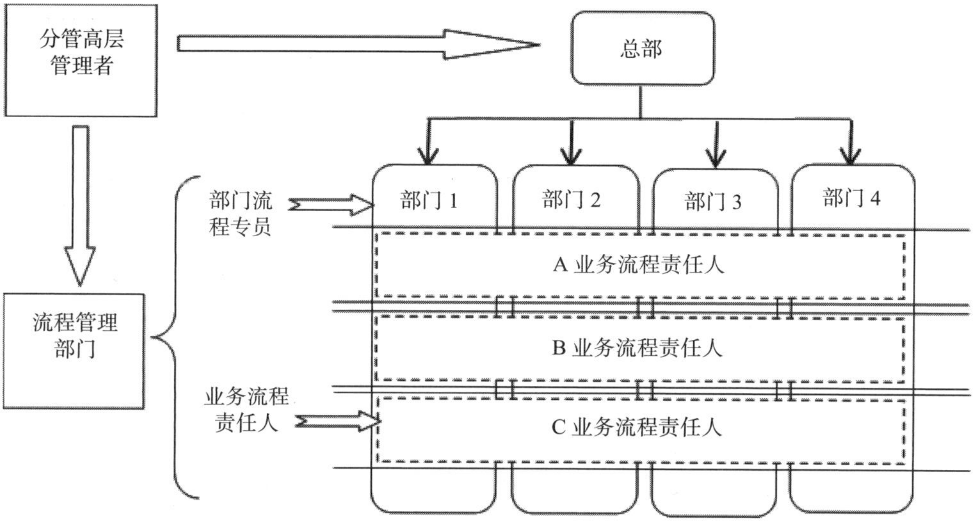

图 3-10 流程管理组织职责

由图 3-10 可知，在流程管理的组织中，主要会涉及四类责任人，分别是分管高层管理者、流程管理部门、业务流程责任人、部门流程专员。

分管流程管理的高层管理者，负责对流程体系的建设方向、规划等给予重点指导，从而保证战略目标落实到流程体系中。流程管理部门负责制定流程制度与规划、推动并监督流程运作、维护流程管理框架等工作。同时各业务流程也要有相应的责任人，主要对业务流程绩效负责，与横向业务流程相对应的要设置部门流程专员，在业务流程和流程管理部门、职能部门间起到桥梁作用，推动职能部门的分段流程运作。

贯彻流程责任制就是出了问题就要真正地问责，不担负责任就要进行处罚，形成流程威慑感。流程有漏洞，产生制度性的效率低下或腐败问题，就一定要问责分管流程的高层管理者、流程管理部门；不担负流程控制点责任的，或者只求形式上遵从、明哲保身，不主动推动流程效率和效益持续提升的，就一定要问责各业务流程责任人、各部门流程专员。

同时，为了更好地贯彻流程责任制，可以将各类责任人相对应的流程责任转化为绩效考核指标，纳入组织绩效考核体系中。

麦肯锡对流程管理的责任归属问题提出了全权负责制度。每个项目流程的责任人对全项目流程负责，同时每个模块下对应的子模块也会有相应的负责人员。例如，在麦肯锡公司，咨询顾问麦克的主要工作是数据收集和整理，而特纳在咨询项目中负责问题的系统化分析，两个人分别是子模块的负责人，一旦两个环节中的任何一个出现了问题，还需要上一流程层级的负责人对此负责。项目各层级流程上的责任人不能为流程上的失误找任何借口。由于责任人职责划分明确，不可能将自己的责任推卸给他人。

同时为了提升员工个人的责任感，麦肯锡公司还提倡员工发挥个人的积极性、奉献精神。长此以往，一旦项目流程中出现什么问题，员工们会首先从自身角度分析，通过审视自己的行为来避免下一次犯错。麦肯锡欧洲区主席享茨勒曾经对他的下属强调，流程上的责任是无法分担的，该是哪个人承担，就应该尽全力承担，项目的总负责人同样也要为整个流程的运作负责。项目总负责人希望下属能够取得良好的绩效，一旦出现问题，他也应该主动承担后果，这是流程组织得以推动流程管理的关键。

麦肯锡公司建立了流程管理的全权负责制度，加之高层管理者的推动，将流程责任落实到每个层级和部门，逐渐形成人人对事负责的流程责任机制。

实施流程责任制，不是简单地为了不出事，而是要防止事事拖延、推诿，层层审批、反复审批。在流程管理组织和对应的责任明确后，要确保各流程层级的责任人发挥作用，还需要组织中管理层和执行层共同努力，而高层管理者提供的支持对推动流程责任的落实十分重要。图 3-11 描述了为落实流程责任制，高层管理者应该提供的支持。

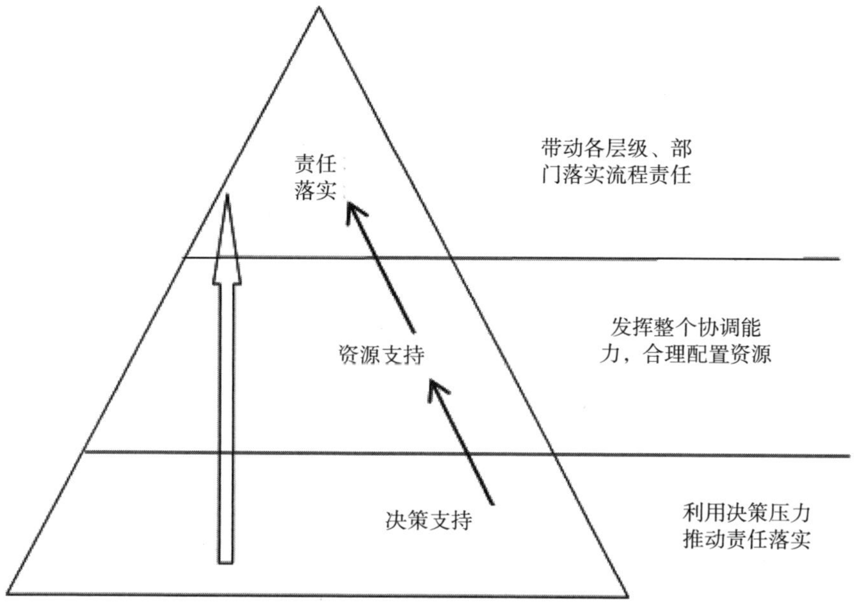

图 3-11 高层管理者推动流程责任制应提供的支持

对企业而言，在面对人工成本增加时，最为积极有效的应对方式就是在业务导向下主动提升人均产出，提升人力资源在流程中的价值创造能力。唯有如此，才能让流程责任得以更好落实，并且为高绩效的输出提供执行上的保证。

3.3.3 合理授权，保障流程责任的履行

在互联网时代，许多传统的组织结构逐渐暴露出其毛病，就是因为其不适应外界的快速变化。对此，管理学专家陈春花教授指出："组织如何解决资源向承担绩效的人倾斜、向顾客倾斜，是今天企业应对快速变化的核心问题。但是，这样一个内部价值网络并不容易建立，因为内部价值网络建立的核心是要对权利进行重新分配。要想在内部重构价值网络，就必须沿着流程授权、行权、监管，来实现权利下放，控制管理者对权利的欲望。"

流程责任的落实当然还需要给予流程责任人相应的权利，尤其是给一线下放权利。但是，充分向下授权虽然益处多多，却不能胡乱进行。

企业授权的目的是让每个管理者的个人在工作中尽自己最大的职责。如果

一个人有了权利以后能够一心一意地去尽自己的责任，那当然很好。而如果各层管理者有了权利以后，只享受权利而不尽责任，企业就很危险了。一方面，乱授权可能导致中下层管理者间争权夺利、滥用职权，另一方面，也导致领导者被架空，由有权无责变成有责无权。

所以，为了规避胡乱授权的行为，我们应该遵循以下四大授权原则，用以保障各级流程责任人履行自己的职责。

1. 适当授权

所谓“适当”包含三层含义：一是授权大小适宜。因为，如果授权过小，往往无法实现激发员工尽职尽责的目的；如果授权过大，又会导致大权旁落，出现难以收拾的局面。二是契合员工承受能力。也就是说，对被授权者所授的工作量不可超过其能力、精力、体力所能承受的限度，以免被授权者因工作量过大而顾此失彼，无所适从，继而影响整个组织的战斗力。三是视任务轻重、业务性质授权。如果任务重、工作专业性强，应该多采取授权措施，但管理者必须确保自己能掌控局面、做出正确决策。

2. 授权可控

这种可控性体现在两个方面：一方面，管理者握有主动性、灵活性，可灵活掌握授权的范围、时间等；另一方面，授权后管理者能够根据实际需要随时调整授权，收放自如，大小适宜。授权而不彻底放权，要对权利加以监督和干涉。

3. 带责授权

所谓“带责授权”，是指管理者明确地将权与责同时授予员工，这种方式会促使员工自主完成工作任务，在一定程度上也可以规避员工不愿意承担责任的问题。凡是属于个体职权范围外的事、涉及组织的全局性问题（如集中指挥权、组织目标确定、经济预算审批等），管理者不要轻易授权。

4. 动态考量

动态考量是指针对环境条件、目标责任及时间的差异，管理者授予员工不同的权利。

总的来说，要想让企业流程真正发挥作用，就要构建对事负责的流程责任制，给流程责任人赋权，让各级流程责任人承担相应的责任，让流程中的每个环节畅通起来，激发组织活力，提高组织执行效率。

3.4 提高组织的敏捷性

当前，市场需求变化的速度越来越快，如何快速为客户提供满足其需求的产品和服务是企业急需解决的问题。因此，构建敏捷化的组织来应对不确定性，包括技术的不确定性、客户需求的不确定性、交易条件的不确定性及交付条件的不确定性等，显得尤为重要。

3.4.1 一线组织精兵化，呼唤炮火

企业中与客户打交道的通常是一线人员，面对客户的需求，一线人员需要给出具体的服务。如果一线人员没有决策权，就得一层层往上申报，等高层决策下来后，可能其他企业已经抢走项目了。所以，在适当的时候，企业要懂得将权利下放，让这些离客户最近的一线人员来指挥，因为他们是最懂客户的。

一线人员通常更能感受到市场的变化，并且因此做出正确的决定。为了使华为人能够根据市场变化做出正确的决定，任正非就明确表示权利要下放。他说："华为已经展开了组织结构及人力资源机制的改革，意图从过去的集权管理，过渡到分权制衡管理，让一线拥有更多的决策权，以便在千变万化的市场中及时做出准确决策。"把指挥所建在听得到炮声的地方，让听得到炮声的人呼唤炮火。

海底捞是著名的餐饮企业，在管理上十分注重权利的下放。这个企业的创始人鼓励每位员工都积极参与到企业管理中来。海底捞的中高层管理人员都有一定的审批权或签字权。

在海底捞，与顾客距离最近的一线员工，也有一定的决策权。比如，一线员工可以根据情况免费赠送一些菜给顾客，或者免单。如果当天对某个顾客来说是个特别的日子，比如说过生日，一线员工则可以自行决定给顾客开设雅间，或者赠送果盘，在菜的价格上也可以给予一定的折扣。

海底捞充分发挥以客户为中心的原则，一线员工甚至可以暂时离开自己的岗位，与顾客一起庆祝。这种管理方式，使顾客对海底捞感到很亲切，顾客也越来越多。

面对多变的客户需求，把权利下放至一线，打造更加灵活的作战模式，能让企业灵活面对变化。

2017 年，任正非在《规范职能组织权利工作组座谈会上的讲话》中指出："能产粮食、直接做事的组织是作战组织，不能直接产粮食、发文要求别人做事的就是职能组织。谁说自己不是职能组织，那就不允许你发号施令。你不发号施令，别人也能够产粮食，你就是多余的组织。若你是职能组织，不发号施令，而影响了产粮食，就是失职。未来的作战组织是'主官＋职员'的一线精兵组织，以及'主官＋职员＋专家'的特战组织，再加'新兵'带来青春和热血。"

在任正非看来，"主管＋士兵"的作战模式已经不再适应华为的发展要求了，未来的作战队伍要以"主官＋职员＋专家＋新兵"模式为主。华为采用这种作战模式的目的就在于将一线变成作战单位，将后方变成支撑和服务单位，从而更加敏捷地为客户提供优质的产品和服务。

阿里巴巴集团 CEO 张勇认为，商业竞争到最后会变成组织的竞争。也就是说企业要建设适应新生产力的组织生产关系。他说："组织架构应当形成小前端＋大中台的架构。在人才上，放手让更多年轻人掌舵。"

基于此，阿里巴巴集团对组织进行了一次变革。按照“大中台、小前端”理念，设立了阿里巴巴中台事业群，同时授权给淘宝、天猫的各个业务单元，以让它们更自主、灵活和敏捷，并且让一线人员组成“班委”负责快速反应前端业务需求。张勇指出：“‘敏捷的前端＋强大的中台’是阿里一直在思考并已经开始实施的重要组织升级。”阿里巴巴已经挑选了一批在业务前线有突出能力的人，授予他们充分的人事、财务、决策权利，给予充分的技术和数据支撑，同时设立目标，让他们独立领导一个小团队推进业务。可以说这是阿里巴巴版本的精兵组织。张勇说：“一个几十人甚至十几个人的小团队，目标清晰，反应迅速，有自由决策的空间，在数据和技术的‘炮火支援’下，撬动的生产力往往可以抵上一个大型企业。”

当然，这个精兵组织的背后是强大的中台系统。阿里巴巴的中台是一个事业群，负责管理和开发阿里巴巴最重要的“数据”资产。

前方人员要开拓市场，素质就要提高，实现精兵化；后方人员为了提高响应能力，应该平台化。后方的资源只有在前方得到运用，才能发挥最大价值。而前方人员则应该根据后方的能力及资源储备等情况，来制订计划和方案，以免对客户的承诺超过企业所能承受的范围，失信于客户。

3.4.2 后方平台化，提供火力支援

对于企业来说，一线组织精兵化和后方平台化缺一不可，这就像一个组织的两个部分，分工不同，但是目标是一致的。

华为组织架构演变至今，发展成了“一个集中、一个专业、一个分散”的运作模式，如图 3-12 所示。

一个集中是指公司层面拥有一个高度集中的战略决策平台，公司的常务董事会议、EMT（经营管理团队）、人力资源委员会、财经管理委员会这一层管公司的整个战略方向、资源分配，这个是高度集中的。

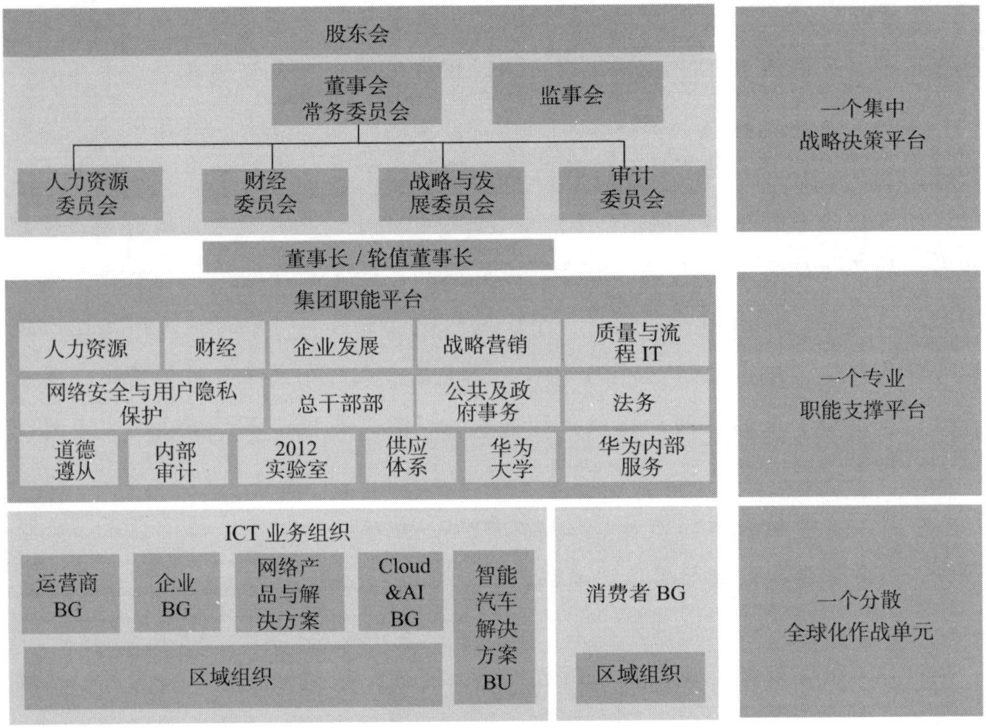

图 3–12　华为的组织架构

一个专业是指中间有大量的专业的职能平台，财经、人力资源、2012 实验室……这些部门是面向全公司的集中的专业大平台，这些平台以市场为导向全力服务一线。

一个分散是指 170 个国家代表处、国内代表处、上千个项目部，这些是分布式的，是分散的，是获得授权的分布在全球各地的灵活作战单元。这些作战单元可以调动公司资源，可以执行灵活机动的战术。

在敏捷组织中，强大中后台指的是将支撑前段业务发展的相关功能集成在一起的平台，是为业务发展提供可共享的各种资源和基础设施的平台，通常由许多不同层级、互相连通的复杂结构的子平台系统组成，以便更好地赋能业务发展，促使各功能之间的交互和再创新以极低的引爆点和极高的效率发生[1]。后

1 李文波 . 敏捷转型：智能商业时代的组织变革 [M]. 北京：电子工业出版社，2019.

方构建平台中心，是基于对业务团队需求的深刻了解，为业务团队成长提供不竭动力的。后方平台所做的是赋能，而不是掌控。

阿里巴巴将核心业务和技术这两个不同层面的支持有机结合起来，为业务团队和战略合作伙伴提供“大中台”[1]。阿里巴巴大中台包括基础数据存储和技术平台阿里云，人工智能和机器学习引擎DTPAI（数据人工智能平台），代码、算法、模型的共创平台，项目管理和工程平台，以及应用层面的商业智能分析、调研、设计和开发应用平台等。在阿里巴巴的生态组织中，该大中台履行诸多信息、能力和资源的支持和保障职责：

- 为不同业务团队和合作伙伴的精准市场营销提供整合的用户信息。
- 作为技术服务平台，为业务团队提供信息技术基础设施、算法、数据库和计算支持。
- 确立所有业务在数据和技术需求方面的共通性，并且将这些具有共通性的需求转变成标准化服务模块，比如商户管理、用户管理、订单查询、支付、搜索和安全，便于团队使用。

在企业中，越是要求前端反应灵活，就越需要强大的后端支持。后端平台化可以快速、合理地调配企业资源，为前端业务提供支持和服务。

3.4.3 坚持矩阵式管理，保持作战能力

一位前美国将军评价道：“为什么西方公司畏惧华为？原因之一是西方公司过去二十多年的高管大多是从商学院毕业的，而华为是向军队学习管理的。”华为向军队学习，在企业管理中采用矩阵式管理模式。

为什么华为要向军队学习矩阵式管理呢？究其原因是矩阵式管理模式存在以下优势：当公司业务需要面对更加复杂的内外市场经济环境、更加多变的客户需求与产业趋势时，矩阵式运作能保障一线队伍紧随环境变化而产生适应性

1 杨国安，尤里奇 . 组织革新：构建市场化生态组织的路线图 [M]. 北京：中信出版集团，2019.

变化，始终保持高效的作战能力，进而抓住市场战略机会，打造领先优势，赢得市场的强势地位。

现在有越来越多的企业实施矩阵式组织运作，但是碰到了“理想是美好的，现实是残酷的”的情况，这致使很多企业望而却步，或者犹豫不决，或者有心无力，而华为却是其中的例外。那么华为矩阵式组织运作有什么特点呢？

1. 决策链短，可以快速做出反应，应对竞争环境的不确定性

在面对复杂、动态的外部环境时，采用矩阵式运作，能使公司更快感知环境因素的变化，快速做出反应，对运营管理中出现的问题及时进行解决，从而降低环境不确定性对华为造成的威胁。

2. 华为的矩阵式组织是有弹性的，能有效辅助业务发展

一旦公司在发展中出现有战略意义的关键业务和新事业生长点，华为就会在矩阵式组织结构上增加一系列明确的负责部门，这些部门是公司组织的基本构成要素。一旦出现新的机遇，这些部门就会迅速出击抓住机遇，而用不着整个公司都行动。在该部门的牵动下，公司的组织结构必定产生一些变形。在这个过程中，相互关联的要素（流程）没有发生变化，但联系数量和内容都发生了变化。当阶段性的任务完成之后，就恢复到常态。从平衡到不平衡，从不平衡回归到新的平衡，这是一个随着业务发展不断演进的动态过程。

3. 可以更好地满足客户的差异化需求

如果说苹果公司是用标准化的产品来满足客户需求的，那么华为走的就是差异化的服务和解决方案的路线，并且据此建立了市场壁垒。全球各地市场尤其是发达国家与发展中国家在市场上差异比较大，同等看待会错过发展机遇，让市场机会溜走。华为横向的区域组织向一线转移，有利于加强对当地市场部门的组织和管理，及时捕捉到当地市场信息，快速响应客户需求，使客户需求得到满足。

4. 可以促进产品的差异化演进

华为的组织是面向客户群设计的，可以根据不同客户需求研发设计新的产品，推进产品多元化发展，矩阵式的组织结构也有较好的弹性和扩展性来满足这一需求。当华为进入新的领域时，可以根据需要再增加新的利润中心。

企业采用矩阵式管理的优势就是通过建立一个大平台，使企业内部各种资源和优秀的经验、技能等能得到充分的复用及共享。

尽管矩阵式管理能使企业发展在一定时间内保持相对的稳定，但是企业发展会随着市场环境、客户质量及员工素质等因素的变化而发生变化，因此随着企业的规模发展和业务管理体系的成熟，应该对矩阵结构进行适当调整，以牵引组织持续前行，实现企业的可持续发展。

3.5 构建战略管理支撑系统

战略的落地执行离不开平台的有效支撑。未来企业间的竞争是平台的竞争，要加大对平台的投入，提高运作效率，确保竞争优势，以获得长期的胜利。

3.5.1 构建管理体系大平台

随着企业规模的不断扩大，企业业务也在不断增加。为了适应不同业务的发展，企业需要构建相应的管理大平台，如核心业务支持平台、技术支持平台、职能支持平台，为企业战略的实现提供长期保障。

核心业务支持平台为组织提供包括基础研究、采购、物流等服务，诸如腾讯的微信和QQ，它们为业务团队和战略合作伙伴提供重要的用户流量。技术支持平台能够为组织提供技术和数据方面的支持。如华为IT服务数字化平台（HIS），支撑公司数字化转型，面向内部应用提供丰富的平台和基础设施服务，并作为华为云的租户覆盖公司全球业务，实现等距体验[1]。职能支持平台为组织提供人力资源、财务、战略、公共关系、品牌发展等方面的帮助。如华为的职能共享平台覆盖财务、企业发展、人力资源、战略、营销、法律事务、政府关系、职业伦理等方面。

阿里巴巴的管理平台拥有三个层面，如图3-13所示。

1 华为2019年年度报告。

图 3-13 阿里巴巴的管理平台

第一个层面是业务支持平台，为阿里巴巴的核心业务运营提供支持，包括会员平台、商家平台、内容平台等。第二个层面是技术支持平台，为阿里巴巴提供服务和计算能力及基本的信息技术基础设施。这种集中化的共享技术平台提供了高效、高质的技术支持，促进了阿里巴巴的销售增长和利润增长。第三个层面是职能支持平台，为组织提供人力资源、法务、财务等专业上的支持。

企业在发展的过程中，如果忽视对业务流程和管理平台的建设，容易导致员工工作效率低下，影响企业战略的实现。因此，企业要打造高效的管理平台，发挥各部门的主观能动性，提升价值创造能力，推动战略有效落地。

3.5.2 打造交付与服务平台

在为客户服务的过程中，华为强调要打造全球化的交付与服务平台，从而提高项目的交付质量，为客户提供高质高效的产品和服务，赢得更多客户的信任和认可。

华为的核心价值观强调“以客户为中心”，只有长期坚持以客户为中心，才能更加贴近客户的真实需求。为此，在项目交付的过程中，为了给客户提供更好的服务，需要建设好全球交付与服务能力，实现质量更高、性能更好、服务更全面的项目交付。

权威研究机构 Gartner Group 对通信产业多年观察后分析指出，在通信设备行业中，许多大公司对解决客户问题派出的人员不多，一般派 5 个工程师到客户端驻点就是高规格了。有些公司为了省事，会采用远端视频遥控交付和维护，根本不会派工作人员前往现场。

但是，华为却不同。为了能够满足客户需求，华为可以派出一支 12 人组成的团队前往现场，与客户讨论、研发出最适合的设备。在交付中，只要出现问题，即便出事地点远在青藏高原，华为工程师也会奔赴现场，与客户一起解决问题。

为了更好地服务客户，华为大力推行铁三角组织，如图 3-14 所示。

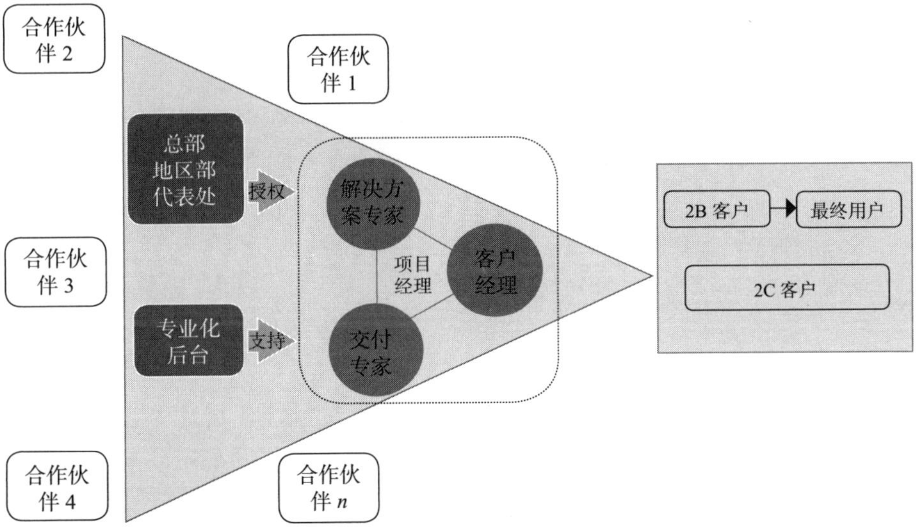

图 3-14 华为铁三角组织

铁三角组织由客户经理（AR）、解决方案专家（SR）和交付专家（FR）组成，直接面向客户，同时承担同一个目标，只是侧重点不一样。其中，客户经理是项目运作、整体规划、客户平台建设、整体客户满意度、经营指标达成、市场竞争应对的第一责任人。解决方案专家负责项目的整体产品品牌和解决方案，从解决方案角度帮助客户实现商业成功，对客户群解决方案的业务目标负责。

交付专家是项目整体交付与服务的第一责任人。围绕着“铁三角”的核心管理团队，客户关系、产品与解决方案、交付与服务等部门在一旁提供协同支持。

铁三角组织帮助华为快速响应客户需求，为客户提供及时的、全方位的交付服务，从而赢得客户的信任与认可，创造出更多的价值。

多年来，华为以实现全球化的交付与服务为目标，持续加强企业交付与服务能力的建设，在世界各地建立了许多全球服务中心，如罗马尼亚全球服务中心、印度尼西亚业务运营中心、北京全球网络演进和体验中心等，以满足不同地区的客户需求。

2014 年，华为开始承接 IT 和云的交付，整个交付团队不到 40 人，交付能力还在建设当中。因此，即使团队所有人的全年出差率高达 95%，也无法实现跨地域的批量交付需求。再加上中间需要协调的地方过多，时间浪费较多，导致整个交付资源利用率非常低，交付效率始终得不到提升。

2016 年 11 月，在与阿里巴巴交付专家交流的过程中，阿里云建设的交付效率大大震惊了华为。阿里巴巴 9 个人完成 1000 台服务器的建设，仅仅需要 15 天的时间。而华为在贵州建设公有云时，25 个人完成 300 台服务器，却花费了 3 个月的时间。相比较而言，华为的交付效率实在太低了。为此，任正非提出要打造新型 IT 远程交付中心，提高交付效率，降低交付成本。

2017 年，华为为中国电信建设公有云项目，该项目涉及范围非常广、局点数量非常多。如果按照华为已有的交付模式来进行的话，那么这个任务是不可能完成的。之前与阿里巴巴专家的交流给了华为人一些启示，能否用远程交付，实现交付团队人员的重复利用，从而使得工作效率最大化？为此，专家团队进行了多次研究与探讨，终于发现阿里巴巴远程交付成功的原因就在于它的标准化程度高，所有项目都能用统一的方案、固有的工具，减少了交付人员，进而实现高效、快速的远程交付。

于是，华为将原来定制化的单个局点交付方案进行了标准化，使得所有局点能够采用统一的标准方案，从而提高交付效率。通过与客户沟通新方案，向其展示方案的优势，最终获得客户的认可，在同一批建设的局点使用相同的方案进行交付。

当新方案真正付诸实践时，大家都很担心，毕竟远程交付这种方式还是第一次在项目中使用。为了能够保证交付效率，工具工程师们对交付工具进行了优化，用以支撑远程交付。最终，通过一系列的优化与改进，交付效率得到了大幅度的提升，半年内交付效率就提升了三倍。项目经理杨玉峰（化名）表示：“未来，华为公有云的交付效率将会更高、成本会更低，我们与互联网对手的差距正在不断缩小。”

由此可见，在跨地域批量交付方面，利用远程交付可以大大提升交付效率，节约交付成本，为企业创造更多的价值。

3.5.3 建立信息化网络系统

信息化正在深刻影响所有行业，要想在市场竞争中占得优势，企业必须建立信息化网络系统，实现内部管理的全连接，贯通企业内外的交流，从而有效提升组织运作效率。具体来说，实现信息化的关键在于流程（制度手段）+IT（技术工具）。

华为的IT共享中心能够让所有员工享受到IT系统的服务。在全球范围内，只要有华为机构的地方，华为的IT系统就支撑到哪里。

一卡通系统链接到公司所有办公区域，每天能实现对三万人的精确考核管理，并且准确地把数据纳入每月薪酬、福利计算中。在全球办公或出差的员工，随时随地都可使用网上报销系统，费用结算和个人资金周转一周内就能完结。使用Oracle财务系统建立全球财务共享中心，财务制度、流程、编码和表格实现全公司“统一”，具备四天内快速完成财务信息收敛和结账的能力。

分布在世界各地的14 000名研发人员可以进行7×24小时全球同步研发和知识共享。借助ERP系统实现端到端集成的供应链，供应链管理部一天就能执行两次供需和生产计划运算，周期缩短到以“天”为单位，对市场变化的响应更加灵活快速，而且客户还能在网上对订单执行的情况进行查询和跟踪。

华为的员工、合作伙伴及客户，可以在一天内随时安排网上学习、培训、考试；建立了主动安全的预防与监控管理机制，是国内第一家通过 BS7799 信息安全国际认证的企业，知识产权与机密信息能得到有效保护；在客户现场的服务工程师，可以借助云端，随时调阅客户工程档案、相关的知识经验和案例，还能发起并及时从公司总部或各地区部获得技术与服务支持，不再有孤立无助感，从而大大提升了客户服务的质量，改善了客户满意度。

构建强大的 IT 体系是为了对企业的战略发展形成有力的支撑，使企业更快、更安全地实现战略目标。对外而言，在信息化时代，企业面临的机会将会有很多。企业只要能够抓住机会，利用 IT 等手段，为客户提供更为优质的服务，就能大大提高成功的可能性。对内而言，在办公 IT 系统的支撑下，所有的员工都能实现跨地区的沟通和信息共享，不再受限于地理位置，大大提高了工作效率。

为改善人力资源管理碎片化问题，笔者曾在远大住宅工业集团股份有限公司（以下简称“远大住工”）搭建了统一的人力资源信息化管理平台，从人员招聘、入司、成长、考核、异动到离司等，实现对员工的全职业链信息化管理，如图 3-15 所示。

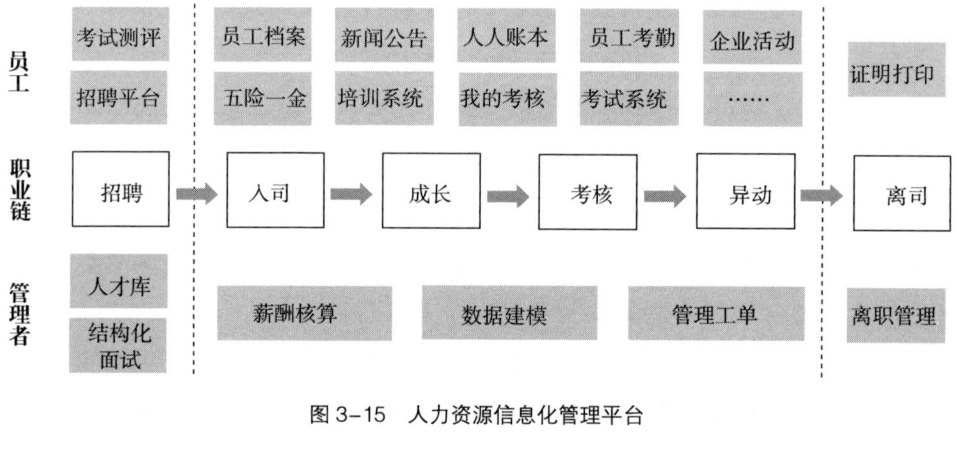

图 3-15　人力资源信息化管理平台

为了更好地展示人力资源状况，远大住工还在信息化平台中配置了 30 张人力报表，公司管理层可随时随地通过手机查看各类HR数据报表。

另外，远大住工还创新了人人账本模式，真正实现让人力资源部参与经营，让每个人参与经营。例如，人力资源部门可根据以往数据，在每百元收入里确定人工预算占比。在一定时期内，若实际花费低于预算占比，则节省部分将作为该部门及相关协同岗位的奖励。其他管理线也是如此。

除了人力资源管理的信息化，远大住工还将市场、运营、财务等数据进行统一集成，搭建大数据平台，形成大数据资源池。各部门经过相关授权，可以获取其他专业线的数据。这样的大数据平台打破了公司内部的部门墙，实现了公司范围内的信息共享。

未来，企业需要继续利用多种数字技术，让企业信息化平台变得更加完善，持续构建团队高效的业务运作能力。

第 4 章
从战略到计划

STRATEGY STRATEGY STRATEGY STRATEGY STRATEGY

解码战略、分解目标，层层落实绩效要求，完成从战略到计划的过程，有助于让员工更明确自己的工作任务、了解企业战略，让中高层管理者对战略达成共识，让战略牵引绩效管理，从而确保战略的有效落地。

4.1 战略解码的方法与工具

每个企业都有战略，但是战略能否执行到位才是衡量一个企业能否成功的关键所在。战略解码就是帮助企业将战略执行到位的。

4.1.1 战略解码的价值和意义

战略与落地执行之间，存在这样一条“瀑布”，即战略解码。很多企业花费了很多的精力和金钱在战略规划与设计上，而战略解码却被忽视或者很简单地一带而过。其实，战略解码才是战略管理的精髓，是战略得以落地执行的关键。

制定战略后，需要经过分解与解码，让每个员工理解，并且去执行。战略解码是指通过可视化的方式，将组织的战略转化为全体员工可理解、可执行的行为的过程。战略解码的过程就是将企业的战略规划分解到产品线、销售线（行业或客户），再分解到企业各个部门的过程。换句话说，就是把企业的战略目标分解成不同目标，落实到各个单元，让各个单元去实现。

具体来说，战略解码的价值和意义体现在三个方面：

（1）实现“上下打通”。战略解码的过程可以让企业高层听到更多真实的声音。在战略还没有正式实施之前，这些信息能够帮助决策者及时调整和修订最初的设想，同时也能让决策者了解员工的顾虑和难处。中基层通过参与战略解码的过程，能够更清晰地了解战略决策及其背后的理由，同时共同思考战略落地的行动计划，促进中基层对决策结果的认同。

（2）促进绩效管理。战略解码的结果是形成员工绩效承诺的主要依据。通过战略解码，组织不再单纯地从上至下为员工设定绩效指标，而是通过双向沟通确保工作目标的一致性。

（3）分享集体智慧。战略解码需要多方参与，这不仅是一个分任务、分指标的过程，更是大家进行思想碰撞、学习和交流的好机会，可以促进组织形成良好的氛围。

所有人都想做与企业战略主航道相关的事情，都希望自己对企业有价值，战略解码可以产生这样的效果。通过战略解码，执行层能够理解战略并找到自己在战略中的位置，从而使得企业战略与每个人都产生关联。在解码时，下级的关键任务要能够有效支撑上级战略，如图 4-1 所示。

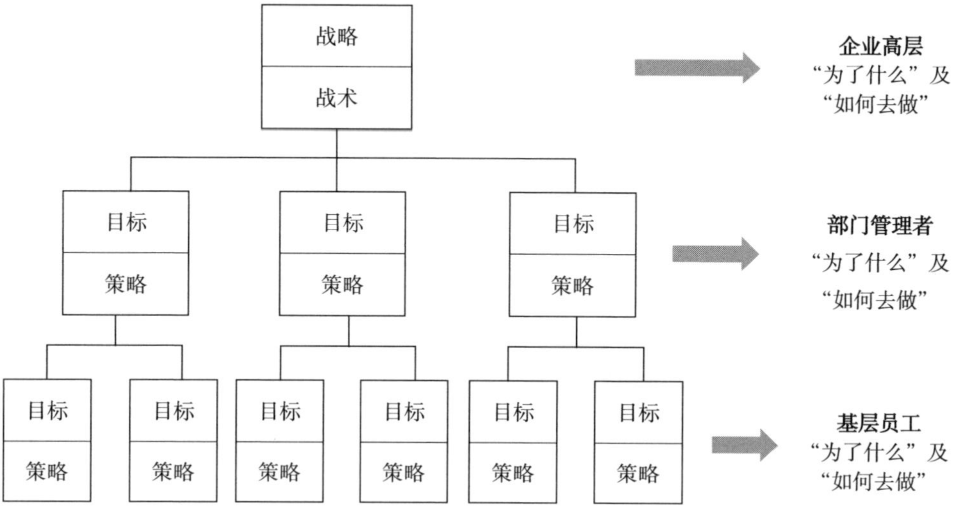

图 4-1　企业战略的逐层分解

通过战略解码，企业可以划分清楚各部门、各岗位职责边界，以此确定部门考核、员工个人考核的指标，促使企业绩效管理以战略目标为导向，助力企业战略有效实施。总的来说，战略解码既能让每个人各司其职，又能整体有效连结。

4.1.2 战略解码的基本原则

企业可以将战略自上而下地垂直分解，层层解码，从企业到产品线，再到部门，再到岗位，找到关键的成功因素和重点任务，并且将它们落实到相关组织（部门或岗位）的 KPI 中，甚至主管的 PBC（个人绩效承诺）（见图 4-2），以确保战略规划落实着地。

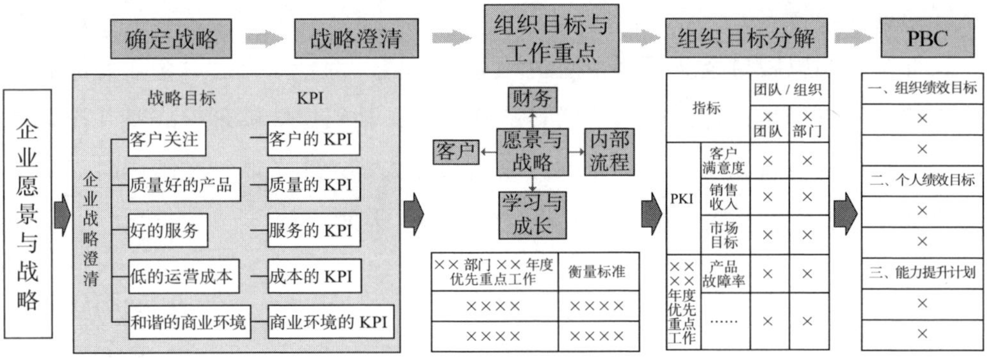

图 4-2　从战略到绩效目标

在进行战略解码时，需要遵循一定的原则，如图 4-3 所示。

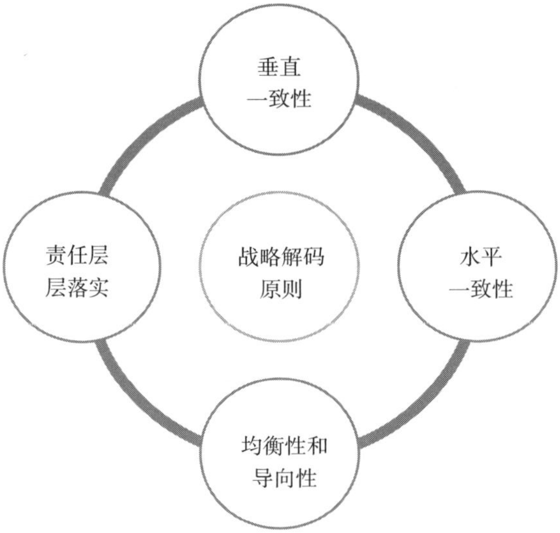

图 4-3　战略解码需要遵循的原则

（1）垂直一致性。所谓垂直一致性是指上下目标要一致，以企业战略和部门业务目标为基础，自上而下垂直分解目标，从企业到各部门再到各个岗位，保证目标的纵向承接一致性，而且下面的目标要大于上面的目标，这样企业的目标才能够实现。

（2）水平一致性。企业价值链上的各个环节都是互相关联的，战略解码需要以企业端到端流程为基础，建立起各部门间的连带责任和协作关系，保证水平一致性。设计组织 KPI 时要围绕企业总的战略目标来分解和贯彻，各部门一定不能孤立地去建立 KPI。每个部门与产品的覆盖率、占有率、增长率都要有一定的关系。只有在战略目标引导下分解管理与服务目标，才会起到“力出一孔”的作用。

（3）均衡性和导向性。企业每年都有管理重点，都有优先发展的业务。在解码的时候，需要考虑均衡性、导向性，例如今年重点要发展哪个业务，要重点提升哪个能力，就要加大其指标权重。

（4）责任层层落实。建立 KPI 指标责任分解矩阵，落实部门对上级目标的承接和责任，为个人绩效考核的确定提供依据。

整个战略解码的原则就是价值创造决定价值分配，通过杜邦分析或者通过价值创造的各种要素，层层去看最终的要素有哪些，把这些要素都梳理出来，层层落实，才能支撑价值创造。最终的分配都是基于个人绩效考核的，实现了什么，完成了多少，根据这些评价结果来兑现薪酬。

4.1.3　战略解码工具——平衡计分卡

在进行战略解码时，通常会用到一个指标体系——平衡计分卡。平衡计分卡包括财务、客户、内部运营、学习与成长四个层面，财务层面包括收入、利润、现金流、成本、费用等，客户层面包括市场份额、客户满意度等，内部运营层面包括运营流程、客户管理流程等，学习与成长层面包括人才资本、信息资本等，如图 4-4 所示。

运用平衡计分卡进行战略解码的具体过程是：

（1）在财务层面，企业需要通过相关的财务术语描述战略的有形成果，解码后主要有基本的财务关键成功因素和相关的财务指标。

目的：提供组织成功的最终定义，表明战略实施和执行是否对盈余改进有所助力。

确定原则：财务策略应支撑战略目标的实现，且必须有利于组织可持续发展。

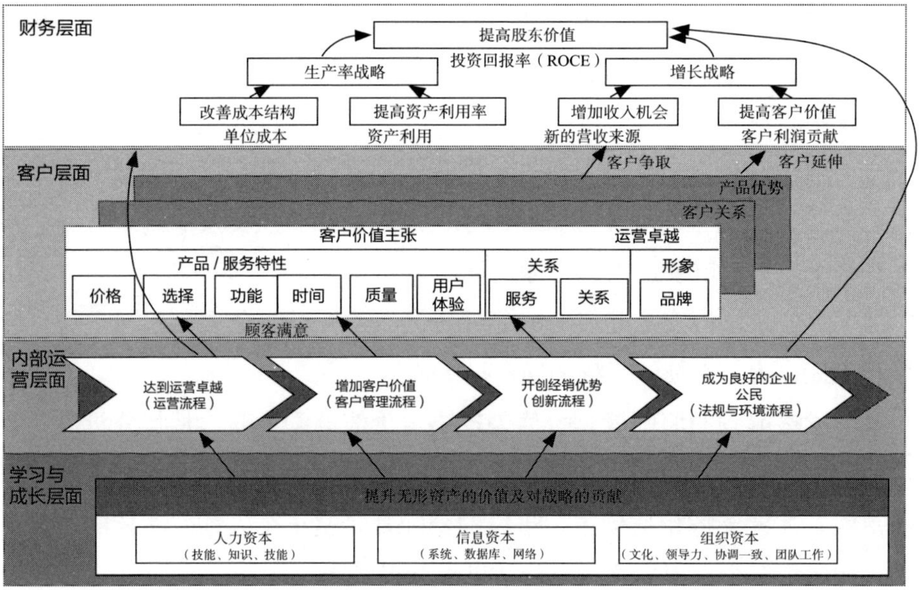

图 4–4　平衡计分卡

确定方法：基于部门的责任和责任中心定位确定能够为企业做出的财务方面的贡献（如规模增长、增加收入、风险控制等），基于战略目标识别重点财务策略。

（2）在客户层面，企业需要对目标客户及价值主张进行明确描述。如价格有吸引力、客户体验良好、服务周到、品牌形象好等。

目的：通过对企业目标客户的界定，以及对目标客户的价值主张 / 诉求进行识别，为下一步确定实现客户价值主张的核心流程提供目标。

确定原则：明确目标，细分客户并识别其价值主张，而不是满足所有客户的需求；不同类型的目标客户应分别识别其不同的价值主张；对部门而言，客户不仅包含外部客户，还有内部客户；对内部客户而言，价值增长应描述服务的结果，过程性要求放在内部层面；客户价值主张的实现应对财务层面有支撑作用，能够对目标客户创造差异化、可持续的价值。

确定方法：对客户进行细分，确定目标客户；分析目标客户的价值主张；确定客户层面的目标（针对目标客户的策略目标，形成差异化的价值主张）。

（3）在内部运营层面，企业要对战略产生比较重要影响的相关关键流程进行描述。如市场 / 营销管理中的产品销售，运营管理中的持续向客户提供服务，客户管理中的建立并利用客户关系，创新管理中的开发新产品、服务和流程，以及研发管理中的持续研发项目管理。

目的：实现两个关键的企业战略要素，即为客户创造价值并传递价值主张，以及为财务层面的生产率要素改善流程并降低成本，是下一步识别战略人力资源、信息和组织资本的前提。

确定原则：应支撑财务层面和客户层面目标的实现，是传递差异化价值主张和提高生产率的最重要的少数核心管理，而不是简单的流程汇总。

确定方法：确定能够对客户层面的目标实现起决定性作用的要素；确定能够对财务层面的目标实现起决定性作用的要素；对筛选出的关键要素加以归类。

（4）在学习与成长层面，企业需要描述如何将人力、技术、组织氛围结合起来支持战略。例如，人力资本（战略能力）：执行战略活动所要求的技能、才干、技术诀窍等能力；信息资本（战略信息）：支持战略所要求的信息系统、知识运用和基础设施能力；组织资本（战略环境）: 执行战略所要求的动员和维持变革流程的组织能力。

目的：通过无形资产驱动内部业务流程绩效的提高，在向客户、股东和社区传递价值时发挥最大的杠杆作用。

确定原则：无形资产应关注支撑内部运营层面确定的关键流程运作所需的特殊能力和特征（人力、组织和信息资本）。

确定方法：确定为有效支撑核心流程运作，在团队、员工能力提升方面的关键策略；确定为有效支撑核心流程运作，在信息基础设施及信息系统建设方面的关键策略；确定为保证战略有效实施，在文化、领导力、协调一致、团队工作等方面的关键策略。

平衡计分卡通过四个层面把战略目标分解转化成一套指标体系，再从上到下分解成组织绩效。因此，平衡计分卡是将组织战略落实为可操作性的衡量指标和目标值的一种新型管理工具。

4.2 设计组织 KPI 的集合

战略解码的过程是从企业战略洞察，到战略分解到组织 KPI 体系，再到确定各个部门的 KPI，最后到确定 PBC。将战略解码成组织 KPI，需要三个步骤：一是确定战略方向及其运营定义；二是导出 CSF（关键成功要素），制定战略地图；三是导出战略关键绩效指标。

4.2.1 明确战略方向及其运营定义

战略方向是为了牵引组织去达成战略目标而给出的方向性指引，一般采用一个含义明确的短语进行描述，比如有效增长、卓越经营、引领行业。而战略方向的运营定义是指对战略方向的具体化、可衡量的描述，其目的是保障战略方向的范围、内涵得到准确、一致的定义，以避免对战略方向的理解产生偏差（见表 4-1）。

表 4-1　战略方向及其运营定义（示例）

战略方向	战略方向的运营定义
有效增长	· 通过为客户提供创新和集成的解决方案，持续提升客户满意度，实现差异化、精细化的格局管理； · 打造中、欧两个市场，亚非拉成熟市场做厚，浅开发市场快速增长； · 收入增速达到行业 × 倍，收入年增长 ×%，贡献利润率 ××%
卓越运营	· 通过流程集成，加大对一线的授权及授权后的管理与监督，完善管控模式，促进组织间协同，优化区域组织结构，健全全球整合型组织，提升合同质量，促进契约化交付，实现 2017 年 SG&A（坏账率与交付成本率）达到 ××%； · 通过"赋"与"促动"，创造一个能让员工相互协作、自主解决问题的轻松环境，激发员工勇于担责
引领行业	· 通过打造管理操作系统，分几段投入，构筑未来控制点和领先优势； · 优化与客户做生意的方式，将价值构筑在软件与服务上，把软件和服务打造成核心竞争力； · 主动开展产业链管理，构建有效竞争及利益分配的商业生态环境，通过影响频谱、国家宽带等产业政策，帮助运营商做大蛋糕

明确战略方向及其运营定义的目的在于澄清战略方向，达成战略共识。为

什么要对战略方向达成共识呢？我们可以借助一个矩阵来进行理解（见图 4-5）。

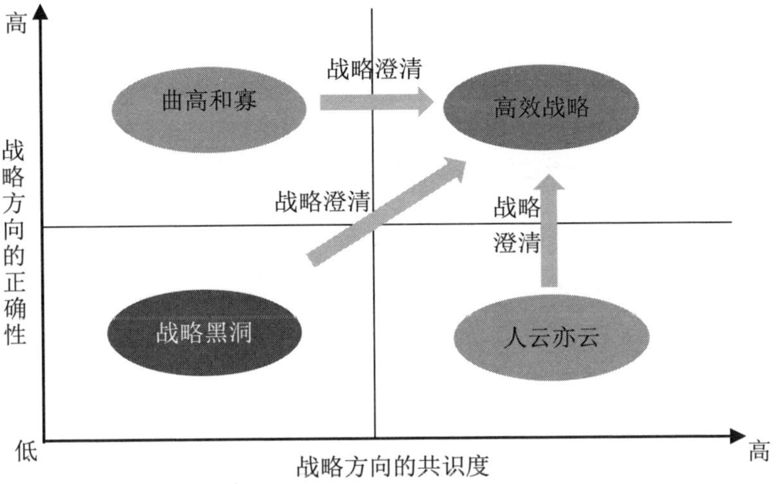

图 4–5　战略有效性矩阵 [1]

如果一个企业的战略既缺乏正确性，也没有对战略达成共识，那么这个企业可以说完全没有进行战略管理。如果战略方向是正确的，但没有对战略方向达成共识，这样的战略是无法有效落地的；如果大家对战略方向达成高度共识，但是战略无法帮助企业获得竞争优势，这样的战略只能是人云亦云的。战略只有方向正确并达成高度共识，才能称得上是高效战略。

4.2.2　识别 CSF，制定战略地图

在明确战略方向后，接下来就是识别关键成功因素，制定战略地图。关键成功因素（Critical Success Factors，CSF）就是为达成企业愿景和战略目标而需要组织重点管理，以确保竞争优势的差别化的核心要素。表 4-2 是按照平衡计分卡的方法，从财务、客户、内部运营和学习与成长四个层面提炼的 CSF，将它们之间的因果关系进行绘制，即可得到战略地图。

1 王钺 . 战略三环：规划、解码、执行 [M]. 北京：机械工业出版社，2020.

表 4-2　CSF（示例）

层面	内容				
财务	企业价值增大	利润最大化	销售额增大	成本降低	资产利润率最大化
客户	市场份额提升	产品价值最大化	品牌形象提升	构建与客户 / 渠道商的亲密关系	品质提升
内部运营	提供符合客户需求的新产品	建立高品质、柔性的市场机制	采购、效率提升	交期管理改善	SCM 优化
学习与成长	人才培养	构建先进的企业文化	知识管理	构建技术壁垒	扩大 IT 基础

战略地图的绘制步骤如下：

（1）确定股东 / 利益相关者的价值差距。例如，股东期望 3 年之后营业收入能达到 10 亿元，但是企业只达到 3 亿元，距离股东的价值预期还差 7 亿元，这个差距 7 亿元就是企业的总体目标。

（2）调整客户价值主张。要弥补股东价值差距，实现 7 亿元营收的增长，就要对现有的客户进行分析，调整企业的客户价值主张。客户价值主张主要有四种：第一种是总成本最低，第二种是产品创新和领导，第三种是提供全面客户解决方案，第四种是系统锁定。

（3）规划价值提升的时间表。针对 3 年后弥补 7 亿元股东价值差距的目标，要确定推进表：第一年提升多少，第二年、第三年分别是多少，将提升的时间表确定下来。

（4）确定战略主题，找到关键的流程。确定企业短期、中期、长期要做什么。有四个关键内部流程：运营管理流程、客户管理流程、创新流程、社会流程。

（5）确定和协调无形资产，也就是提升战略准备度。分析企业现有无形资产的战略准备度，以及其是否具备支撑关键流程的能力。如不具备，找出办法来予以提升。企业无形资产分为三类：人力资本、信息资本和组织资本。

（6）形成执行战略所要求的行动方案。

战略地图可以明确财务、客户、内部运营和学习与成长四个层面之间的因果关系，有助于在企业内达成战略共识。

图 4-6 为一个 OEM 制造商转型的战略地图。

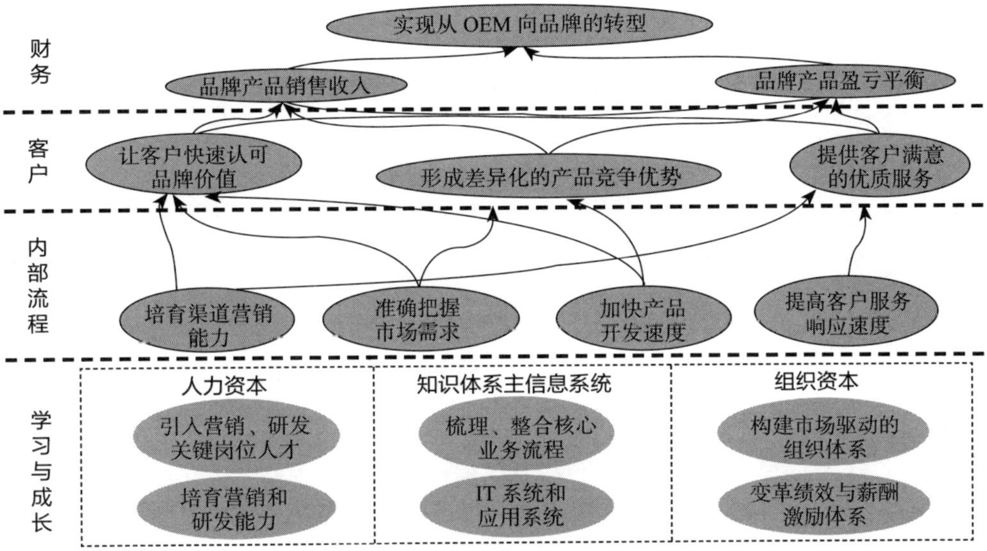

图 4-6　OEM 厂商转型的战略地图（示例）[1]

从图 4-6 中可以看出，企业为了实现从 OEM 制造商向品牌制造商的战略转型，在财务层面的关键指标是品牌产品的销售收入及其在总收入中的占比，进而还需要考核品牌产品的盈利能力和盈亏平衡点。为实现该财务目标，必须在客户层面落实三大关键策略：

（1）明确品牌策略，制订清晰的可提高品牌认知度和美誉度的品牌营销计划和活动，同时，制定可衡量品牌认知度是否有所提升的考核指标。

（2）明确品牌产品的策略，包括品牌产品与 OEM 产品的区隔，特别是品牌产品的设计要基于客户的需求，与竞争对手的产品要形成差异化的竞争优势。

（3）制定针对直接客户的服务策略。OEM 制造商原来是不直接接触客户的，因此，需要制订客户拓展计划和针对不同客户的服务策略，以及制定客户满意度等考核指标。

为了支撑客户层面的三大策略，必须在内部流程层面建立和优化高效支撑策略执行的四大核心流程，包括高效的客户需求管理流程（OR）、基于客户需求的产品开发流程（IPD），针对大客户的直营模式和针对中小客户的渠道模

1 兰涛 . 华为智慧：转型与关键时刻的战略决策 [M]. 北京：人民邮电出版社，2020.

式，以及为加快客户响应速度的问题解决流程（ITR）。

这四大核心流程要想准确和高效地执行，必须有合格的关键人才，特别是能适应该阶段战略的产品创新和品牌营销的人才，组织能力也要匹配战略转型和核心流程的需要。因此，需要制定清晰的知识产权申请与保护策略，建立高效的知识和信息共享机制，实现针对研发组织和区域营销平台体系的组织优化，特别是针对品牌产品这一新业务要建立考核和激励机制。同时，需要对这些关键资源的到位率和组织能力进行提升，制定清晰可量化的考核指标，如资源到位率、组织和流程的成熟度等。

从这个案例可以看出，战略解码的过程和形成的战略地图之间具有很强的逻辑性，能够把目标、实现目标的关键成功因素与重点工作任务，以及结果与考核指标紧紧地联系起来，以便更好地进行闭环管理和监督落实。

战略地图可以用来描述组织如何创造价值，为战略制定和战略执行之间的鸿沟搭起了一座桥梁。同时它也能用来检验 CSF 的恰当性，即从平衡计分卡的四个层面检测 CSF 之间的均衡性，确认各 CSF 之间的因果关系，以及其是否能够最终支撑战略目标的实现。如果 CSF 间存在不均衡，或存在独立的 CSF，或 CSF 间缺乏因果关系时，则需要重新审视 CSF。

对于提炼出来的 CSF，麻省理工学院教授约翰·罗卡特认为，在一个企业的运营管理中，若是能掌控少数几个领域，便能确保该企业具有相当的竞争力；若是能在少数几个关键领域保持好的绩效，企业便能够成长；而若在关键领域的表现很差，该企业便会在这期间陷于运营困境。

4.2.3 基于战略地图，导出战略 KPI

有了战略地图，就要进一步围绕确定的战略主题提出关键成功因素，找到关键成功因素的主要驱动因素，对驱动因素进行量化就构成了战略 KPI。

战略 KPI 是指衡量战略是否达到的 KPI 指标，与普通的 KPI 有所区别（可选取部分战略 KPI 纳入考核）。战略 KPI 需要从战略相关性、可测量性、可控性、可激发性四个方面评价和筛选，综合考虑平衡性（见表 4-3）。

表 4-3　战略 KPI 的评价和筛选依据

序号	评价维度	具体说明
1	战略相关性	· 绩效指标与战略方向及战略目标强相关 · 最适合组织业务特性且能代表战略目标
2	可衡量性	· 能收集到测量的基础数据（采集来源） · 能明确测量基数，且能进行客观预测 · 能设定具体的测量指标值
3	可控性	· 该类指标通过组织努力具有可控性 · 受不可抗力影响小
4	可激发性	· 该类指标能用于牵引改善绩效的行动 · 组织内全员愿意付出努力来改善指标

战略 KPI 的导出步骤：

（1）正确理解 CSF，CSF 很明确时可直接导出战略 KPI。

（2）当 CSF 不明确时，第一步，分析构成 CSF 的流程后导出 CSF 构成要素（采用 IPOOC 方法）；第二步，根据 CSF 构成要素导出备选指标；第三步，通过评价标准确定战略 KPI，如图 4-7 所示。

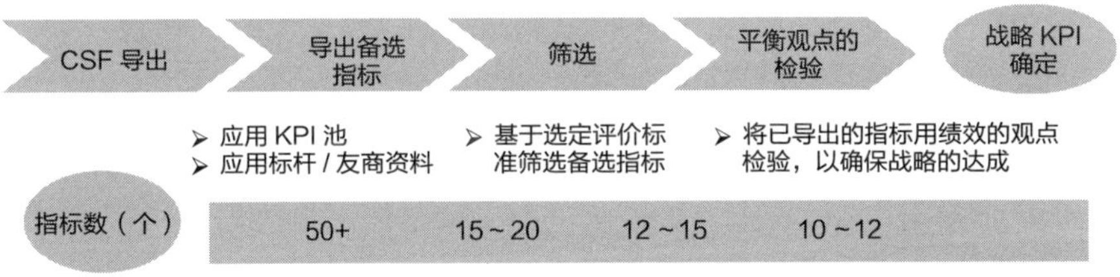

图 4-7　战略 KPI 的导出步骤

IPOOC 方法是指从输入（Input）、过程（Process）、输出（Output）、结果（Outcome）四个维度对 CSF 展开。其中，输入一般指资源；过程指从战略的角度看，影响 CSF 达成的关键活动过程是什么；输出指从流程视角看流程的直接输出，如产品或客户满意度；结果指从内部视角看收益，如经济结果、客户感受、品牌增值等。

用 IPOOC 方法导出 CSF 的构成要素本质上是更细颗粒度的 CSF，它一般有几个要求：一是尽量采取动宾短语表达，如“构筑商业解决方案专家能力知识体系”；二是构成要素要具有方向性（如提升 ××、缩短 ××、构建 ×× 等）；三是财务维度 CSF 一般由结果导出构成要素，客户维度 CSF 一般由输出、结果导出构成要素，内部运营及学习与成长维度 CSF 一般要考虑输入、过程、输出和结果四个方面导出构成要素；四是 CSF 对应的构成要素数量不能太多，要保证颗粒度（一个 CSF 的构成要素以五个以内为宜，要从总经理视角考虑）（见表 4-4）。

表 4-4　战略 KPI（示例）

战略方向	战略方向的运营定义	CSF	IPOOC	CSF 构成要素	备选 KPI	评价标准				分数
						战略相关性	可测量性	可控性	可激发性	
有效增长	中国、中东、非洲、南太、西欧服务格局形成	提升价值市场份额	输入	匹配客户需求的解决方案	客户需求满足率	3	3	3	9	18
					技术标准名	3	3	1	3	10
				专业的服务拓展人员到位	专家到位率	1	9	3	3	16
			过程	规范项目运作管理	流程符合度	1	3	9	3	16
				改善客户关系	客户满意度	1	3	1	3	8
			输出	获取到的价值及客户合同	签单率	3	9	3	3	18
				竞争项目的胜利	战略、山头目标完成率	9	3	3	9	24
			结果	价值市场份额提升	价值市场份额占比	9	3	3	9	24
				订货增加	订货量	1	9	3	1	14
				利润改善	销售毛利率	3	9	3	1	16

对组织而言，战略 KPI 每年都要更新。战略的调整、客户需求的变化等因

素，都会对指标产生影响。

4.3　将战略解码到各个部门

将战略解码到各个部门可以有效解决如何对齐企业目标、部门与个人目标并落地实施的问题。

4.3.1　提炼组织年度业务关键任务

关键任务是指实现企业战略目标所需要的策略和行动，它主要包括业务增长举措和能力建设举措，涵盖的内容有客户关系管理、营销管理、研发管理、交付管理、平台建设、能力建设等方面。

华为要实现云管端一体化，进入消费者和企业业务市场，其关键任务有什么？第一项任务是要构建适合消费者业务和企业业务的管理体系，包括流程、IT 体系；第二项任务是要逐步搭建支撑消费者业务未来目标的市场营销体系，包括在欧洲、亚洲、中国等各个国家和区域搭建市场营销体系；第三项任务是要增强渠道管理能力和消费者洞察能力；第四项任务是要针对消费者，设立不同的手机产品线、不同的系列等。

在提炼关键任务时，我们需要注意以下几点：

首先，关键任务要能够支持业务设计，特别是要支持价值主张的实现。因为竞争来自独特性，来自差异化，所以关键任务一定要支撑差异化的实现，支撑业务设计的价值主张。在过去几年里，华为终端有专门研究照相的团队、研究续航的团队、研究半导体的团队、研究芯片的团队，它们执行的重点任务，支撑了华为手机的独特性。

其次，关键任务要包含重要的流程设计。对华为来说，过去运营商业务形成的管理体系，要把它拷贝下来，能用的留下，不能用的看看能不能修改一下使用，欠缺的管理体系要嫁接上。现在，华为组建一个新的业务部门，会先界定业务部门的流程范围，将部门要执行的流程写到任命公文里。

2019 年，华为成立智能汽车解决方案 BU（业务单元），这是华为成立的第五个业务部门。任命公文中在部门职责之后，就明确写了该部门要执行哪些流程。华为之所以要给它界定执行流程，其实就是在界定业务范围，界定这个部门做什么，不做什么，不适合它业务特点的就要做裁剪、做调整。

最后，关键任务是年度的，但是也能够按照季度来进行衡量。例如，华为成立消费者 BG 之后，第一项任务就是建立满足消费者 BG 需要的供应链和 IT 系统。为此要制订具体的工作计划：第一年先做 ERP 系统，第二年导入计划系统，第三年……接着成立一个项目组建这套流程，每个季度都有衡量指标。

4.3.2 明确各关键任务间的依赖关系

在明确关键任务后，接着就要考虑关键任务之间的相互依赖关系。依赖关系是完成关键任务的必要条件。业务设计不仅需要企业内部各个部门的协同合作，更需要产业链条上其他合作伙伴的协助。

例如，华为有两项公司级的重点任务：一是建设欧洲本土市场，二是推行公司人力资源纲要 2.0。这两项任务有没有依赖关系呢？首先，要想建好欧洲本土市场，就要有相应的人力资源激励制度。那么，这项任务的主管就要给推行人力资源纲要 2.0 的主管提要求，说清楚要建立一个什么样的人力资源配套激励政策，这就是这两项任务之间的依赖关系。

通常在确定关键任务间依赖关系的时候，可以使用一个表格——责任矩阵（见表 4-5）。

表 4-5　关键任务的责任矩阵

人员	任务 1	任务 2	任务 3	任务 4	任务 5	任务 6	…
人员 1	★	○	★	○	√	√	
人员 2	○	★	○	√	○	√	
人员 3	○	√	○	○	○	★	
人员 4	√	√	√	★	√	√	
人员 5	○	○	○	√	★	○	
…							

注：★表示主导，○表示参与，√表示支持。

假如有 9 项关键任务，管理团队有 7 个人，每个人在每项任务中填写自己的工作职责，是主导、参与还是支持。这就形成一个责任矩阵，每项重点工作都有人去承接。责任矩阵是每年从企业总部到一级部门、二级部门都要做的一项工作，这项工作叫 OT（组织建设）。OT 一般要进行 1 ~ 2 天，第一天第一项议题就是讨论团队的独特价值：本团队要为企业做什么贡献？讨论支撑企业战略的重点工作，突出这些重点工作的责任举证。有了这些责任举证，关键任务的内部相互依赖关系就有了。

除此之外，也有一些外部的关联关系，如每项关键任务依赖哪些合作伙伴，包括供应商、渠道商和其他机构等。

【管理思考】检查与内外部合作伙伴之间的相互依赖关系

在审视与内外部合作伙伴之间的相互依赖关系时，需要考虑以下几点：

- 信任：你们之间的承诺是值得依赖的吗？
- 同盟：双方是否拥有共同的目标？
- 灵活性：承诺是否能够依据需求的变化而调整？
- 权责：各方的权责明确吗？
- 澄清：各方对某一问题是否达成了一致的理解？

4.3.3 制定部门业务规划和绩效目标

各部门也要根据自身职责及企业级的关键任务，明确本部门的重点工作，同时形成责任矩阵，如表 4-6 所示。

表 4-6 部门重点工作责任矩阵

重点工作	上级部门	本部门	下属团队	时间计划	责任人	支持
1	A	C/E	R	××	××	××
2	A/R	C/E	C/P	××	××	××
3	R	C/E	C/P/R	××	××	××
4	D/A/R/P	C/E	C	××	××	××
…	R/A/P	C/E	C	××	××	××

注：A=Approve（批准），C=Create（创建），E=Execute（执行），D=Delegate（授权），D=Propose（建议），R=Review（评审），S=Support（支持）。

在确定关键任务的各责任部门时，需要考虑以下几点：一是部门在企业中的定位，即部门在企业中应如何发挥价值；二是部门的使命和愿景；三是部门的主要职责，部门的核心职责需要支持企业的目标。

同时，在从上到下的战略分解过程中，各部门每年都要做本部门的改进计划，即未来部门的管理能力要从哪些方面进行提升、组织能力要如何进行改善、组织资源要如何进行配备等，相应落实成一些具体的管理改进措施，写进部门业务规划中。

每个部门在进行战略解码时，都要画一个战略地图，包括财务层面、客户层面、内部运营层面、学习与成长层面。在每个层面上，弄清楚本部门的目标是什么，实现措施包括哪些，这些措施之间是怎样相互支撑的。例如，财务层面的收入、利润、现金流目标，需要通过客户层面的产品优势、客户关系、差异化解决方案来支撑实现，而客户层面的差异化要靠关键举措和运营流程来实现，学习与成长层面的组织能力、人力资源等通过完成关键任务来支撑战略目标的实现。每个部门每年战略解码完成后，都要画出这样一张地图，把部门指标、关键举措、组织与人才、流程建设全部画在一张图上，来管理部门工作。

在上一节中提到，基于关键成功因素设计出战略 KPI 后，还需要按部门职责明确绩效指标的责任部门，从而形成部门 KPI 考核指标。

以华为设备成本管理为例，通过 CSF 识别降低设备成本的关键因素分别是研发降成本、采购降成本和提升生产效率等，由此设计的对应指标分别是成本节约额、成本下降率和制造费用率，对应的责任部门分别是产品线、采购认证管理部和供应链管理部。

华为在对公司战略目标进行解码时，确定各部门的关键成功因素和重点工作（见图 4-8）。其中，各部门重点工作确定的基本原则是：为达成部门目标，确定部门或团队需要优先考虑的事情，以及需要团队共同完成的事情；对需要考虑的事情开展优先级排序；需要考虑的事情最好不超过八个。

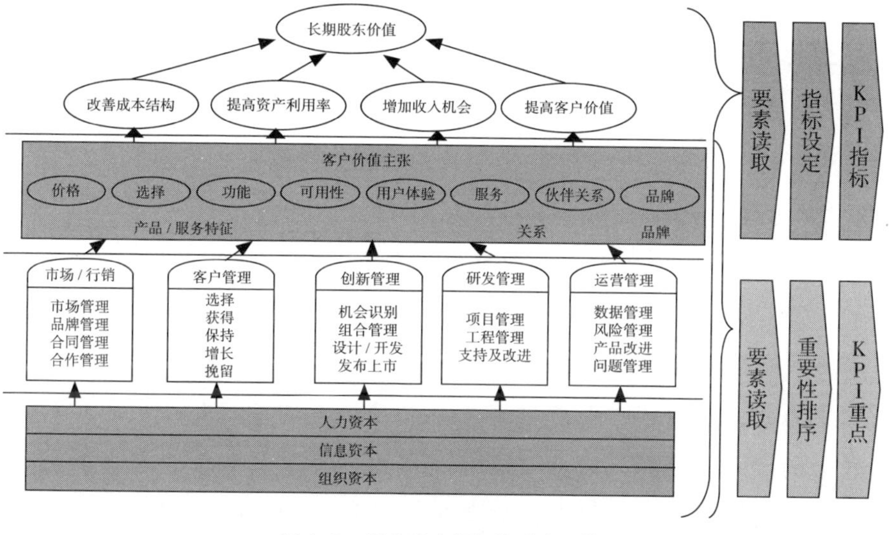

图 4-8　华为确定部门的重点工作

在各部门重点工作明确后，部门会识别支撑重点工作完成的关键措施，分阶段推进落实，最终实现组织目标。

2014 年，华为手机终于实现在东南亚市场的崛起：MATE7 一经发布，就立刻被抢售一空。而在此之前，华为手机在公开市场难以和三星等电子巨头比肩。

为了在东南亚市场实现突破，华为把突破东南亚市场定为公司战略重点，然后把它分配到各相关部门：由华为终端主导，其他部门协同配合。

在实施这一重大任务的过程中，华为终端采取了以下举措。

1. 与市场排名稍微靠后的渠道商结盟，积少成多，扩大市场份额

鉴于各国的IT渠道老大一般倾向于和三星这样有名气的品牌合作，经过一番分析，华为决定退而求其次，转而和市场排名第二名或者第三名渠道商合作，尽管它们不是本国市场的第一名，但仍然占据了不少市场份额。华为通过制定相关的政策，鼓励这些渠道商多售卖华为手机，加上华为手机性价比高，得到了消费者青睐，从而不断慢慢蚕食市场份额。

2. 本土先行：雇用当地员工，尊重当地风俗习惯

东南亚消费市场因为国情不同而较为复杂，把国内的一些策略和方法照搬执行往往行不通。为了克服跨国公司惯有的水土不服症，华为采取了两个措施：一是聘用当地的人才，因为当地人更了解本地的市场竞争状况，更容易和消费者打成一片。华为在东南亚市场的员工中，中国籍员工和外籍员工的比例是1 ∶ 10。二是充分尊重当地的风俗习惯。无论是营销还是其他运营工作，华为都要求员工充分尊重每个国家当地风俗，做到入乡随俗。

3. 立体营销：电视促销、明星效应、体育营销等多措并举

随着华为手机逐渐打开东南亚市场，为了巩固和扩大这些成果，华为选择了立体营销，包括电视促销、明星效应、体育营销等。电视促销并不是简单的电视购物，而是拍摄一系列电视广告片投放市场，因为电视广告片常常能够打动人心。为此，华为不惜花费数百万元拍了一支国际范且亲民的广告片去吸引消费者的注意。华为还邀请了当地知名红星代言。例如，在泰国发布华为MATE7时，华为代言人泰国知名红星YaYa Ying一出场就引发全场轰动。明星带动的是“粉丝”，“粉丝”又把华为的品牌散播到自己所属的圈子里。华为通过赞助斯里兰卡等国家的板球联赛，迅速和这里的人们紧密地联系起来，而且树立起了年轻、运动、阳光的品牌形象，一举多得。线上线下联动，营销效果倍增。

4. 与旗下销售终端结成利益共同体，让它们赚到真金白银

三星等手机厂商在东南亚市场已经耕耘多年，华为的进入势必引来三星的反弹。为了应对其可能的打压，华为在东南亚市场构建了自营专卖店、加盟店和店中店，摆脱了运营商和大型 IT 渠道商的控制。同时，对于旗下的所有销售终端，华为从不要求它们提前压货或者强迫其达到销售目标，从而保障了每个终端的切身利益。而且华为给予这些合作伙伴大量补贴，如共同建店、举办活动等，做到彼此尊重，让合作伙伴都能够赚到真金白银。

5. 重视电商建设，快速采纳客户意见

对于电商这种新兴销售渠道的建设，华为表现得非常积极，原因有两个：一个是大环境所致，东南亚市场的消费者越来越多地选择在网上消费。另一个是通过电商，能够快速和消费者取得联系，把消费者的意见快速纳入生产过程。

从上述可以看出，华为终端通过识别出支撑部门重点工作完成的关键举措，逐步推进落实，最终实现了在东南亚市场的战略突破。

4.4　组织绩效分解到个人

在对企业总体战略进行解码后，企业应依次建立各级指标体系。首先基于企业的总体战略，找出企业的业务重点，确定这些关键业务的 KPI，从而建立企业级 KPI。接下来，各部门主管需要依据企业级 KPI 建立部门级 KPI。最后，各部门主管和部门员工一起将部门级 KPI 进一步分解为更细的个人 KPI，这些 KPI 就是员工考核的要素和依据。

4.4.1　签订个人绩效承诺书

在将企业目标分解到部门后，部门负责人要根据员工所在岗位的独特价值对部门目标进行分解落实。因为不同岗位的价值是不同的，所以要对不同岗位设置不同的考核指标，既要着眼于企业战略，也要着眼于企业的长期发展，以避免出现“躺赢”岗位。有了个人 KPI，员工就比较容易理解战略，能够朝着公司目标方向去努力、去执行。

个人绩效目标来源于三个方面：第一，部门目标。个人绩效目标要承接部门绩效目标，所以部门目标是个人绩效目标的来源之一；第二，岗位职责。不同的岗位所承担的责任不一样，设定个人绩效目标时，需要考虑员工岗位职责；第三，流程目标。当员工所在岗位是某业务流程中的关键角色时，需要根据流程目标来设定个人绩效目标。

为了促使员工完成个人绩效目标，提升工作效率，许多企业都采用了个人绩效承诺制，即员工签订一份个人绩效承诺书，内容囊括个人行为和对结果的考核要求，并做出相应的承诺。其实这就是自我期望、自我激励和自我监督，当员工看到自己所做出的承诺时，就会更加努力去兑现。

华为实行严格的 PBC 计划。PBC 采取自上而下的方式进行制定，它是华为对每个员工的期望和考核的标准。华为尤其注重公司干部的绩效承诺。

华为每年年初会根据上年实际完成的各项指标制定新一年的工作指标。主管人员必须根据公司指标的分配情况，对自己部门下年度的计划指标立下“军令状”，承诺内容根据目标的高低，分为持平、达标、挑战三个等级，进行内部比拼，一个财年结束后，公司会根据每个干部目标的实际完成情况进行评估。

不能完成承诺目标的干部会受到处罚，除了自己当年度的奖金、分红受影响，整个部门人员都会被连带处罚。同时，这种处罚还会延续到下一年度：一把手降职、免职，副职不能补充升成正职，冻结整个部门成员下一年度的调薪资格。即使干部被调到先进部门去，也要降职使用。降职的干部，一年之内不准提拔使用，更不能跨部门提拔使用等。

这样严苛的干部绩效考核，督促着华为的每个干部都和团队成员拧成一股绳，团结一致，全力以赴。

同样，在 IBM 公司，绩效承诺也发挥着巨大作用。

IBM 的绩效考核以 PBC 为核心。它根据 IBM“力争取胜，快速执行，团队精神”的公司价值观而设定。员工要想完成个人业务承诺，在 PBC 上取得高的评分等级，就必须有清晰的个人业绩目标，IBM 的 PBC 表现在以下三个方面：

第一，承诺必胜（win）。想要完成任务，就必须抱着必胜的决心，而必胜的决心又来源于团队高效、默契的配合。

第二，承诺执行（execute）。IBM 员工时刻强调“执行、执行、执行”。完成项目除了要有好的计划和目标，更为重要的是执行，执行贯穿项目落实的全过程。

第三，承诺团队精神（team）。IBM 员工认为，只有发挥团队力量，共同合作才有可能取得成功。通常 IBM 采用跨部门的沟通和协作，发挥公司整体优势。

IBM 的 PBC 与华为的在某种程度上是契合的，都是通过签订个人绩效承诺书，让员工通过努力保障结果的获得，是员工达成目标任务最好的动力和精神来源。绩效承诺强调责任结果导向，聚焦短期，兼顾长期，一贯到底，指令清晰，时效性高，能促进组织执行力的提升，有效支撑组织的持续发展。

4.4.2　将个体绩效与组织绩效捆绑

什么样的绩效目标才是合理的呢？如何平衡组织的绩效目标要求与个体的绩效目标承受能力，使双方之间达成共识？这显然是一件困难的事。

个人绩效的实现，就是为了实现组织绩效服务的，因此，在制定个人绩效时，应当先考虑的是与组织绩效的匹配性。前面我们提到了，华为在个人绩效管理上引入了 PBC 并对其进行了优化，优化后的 PBC 结构如表 4-7 所示。

表 4-7　华为 PBC 结构

一、业务目标
关键结果指标——个人承接 KPI
1. 经营指标（KPI 指标）
2. 市场目标
个人关键举措目标——共 6 ~ 8 项
1. 个人年度业务目标（战略诉求、山头目标、高层客户管理等）
2. 个人年度管理改进目标（交付流程改进、组织建设等）

续表

二、人员管理目标（共 3 ~ 4 项）
根据各自负责部门的团队与人员管理挑战，设置目标
三、个人能力提升目标（共 2 ~ 3 项）
根据个人能力短板，设置个人能力提升指标（非职业发展计划）

首先，PBC 的制定是一个双向沟通的过程，是员工和部门主管在沟通协商中制定的，而不是简单的任务分解与对上级命令的执行。这样一来，既能提高员工个人的参与感，还能把员工的个人业绩与部门的组织绩效目标相融合，同时保证组织绩效目标与部门的绩效目标紧密结合，使得公司目标能够被切实执行。

其次，员工 PBC 结构具体包括：业务目标、人员管理目标和个人能力提升目标，不过当下的华为在招聘和录用中会从人的素质、潜能、品格、学历和经验等方面对人才进行多轮严苛的筛选，因此华为员工 PBC 中已经很少设置个人能力提升目标。PBC 里的目标会作为组织对个人绩效评估的主要参考依据，影响对员工的价值分配。如果将全体员工奖金比作"蛋糕"，组织绩效决定了整个"蛋糕"的大小，而员工个人绩效则决定了每位员工能分到多少"蛋糕"。通过这样的方式，华为将个人绩效与组织绩效进行了有效捆绑，使两者达到了平衡。

被调研辅导的一家客户企业，由于没有建立明确的责任制度，经常有人"出工不出力，出力不出活"，或者"干自己的私活"；还有的人漫不经心，懒懒散散，以致工作效率低下。例如，生产小组需要跟进的任务，常常出现小组成员相互推诿，认为既然是小组的任务，自己没有必要去冒这个头，致使生产任务常常出现延误。

调研后发现，员工之所以这样做，是因为个人绩效和团队绩效没有很好地捆绑起来，缺少有效的考评手段。大部分员工认为既然没有责任人，那就有问题大家解决，有责任大家分担，实质是人人都没有责任。由于抱有这种思想，员工非但不能明确自己在团队中所扮演的角色，更不知道自己究竟该做什么。

很多企业将个人绩效与团队绩效割裂开来，各自独立，实际上是不利于推动个人绩效和团队绩效提升的，而且，也不利于培养员工团队意识，不利于他们融入团队，实现协同发展。因此，将个人绩效对准组织绩效，并且与后者形成强烈的捆绑关系，有助于组织战略目标的实现。

4.4.3　实现对总体战略的有效支撑

个人绩效的最终结果应当对组织战略目标的实现有贡献，这也是设定个人绩效目标的出发点。作为管理者，应当对员工个人绩效的设定有所把控，保证其能助力组织战略目标的实现，并且还应当注意员工个人绩效之间的差距，对于个人绩效较低的员工给予提醒，进行沟通辅导。作为员工，在完成个人绩效目标的过程中，要做到心系组织战略目标，有余力时，可以参与更多对于组织战略目标实现有意义的事。当个人绩效和同事间的绩效有差距时，要及时反思和总结，在下一阶段力求改进。

毕竟，个人绩效差距的存在，不利于组织战略目标的实现，这就好比在拔河比赛中，尽管有几个人拼命用力，但同时也有人只出了些微力气，想赢得比赛是很难的。只有不断缩小差距，达到均衡的绩效水平，才能使整体的绩效保持一个较高的水平。

当员工的绩效结果不理想时，管理者应该做的是通过正式或者非正式的辅导，给予员工帮助和支持，分析员工产生绩效差距的原因，找到改进办法。

一家公司的老总来到生产车间巡视，看到工人们正在擦拭冲压好的电脑机箱，每个机箱都擦了 3 次。于是，总裁就问现场的工人为什么要擦 3 次，工人回答说："我也不知道为什么要擦 3 次，上面这么规定的，我们就这么做了。"总裁当时没说什么就走了。

回到办公室后，他把负责生产的经理叫了过来，问他为什么每个机箱都要擦 3 次，生产总经理回答道："擦 3 次是为了更好地把机箱冲压时留下的油污擦掉。"总裁接着问道："那你为什么不告诉工人们擦 3 次的目的，而只告诉他们需要擦 3 次呢？"

事后，公司对生产部的经理进行了处罚，理由是他没有明确告知工人工作目标，而只是做出生硬的规定。因为在没有明确被告知工作目标的前提下，工人错误地认为其工作目标就是擦拭3遍机箱，这样，他们就会对真正的工作目标——擦拭油污失去判断和应变的能力。

一般来说，当员工具备工作胜任力且保持较好的工作态度，却仍然没有达到预期的绩效目标时，很多时候是管理者犯了以下几个错误：

（1）管理者传达的目标或期望不清晰，或者根本没有明确的要求，可是在绩效考评时，又以结果导向来量化考察。

（2）没有开展工作必需的信息、资源和主管支持。对于工作内容，企业是否存在标准的流程要求，补充信息应该如何获取，历史上积累的信息和经验是什么，上下游部门有什么样的期望，如果这些信息不全，员工仅凭单枪匹马，很容易撞到枪口上，绩效结果自然不会太好。尤其是遇到需要多部门协调配合的工作任务，由于员工个人影响力不够，主管对其必须给予一定的支持和协调。

（3）员工个人的工作方式和方法有问题时管理者不管不顾。正确的做法是，管理者应借助部门内的一些资深人员帮扶帮带，并且鼓励大家多沟通交流，分享有用经验，从而降低"走弯路"的频率。

当员工个人的绩效结果无法对组织战略目标做出贡献的时候，管理者一定要介入，实事求是地寻找原因，不要将责任一味地推到员工身上，即便是员工的责任，管理者也仍然有必要帮助员工解决困难。

在对员工的绩效考核上，企业可以根据业务目标和要求，制定分层的考核指标及绩效管理方式，即对于不同层级的员工，在绩效考核上的侧重点各不相同，对于越高级的管理者，越要关注其是否考虑企业的长期发展；对于基层员工，则主要关注其眼前任务的完成及其自我进步。具体说明如下：

（1）引导高层管理者关注中长远目标。因为高层管理者作为核心团队成员，一定要有战略思维，需要考虑企业的中长期发展目标。所以可以在考核指标里着重加入中长期项目的考核，包括对于大客户的突破等。

（2）关注中层员工在本职岗位上短期绩效目标达成的情况和行为规范，强调工作表现与要求相一致，而且必须与部门的日常管理工作相结合。

（3）对基层员工采用绝对考核，以业绩考核为主，按实际作业结果给予评价，例如工作用了多少单板来调试，质量如何，有多少漏测，有没有出大的事故等。

分层绩效考核有利于牵引中高层管理者更多关注企业中长期目标，帮助中基层员工在日常工作中快速改进，实现个人成长，进而实现对公司总体战略的有效支撑。

4.5　重点工作项目化管理

很多时候组织的重点工作并不能独立地分割到各个不同的业务单元，这时候就需要组建跨部门团队，用项目化组织开展工作。通过跨部门协同作战，打破部门墙，促使不同部门间的员工沟通顺畅，从而顺利达成组织绩效目标。

4.5.1　以项目为中心开展工作

竞争日益激烈的市场环境要求企业不断加强自身的管理能力，以更好、更快地为客户提供满意的产品和服务，从而获得竞争优势。越来越多的企业发现，以项目的形式能更好地运用和管理资源，动态响应外部的需求变化，因此项目化管理成了一种广受欢迎的新的管理模式。

华为早已开始尝试“以项目为中心”的运营形式。

华为轮值 CEO 郭平在 2014 年华为项目经理峰会的讲话中指出，公司提出以项目为中心、做好项目经营已经有好几年了。为什么公司要以项目为中心呢？主要原因有三个：

（1）公司设备的增长速度正在放缓。2013 年固网和电软核都是负增长，无线产品由于 LTE 的发展，实现了 9% 左右的增长。但我们看到，在设备增长放缓的同时，整个服务的增长却达到了 24%。价值正从设备向服务与软件转移，而服务与软件都是以项目为驱动的。

（2）交付项目数量众多且大项目仍在增长。2013 年交付项目总量为 8267 个，呈现增长的趋势。面对这么多项目，如果没有一个好的项目经营管理体系支撑，是难以做好公司整体经营管理的。

（3）代表处的规模不断扩大。2013 年，华为海外代表处中有 1/3 的销售收入超过 1 亿美元，超过 3 亿美元以上的更是达到了 24 个。代表处管理的跨度和难度越来越大，划小经营管理单元的诉求越来越强烈，甚至有些区域已经自发地开始进行划小经营管理单元的尝试了。

可以看出，华为的项目经营与京瓷的“阿米巴经营”在本质上有着类似的地方：充分发挥一线组织的活力，提高运营效率，提升客户满意度。

对于如何成功实现以项目为中心，华为轮值 CEO 郭平表示：

“从以功能为中心向以项目为中心转变是一个渐进的过程。在这个过程中，我们既要做好具体项目的管理和相应的配套机制建设，也要重视以项目为中心的转变对代表处经营管理带来的影响，对预算机制进行改革，以适应以项目为中心运作的要求。

在项目经营管理及配套机制的建设上，主要做好以下四个方面的工作：

（1）沿着项目管理主流程，认真做好交付项目基线建设，夯实项目‘四算’（概算、预算、核算、决算）的基础，提升项目预算管理水平。这是以项目为中心的基础，没有这个基础，项目经营就是空中楼阁。

（2）明确项目型组织在整个管理体系中的定位，优化项目型组织的管理控制，包括项目型组织的生成、任命、责任、授权、考核及预算如何获取与执行等。

（3）建立适应未来发展的项目资源管理规则、流程及 IT 平台，提高资源计划水平，做好资源上架，使所有资源对项目都是可视的、透明的。我们要参考业界实践，探讨‘买和卖’机制在华为的可行性和具体的落地方案。

（4）在总结试点经验的基础上，进一步推动项目利益分享，逐步将利益分享推广到所有交付项目，提高基层作战组织在项目经营上的积极主动性。”

华为通过不断探索和总结实践经验，建立起了一个组织级的项目管理体系，通过成熟的组织级项目管理方法、流程和最佳实践，企业经营管理向可预测、可管理和可自我约束的方向发展，有效提升了组织运营效率和盈利能力。

4.5.2　明确项目范围与目标

在项目管理过程中，我们应该如何做才能确保项目成功呢？《孙子兵法》云："谋定而后动，知之而有得。"意思是带兵作战必须做到"三思而后行"，才能"未战而庙算胜"。项目运作也是一样的，"先瞄准，再开枪"，才能提高打中靶心的成功率，减少无用功。

管理任何一个项目，项目经理首先要弄清楚这个项目的目标是什么，项目背后有哪些隐藏的需求，然后组建一支项目团队，进行项目分工和制订计划等工作。因此，应该先从项目分析做起，而项目分析的首要工作就是弄清项目任务与需求是什么。

项目策划 / 任务书是用以清楚描述项目的工作范围、工作目标及其验收标准的最好工具。项目策划 / 任务书的基本要素包括项目描述、项目里程碑计划、项目评价标准、项目假定与约束条件、项目主要利益干系人等，如表4-8所示。

表 4-8　项目策划 / 任务书

一、项目基本情况			
项目名称		项目编号	
制作人		审核人	
项目经理		制作日期	
二、项目描述			
1. 项目背景与目的（所有的项目均起始于某个商业问题，该部分简要描述这些问题）			
2. 项目目标（包含质量目标、工期目标、费用目标和交付产品特征的描述）			

续表

三、项目里程碑计划（包含达到里程碑的时间和成果）			
四、项目评价标准（说明项目成果在何种情况下将被接受）			
五、项目假定与约束条件（说明项目的主要假设条件和限制性条件）			
六、项目主要利益干系人（包括高管、客户、职能部门主管、供应商、项目赞助人、项目经理、项目组成员等）			
姓名	类别	部门	职务

通过制作项目策划/任务书，可以明确项目目标与范围，找准项目团队工作的方向，确保项目工作的有效性。

4.5.3 选择合适的人组建项目团队

犹如一支装备精良、纪律严明、作战勇猛的军队是打胜仗的保证，一个配置合理、彼此合作的项目组是项目的核心，也是项目成功的保障。组建项目团队是项目经理在项目开始阶段最重要的工作，直接关系到后期项目能否正常进行。

组建项目团队时应该考虑：建立一个结构合理的项目组；寻找合适的人选，

并且了解他们的优劣势。

一般而言，项目团队是因某些任务而组建的，成员来自不同部门，在项目结束以后要回到原来的部门工作。这也意味着，这些项目成员之间可能还欠缺默契，需要以合理的团队结构作为支撑。

项目经理 M 在厘清了项目需求并完成项目任务细分以后，就遇到了麻烦。原来，M 以为只需要从其他部门抽调一些人，然后把他们组成一支队伍就行了，但是等到他给这些人安排完任务以后，发现项目组队没有想象中的那么简单。因为 M 是根据工作任务的需要来挑选项目成员的，并没有考虑这些成员之间的组织关系，因而在项目推进过程中，每个项目成员都把 M 当作工作对接的对象。M 整天都忙得焦头烂额，最后连自己都分不清谁是谁了。

M 通知大家暂停项目工作，然后把大家召集在一起，决定重新进行分工。M 看着项目组的那些成员，找到几个主要角色，然后弄明白哪些是需要相互协作的角色。最后，M 根据项目成员之间的关系画了一张结构图，将他们之间的汇报关系和沟通渠道标示出来，重新明确了各个岗位的职责和权利等。

组织关系并清楚以后，M 才让项目团队重新工作，成员之间的矛盾少了，M 的工作也没有之前那么烦杂了。

项目团队不能随意拼凑，而要设计一个合理的团队结构。在项目推进的过程中，项目需求可能会发生变化，项目团队也有可能加入新的成员。此时，项目结构应该做出适当的调整，这样才能更好地为项目工作服务。

很多项目经理在组建项目团队时抱着“精英情结”，希望企业顶尖的人才都加入自己的项目团队中。但我们知道：每个人都有各自的优势和不足，而且做一个项目并非总是需要精英组合的。真正能够产生项目价值的团队常常是那些注重人才搭配的项目团队。

因此，打造一支战斗力十足的项目队伍，并不是简单地把几个精英人才放在一起就可以了，而是要看这些精英人才能否在项目团队中共存并且发挥价值。如果他们空有一身本事，不懂得相互配合，工作效率就会受到影响，甚至一些需要成员配合的工作根本没法完成。

尺有所短，寸有所长。用唯物辩证法的观点来说，就是每个人的身上都会同时有长处和短处或优点和缺点。因而，作为项目经理一定要牢记：十全十美的人才并不多，选人切忌求全责备。只要他能够在项目运作中发挥自己的优势和价值，就可以将他纳入项目团队。

在组建项目团队时，华为通常会输出一张项目成员表，明确描述各项目成员的角色和职责（见表4-9）。

表4-9 项目成员表

<table>
<tr><td colspan="8">一、项目基本情况</td></tr>
<tr><td colspan="2">项目名称</td><td colspan="2"></td><td colspan="2">项目编号</td><td colspan="2"></td></tr>
<tr><td colspan="2">制作人</td><td colspan="2"></td><td colspan="2">审核人</td><td colspan="2"></td></tr>
<tr><td colspan="2">项目经理</td><td colspan="2"></td><td colspan="2">制作日期</td><td colspan="2"></td></tr>
<tr><td colspan="8">二、项目组成员</td></tr>
<tr><td>成员姓名</td><td>项目角色</td><td>所在部门</td><td>职责</td><td>项目起止日期</td><td>投入频度及工作量</td><td>联系电话</td><td>主管经理</td></tr>
<tr><td></td><td></td><td></td><td></td><td></td><td></td><td></td><td></td></tr>
<tr><td></td><td></td><td></td><td></td><td></td><td></td><td></td><td></td></tr>
<tr><td></td><td></td><td></td><td></td><td></td><td></td><td></td><td></td></tr>
<tr><td colspan="4">签字：</td><td colspan="4">日期：</td></tr>
<tr><td colspan="2">项目赞助人</td><td colspan="2"></td><td colspan="4"></td></tr>
<tr><td colspan="2">项目经理</td><td colspan="2"></td><td colspan="4"></td></tr>
</table>

我们在进行项目分工时，还需要考虑项目成员的感受，这是因为成员的能力、兴趣各有不同，在面对同样的工作任务时，其态度也会不同。给予项目成员一定的选择空间，能够减少项目成员完不成任务的借口。如果是管理者单方面分配的工作任务，项目成员就可以拿工作不适合自己作为借口，推脱责任。

任何团队都是由各种各样的人组成的，每个人都有自己的思考方式和做事情的习惯。在这种情况下，如果项目经理寄希望于项目成员自主管理，而不是通过严格的制度进行管控，结果很有可能背离项目经理最初的期望。

20世纪50年代，极力推行精益化管理的大野耐一制定了一项规则：要将工作中发现的劣质产品放在所有人视线所及之处，绝不可隐藏起来。当时，员工们普遍认为：出现劣质产品就等于技术不过硬。于是，员工们为了避免处罚，习惯性地将劣质品藏匿起来。故而，无论大野怎样强调"不要隐藏劣质产品"，员工们都不会心甘情愿地执行。

一天，大野又到工厂视察生产情况，员工们都在聚精会神地埋头工作。突然，大野大声喊道："这是怎么回事？"声音大得让所有在场员工都吓了一跳。生产组长赶忙跑过来，大野指着一些被藏在角落里的不合格半成品大声训斥："为什么要藏起这些不合格品？我已经说过无数次，一旦出现不合格品，就立刻停止生产，把它们放到通道上，为什么你们不按我的要求去做？"大野非常气愤，他将不合格半成品全部扔到了通道上，并且强调"不要隐藏不合格品，把它们全部放在通道上，让所有人都看见"。后来，大野要求对生产组长给予处分，然后转身离去。

没有明确的管理制度，员工仍然习惯性地藏匿不合格品。久而久之，员工就会存在侥幸心理，工作中就会让不合格品流入下一道工序，自然就给企业造成损失。然而，还是有一些管理者寄希望于自己的主观控制能力，讲求灵活自主地管理团队。而这种"灵活"很有可能成为项目失败的导火索。

企业没有建立起严格、完整的制度，管理就会混乱，发展也会因此受到严重的影响。同样，项目团队如果没有一个被认同的制度，项目工作也很难顺利开展，项目最终有可能失败。

所以，在项目工作开展之前，应该提前设计团队成员都认可并共同遵守的"游戏规则"——制度。通过制定团队制度，统一团队成员的行为规范，保证项目工作有序开展。

4.6　工作任务的计划实施

诸葛亮能运筹帷幄，决胜于千里之外，关键就在于他有着缜密的计划，帮助刘备用三千兵马战胜了十万曹军，获得了极高的效率。项目运作也是如此，制订好计划可以帮助团队提高工作效率。在项目计划实施阶段，需要完成任务分解、进度计划和风险管控计划制订等工作。

4.6.1 分解与细化关键任务

制订项目计划的首要任务是进行项目任务分解，在此阶段，华为项目经理通常需要进行 WBS（工作分解结构），如表 4-10 所示。

表 4-10 WBS

一、项目基本情况			
项目名称		项目编号	
制作人		审核人	
项目经理		制作日期	

二、工作分解结构										
分解代码	任务名称	包含活动	工时估算	人力资源	其他资源	费用估算	工期	项目成员 1	项目成员 2	…
1.1								I	AP	R
1.2								R	AP	AS
1.3								I	AP	R
2.1								R	AP	AS
2.2								AP	I	I
2.3								AP	I	I
……										

注：R——responsible，负责；AS——assist，辅助；I——informed，通知；AP——to approve，审批

项目任务分解的依据是项目范围描述，通过项目范围描述，定义清楚哪些工作是包括在该项目内的，而哪些工作又是在该项目之外的。项目范围与产品范围的区别在于：产品范围定义了产品或服务所包含的特性和功能；项目范围定义了为交付具有规定特性和功能的产品或服务所必须完成的工作。

在进行项目任务分解时，可以遵循“大事化小”原则：将项目的任务按照一定的逻辑逐渐进行分解，分解到可预测、可管理的单个活动为止。项目任务分解要完全穷尽，各活动要相互独立。

4.6.2　制订工作进度计划

完成项目任务分解后，需要将相关活动按照一定的逻辑关系（如工作的客观规律、项目目标的要求、事情的轻重缓急、项目本身的内在关系等）进行排序，弄清楚活动间的先后顺序和相互依赖关系。在活动排序完成后，还需要估算项目所需资源、工期和成本。

【管理思考】项目所需资源、工期与成本估算

◆ 项目所需资源。项目所需资源类型包括人员、物资、技术等，在估算项目所需资源时，要考虑：需要哪些资源？什么时候需要？需要多少？获取所需资源要找谁批准？

◆ 项目工期。根据项目范围和资源的相关信息，确定（估计）完成所有活动所需的工期。工期估算要以“谁来做”和“如何做”为基础。

◆ 项目成本。项目费用的构成包括直接费用和间接费用。直接费用有人工费、材料费、设备费、分包合同费等；间接费用有企业管理费、施工管理费、预备费（基本预备费、涨价预备费）等。

根据 WBS 表、活动排序、工期估算和所需资源的分析结果，就可以制订项目进度计划。华为在此阶段通常会输出一张项目计划进度表，如表 4-11 所示。

表 4-11　项目计划进度

<table>
<tr><td colspan="11">一、项目基本情况</td><td></td><td></td></tr>
<tr><td colspan="2">项目名称</td><td colspan="3"></td><td colspan="2">项目编号</td><td colspan="4"></td><td></td><td></td></tr>
<tr><td colspan="2">制作人</td><td colspan="3"></td><td colspan="2">审核人</td><td colspan="4"></td><td></td><td></td></tr>
<tr><td colspan="2">项目经理</td><td colspan="3"></td><td colspan="2">制作日期</td><td colspan="4"></td><td></td><td></td></tr>
<tr><td colspan="11">二、项目进度</td><td></td><td></td></tr>
<tr><td rowspan="2">项目阶段</td><td rowspan="2">工作任务</td><td colspan="7">第一周</td><td colspan="2">……</td><td rowspan="2">责任人</td><td rowspan="2">关键事项</td></tr>
<tr><td>2月2日</td><td>2月3日</td><td>2月4日</td><td>2月5日</td><td>2月6日</td><td>2月7日</td><td>2月8日</td><td>…</td><td>…</td></tr>
<tr><td rowspan="3">阶段一</td><td></td><td></td><td></td><td></td><td></td><td></td><td></td><td></td><td></td><td></td><td></td><td></td></tr>
<tr><td></td><td></td><td></td><td></td><td></td><td></td><td></td><td></td><td></td><td></td><td></td><td></td></tr>
<tr><td></td><td></td><td></td><td></td><td></td><td></td><td></td><td></td><td></td><td></td><td></td><td></td></tr>
</table>

续表

项目阶段	工作任务	第一周							……		责任人	关键事项
		2月2日	2月3日	2月4日	2月5日	2月6日	2月7日	2月8日	…	…		
阶段二												
……												

4.6.3 完善风险管控计划

很多工作都是有风险的，项目工作也是一样的。

C 国 SC 项目是一个进入空白市场的项目，合同总金额超过 800 万美元。这个项目对于创业时期的华为来说，可以算得上是难得的机会了。虽然只有短暂的两个月的工期，但华为人还是答应了下来，然后马不停蹄地开始工作。项目开展以后，员工才发现项目存在一定的风险，在两个月时间内根本没法实现工作目标。公司高层不得不一而再地到现场与客户“协调”，希望时间能够延长。然而，拉弓没有回头箭，公司为了让客户满意，在不得已的情况下继续开展项目工作。结果自然很悲惨，一共支出了 1200 万美元，项目整整开展了 1 年以后，依旧没有进行初验。

华为在 E 国的第一单生意是总金额超过 400 万美元的城城网项目，合同要求该项目包括光缆外线设备及其工程服务，是一个典型的“交钥匙”项目。合同签订以后，代表处、地区部和公司都为之振奋。然而，随着不同阶段项目的展开，项目进度还未过半，之前那种兴奋劲儿没有了，大家脸上也看不到半点儿喜悦，取而代之的是沉重的思考。项目尚未结束，公司亏损已经高达 200 万美元，而且还需要源源不断地向这个“无底洞”投入资金，而如果停止该项目，公司的损失会更大。

这两个案例充分说明了项目执行过程中存在诸多风险，而且概率极高。如果不谨慎对待可能存在的项目风险，项目工作就极有可能失败。

【管理思考】什么是项目风险

从项目盈亏角度来看，项目风险就是导致项目成本或收入不利变动的事件发生的不确定性。根据对项目成本或收入影响的范围，可将项目风险分为项目级风险和模块级风险。项目级风险是指影响项目整体成本或收入的风险，包括环境风险、金融风险、法律风险、网络规划设计风险。模块级风险是指影响项目某个模块的成本或收入的风险，包括项目管理风险、工程分包风险、配套采购风险。

华为在这一方面不断总结经验，在项目开展前就对未来的风险进行识别和评估，然后再制订相应的工作计划，确保项目完成不发生偏差。在此阶段，华为项目经理会输出一张项目风险管理表，如表 4-12 所示。

表 4-12 项目风险管理

<table>
<tr><td colspan="8">一、项目基本情况</td></tr>
<tr><td colspan="2">项目名称</td><td colspan="2"></td><td colspan="2">项目编号</td><td colspan="2"></td></tr>
<tr><td colspan="2">制作人</td><td colspan="2"></td><td colspan="2">审核人</td><td colspan="2"></td></tr>
<tr><td colspan="2">项目经理</td><td colspan="2"></td><td colspan="2">制作日期</td><td colspan="2"></td></tr>
<tr><td colspan="8">二、项目风险管理</td></tr>
<tr><td colspan="8">风险发生概率的判断准则：
高风险：> 60% 发生风险的可能性
中风险：30% ~ 60% 发生风险的可能性
低风险：< 30% 发生风险的可能性</td></tr>
<tr><td>序号</td><td>风险描述</td><td>发生概率</td><td>影响程度</td><td>风险等级</td><td>风险响应计划</td><td>责任人</td><td>开放 / 关闭</td></tr>
<tr><td></td><td></td><td></td><td></td><td></td><td></td><td></td><td></td></tr>
<tr><td></td><td></td><td></td><td></td><td></td><td></td><td></td><td></td></tr>
<tr><td></td><td></td><td></td><td></td><td></td><td></td><td></td><td></td></tr>
<tr><td></td><td></td><td></td><td></td><td></td><td></td><td></td><td></td></tr>
<tr><td></td><td></td><td></td><td></td><td></td><td></td><td></td><td></td></tr>
<tr><td></td><td></td><td></td><td></td><td></td><td></td><td></td><td></td></tr>
</table>

项目风险管理表遵循以下步骤完成：

（1）识别风险要素。回顾之前项目策划 / 任务书中所列的假设和限制——每一项代表一个风险，同时考虑以往项目中出现的问题。华为人在识别风险时始终会遵守三条原则：①不拘泥于眼前事物，用长远的眼光看问题；②不局限于某一方面，全方位、多角度地看问题；③不拘泥于枝节问题，要看事物的本质。

（2）评估风险等级。考虑风险发生的可能性，以及如果发生风险对项目影响的大小，综合这两者结果对风险做出综合评级。

（3）制订风险响应计划。根据风险类型和等级，采取规避、转移、减轻、接受等风险响应计划，并且确定相应的责任人。

第5章 流程化运作

STRATEGY STRATEGY STRATEGY STRATEGY STRATEGY

流程是战略执行落地的核心，企业战略目标只有落实到流程中才能变得可执行。在组织里，任务是通过流程去完成的，命令也是通过流程去下达的，执行其实就是走流程，即所有人都按照“规定的流程”去做事。企业应完善内部流程，科学管理流程，以提升组织执行力。

5.1 聚焦业务规划流程体系

流程规划是企业在流程管理方面，实现从“零碎”管理到“系统性、有计划性”管理、从“无序”到“有序”管理的过程。应从全局视角识别与规划企业的流程，明确业务流程的价值输入、输出，理顺流程运作关系，满足战略执行的要求。

5.1.1 建设面向客户的流程化组织

组织在运营过程中，以客户需求为导向建立流程化组织，可以及时地为客户提供满足其需求的优质产品和服务，同时实现组织运作的高效率。

社会学家布鲁斯·菲利普斯发现，在20世纪70年代末期，美国几大汽车制造商打算生产“满足客户需求的汽车”以占领底特律市场。它们通常会按顺序开发，也就是相关部门严格按部门责任一个接一个地单独完成各环节，其过程为市场部提供调查数据，研发部门设计出“新产品”，然后把图纸转交给工程部。工程部在生产样品时需要重新修正，随后，工程部把样品和数据转交给制造部，制造部在制造过程中为了便于组装新车会重新设计，最后把新产品送交市场部。但是市场部无法卖出去，因为它早在几年前就过时了。而日本汽车制造商从设计到生产出成品只需要美国汽车制造商一半的时间，结果日本汽车顺利地占领了底特律市场。

由此可见，尽管美国汽车制造商想生产“满足客户需求的汽车”，但它的组织结构并没有面向客户需求，而是各自单独完成任务，导致最终生产的产品满足不了客户的需求。

任正非指出：“我们建立了以客户需求为导向的公司发展目标。为了满足这个需求，后面所有的组织建设都应该是流程化的，这样才可以快速响应，同时又保持低成本。围绕这个目的来进行组织建设，需要什么就保留什么，多余的组织及人员都要裁掉，这样就会高效、低成本。”

因此，华为对其管理模式进行了调整，在外部咨询团队的帮助下实现了流程化的组织建设，落实了岗位职责，实现了从端到端的、快捷有效的管理，从而充分确保每个管理环节都能够积极指向客户和绩效。

相较于传统的组织结构，流程化的组织结构的特点是“分中有集”，一线拥有更多调动资源的权力。

在观看滑冰比赛时，我们可以发现矮个子的表现通常要比高个子的好，原因就在于矮个子重心低，不容易摔倒。金字塔形的组织结构也是如此，如果层级过多就会导致决策者与客户相距甚远，而能够直接面向客户需求的一线员工，却少有决策权。因此，要想能够快速地响应客户需求，及时地应对市场变化，就得降低组织的重心，减少层级，加大放权的力度，使一线拥有更多的权力。

因此，华为强调组织运作将从以功能为中心向以项目为中心转变，将决策重心下移，让驱动公司增长的发动机从领导者和机关变为一线团队。通过改革，逐渐在授权方面取得了一定的成效。2013 年，运营商 BG 向一线共计授权 45 项，但其中可能有些授权没有承载在流程中，是不合理的，可能会被收回。因此，需要进一步思考如何沿着流程实现向一线授权，使权力固化在流程中。

总的来说，在组织管理中，沿着流程授权、行权和监管的组织就是流程化组织。将组织变成流程化组织，所有员工面向流程，实际上就是面向客户。这样的架构能激发每个个体的主观能动性。因为只有客户的需求不断地激发个体，像脉冲一样“冲击”整个组织，组织才能真正具有生命力，也能在不断满足客户需求的过程中得到发展。企业要想提升战略执行力，就得重视管理，建立流程化组织，摆脱对人为管控的依赖。

5.1.2 流程要完整地反映业务本质

在企业的各种流程中，每个高一级的流程都是由低一级的流程构成的。每个流程可以细分为各项作业，每项作业再往下细分，又可以细分为相互联系的任务。流程通过层级划分，可以逐级降低复杂程度，使流程管理趋于清晰化、精细化。

企业的流程可以归纳为三大类：战略经营流程、业务流程和管理支持流程，如图 5-1 所示。其中，战略经营流程是围绕企业主经营计划的管理流程，业务流程是围绕企业主要价值增值部分的流程，而管理支持流程是协助企业业务开展的辅助流程。

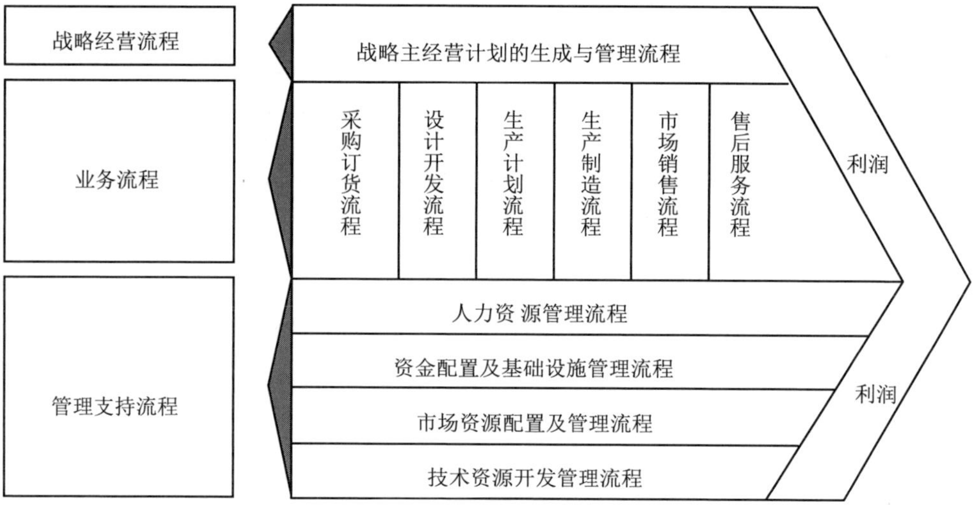

图 5-1 企业流程的类别划分

哈默曾经对组织流程的界定有一个观点：企业向以流程为中心转变并非意味着要重新创造或发明一套流程，流程本就存在于组织之中，只是没有被深刻理解和充分重视。正如许多企业引入流程管理的过程，做好了流程规划和制度梳理，在各职能部门发布了相应的流程规划文件，这些文件、制度看似规范工整，却没有明显改善组织的流程运作现状。各职能部门对流程的认知和理解不一致，对流程规划相关文件的认识不统一，工作表述方式也以自己所在的部门为主，导致一些需要跨部门、跨岗位的流程，出现了职责重叠或责任不明确的情况，显然流程规划与业务脱节，可操作性也无法保证。

流程是业务发展的载体，企业引入的各种管理理念、制度，建立起来的种种管理体系，会通过流程的整合与集成，形成对实际业务运作的指导，从而推动业务的发展，实现战略目标。因此，任何流程，必须能够完整地将业务本质反映出来，业务中的各要素及其管理不能独立在流程体系之外，业务的质量、运营、内控、授权、财经等要素都需要放到流程中去，实行“一张皮”运作。

企业在进行流程规划时要以业务为导向，根据业务需求和目标规划设计整个流程，从而使业务和流程融为一体。各部门在执行层面要以业务流程为准，要认识到流程是为业务服务的，业务发展要按照流程进行，要促进流程高效运作。

在进行基于业务的流程规划时，对每个流程的节点要附加一些诸如管理体系的要求、时间要求等属性信息。通过增加这些属性信息，一方面业务流程执行层面的工作人员可以清晰地知道流程节点上的时间和管理要求，明确流程工作的具体节奏；另一方面，各管理体系上的维护人员可以根据附加的信息，更好地监控管理体系的落实情况。

同时还需要注意，流程规划工作要跳出局部，站在全局的视角审视和理解流程，要把握好业务流程与企业整体流程体系的关系，以及各业务流程间的对接关系。一旦流程规划团队不能从全局视角考虑流程规划时，就会产生如表 5-1 所示的问题。

表 5-1　非全局视角下流程规划易产生的问题

问题	具体描述
流程冗余或遗漏	由于业务活动划分不清晰，不能准确地将活动归属为某个分段流程，可能导致分段流程有重叠或遗漏了某项活动
流程推行不顺畅	各部门对流程的理解、执行的精细化程度、描述的口径存在差异，导致跨部门横向业务流程的推进不顺利
流程间关系不清晰	只关注了业务流程的内部，忽视了业务上下游流程间的关系

以业务为导向规划流程体系，需要在各分段流程现场识别问题，避免美化流程。为了让流程描述与业务贴近，要跟踪记录每个环节工作人员的具体工作内容，精细化到每个动作和所用时间。例如，跟踪记录库存管理系统工作人员

一天的 8 小时是如何工作的，加班的时间具体是多久，为什么会出现加班情况等。图 5-2 描述了以某公司为例的基于业务导向的流程管理。

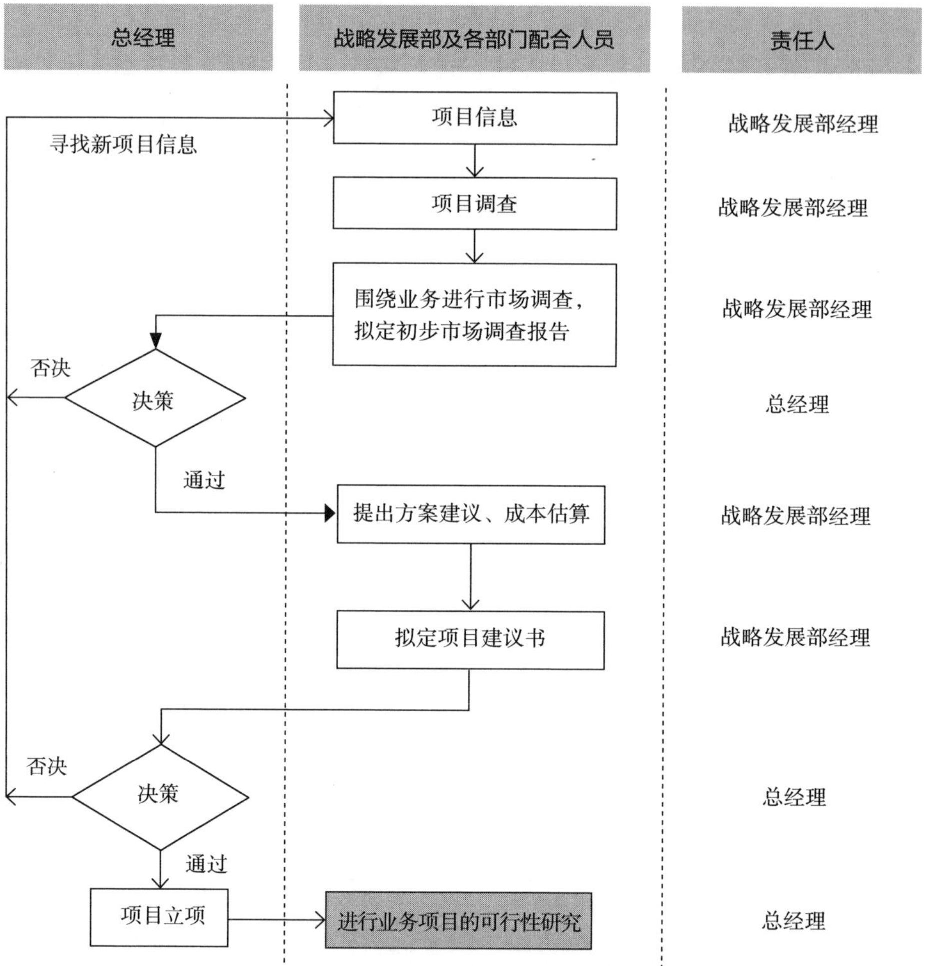

图 5-2　某公司项目投资流程图（以业务为导向）[1]

由图 5-2 可知，记录得越详细，越能在这些琐碎的行为中发现问题、分析原因，最终提出合理高效的解决方案。同时要注意，在流程规划的过程中，要多一些分析维度和信息，形成融合各管理制度和体系要求的业务流程体系。

流程是对业务流的一种表现方式，越能满足业务需求的流程，运行就越流

1 王玉荣，葛新红著 . 流程管理 [M]5 版. 北京：北京大学出版社，2016.

畅，执行效率也会越高。如果流程背离了业务流，反而会影响业务的开展。企业规划流程可以遵循的思路是：流程里只有业务，看不到部门；在流程中只定义角色，组织要来承载流程角色。如果流程能够很好地反映业务流，则不需要频繁地对流程进行优化。

5.1.3　围绕最大价值流设计流程分支

随着移动互联网时代的到来，颠覆式创新、变革转型逐渐成为企业努力的主要方向。而企业在创新的过程中，依然坚持流程管理的标准化和规范化，无论对流程进行创新改进还是提高某些环节的流程标准化，最终都要回归到流程为客户、为企业创造价值的本质。

在设计和规划流程时，应该从流程本质入手，不断思考流程的客户是谁，从为客户、为企业创造价值的视角设计流程。这种围绕最大价值流设计主干和分支流程的模式，其实质是以客户需求和业务导向为基础，重构企业价值链。

华为与终端商合作的过程就是围绕最大价值流设计主干流程和分支流程，并将供应链纳入价值流的一个过程。通过共同生产高质量的产品来满足客户需求，围绕客户、企业和供应商共赢的原则规划流程。

任正非强调，要采用最好的终端产品，例如用最好的镜头，采用最好的计算能力，才能整合成最好的手机，这就需要贯通供应商的流程，围绕全业务的最大价值流与供应商合作。因此，他强调要将华为的研究系统和战略合作供应商的流程平台全打通，实现全面融合，共同分享利益。

同时，华为还积极采纳借鉴了行业内将供应链纳入全业务流程体系的方法，在采购流程上，华为逐渐摒弃标准的 PO 采购下单方式，将灵活的采购流程融入具体的工作中，如一揽子订单、供应商管理库存、JIT 采购等。

华为积极与供应商共建同盟关系，在此基础上构建贯通的主干和分支流程。在流程管理方面，华为还重新制定了基于与供应商合作的新的流程标准，提升和优化供应商能力，通过流程汇集最佳资源。

需要注意的是在围绕价值流构建组织内部流程体系时，要尽量在流程层级上减少中间层，主干流程围绕业务和价值链统筹布局，分支流程的设计应减少非增值环节，提高执行效率。

流程运作是组织经营的主线，与组织经营相关的一系列制度、理念和配套机制也会根据流程价值需求进行配置，因此造成成本浪费、不能创造价值的分支流程不应该存在。

在移动互联时代要构建客户全程参与互动的流程体系，需要打通各分支环节的客户互动渠道，提供与客户良好接触的平台，在各个接触点都给客户良好的体验。首先，分析研究客户的行为习惯，梳理全流程上有哪些环节是能够与客户互动的；其次要建立信息共享平台，实现分支环节客户参与的信息共享，从而使每个关键接触点的客户体验能够被实时监控，更高效及时地响应客户需求。

美团成立初期，一个大区经理管三四十个城市经理，公司高层的各种想法，基层员工不知道，而基层发生的事情，公司高层也无法及时了解。因此，美团进行了组织架构的调整。很快，全国八大区、纵向两至三层结构的地面作战队伍搭建起来。这种组织架构能够连接大脑和距离最远的神经末梢，反应灵活，执行力超强。

2014 年，美团创始人王兴提出了 T 型战略（一横是团购、外卖等产生流量的平台业务，一纵是酒旅、票务等变现业务）。随着横向业务线不断扩张，公司沟通、决策与价值传导流程都在复杂化。因此，公司组织能力也需要进行快速迭代，从 2016 年到 2018 年，美团一共进行了四次组织架构的调整。

2018 年，美团提出了“Food+”战略，在快驴、RMS 等和餐饮相关的业务上构筑核心竞争壁垒。此时，美团再次进行组织架构调整，形成两大平台（用户平台、LBS 平台）、两大事业群（到家、到店）、两大事业部（快驴、小象）的格局。

美团将原来按业务划分的事业群改为按场景划分，分设到店事业群、到家事业群、小象事业部和快驴事业部，同时新设用户平台和 LBS 平台。按场景划分事业群，可以增加不同业务相同场景间的协同，有利于业务的垂直深耕，将用户流量上升为公司层面整体去经营和管理，有利于平台战略的实现。

因此，企业应围绕最大价值流设计和规划组织的流程体系，理顺企业的经营管理框架，为创造价值匹配资源，逐步在企业内形成价值创造的流程与资源组合系统，从而满足客户需求和企业业务发展需求。

5.2　实现端到端的流程贯通

“端到端流程”指的是以客户、市场、政府机构及企业利益相关者为输入或输出点而形成的一系列连贯、有序的活动的组合。疏通端到端的管理路径，可以确保流程的整体性，以发挥出最大的作用。

5.2.1　流程化管理的目的是提高效率

流程是企业经营管理的主线索，经营系统上的资源都是根据业务流程需求，以业务流程导向进行布局和配置的。可见，企业经营系统是建立在流程框架基础上的。因此，流程体系的运作效率决定了企业运营效率，流程存在的目的是提高效率、创造价值。

众多企业的流程管理往往是问题导向的，即为解决经营问题而建立起来的没有系统整合的流程，这种流程也许能够解决企业经营遭遇的某个问题，但未经整体梳理和设计，管理的可控性较差。

同时这种临时性的问题解决流程，通常依赖各职能部门的拉通和执行，而各职能部门设计的子流程之间缺乏有效衔接，甚至存在重复活动和空白地带。因此，企业的流程设计和梳理能力不高，流程执行起来也不够顺畅，容易导致企业的经营效率相对低下。

为提高流程设计能力和企业经营管理的效率，需要常常对流程体系进行梳理和优化，及时发现流程运作过程中的不合理环节和问题。通过梳理关键流程的具体运作环节，厘清业务流程内部的脉络，梳理出最大价值流，删减不能产生价值增值的冗余环节。

梳理业务流程主要是为了能够实现以下几个目标：

（1）从全局视角了解企业现有的业务流程，将隐藏的流程显性化。

（2）更全面地了解企业业务的处理方式和方法，为分析业务并进一步做出优化和调整做准备，使流程运行线路更加合理。

（3）了解企业对业务流程和管理手段的需求，即确定在哪些环节和管理上需要改进，以及应该达到什么目标。

（4）使部门与部门之间、岗位与岗位之间、活动与活动之间的接口清晰化。

（5）使流程岗位职责清晰化，也让流程操作的相关人员能够达成共识，便于流程管理工作的开展。

流程梳理强调一方面将企业内部仅凭经验、习惯进行操作的隐性流程，逐步转变为固化的流程；另一方面强调对不完整、不清晰的流程进行分析、清理和确认，逐步改善流程，目的是提高流程运作效率。图 5-3 描述了流程梳理的目的和意义。

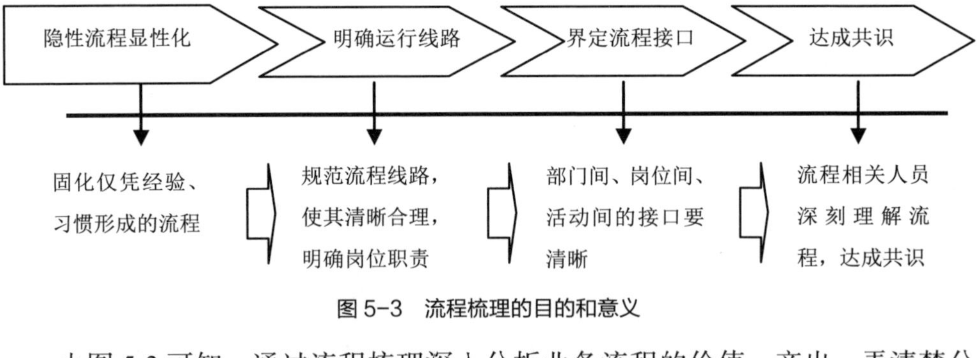

图 5-3 流程梳理的目的和意义

由图 5-3 可知，通过流程梳理深入分析业务流程的价值、产出，弄清楚分支流程的运作线路是否清晰合理，是否有明确具体的责任划分，即流程梳理强调对模糊流程线索和职责清晰化、明确化。当然，要注意流程梳理要有实际的产出和效果，不能为了梳理而梳理。例如，对于运作线路已经十分清晰且简单的流程，责任划分明确，流程运作也没有任何问题，这类流程就不需要再梳理了。

在进行流程梳理时，首先要明确问题或梳理需求，其次根据流程梳理需求组建梳理项目小组，随后制订项目计划，明确通过梳理要达到什么目标，得到什么产出，设定梳理过程中的关键节点和时间计划，从而保证梳理质量。最后召开流程梳理项目启动会议，对具体的梳理工作进行说明。

5.2.2　遵循端到端的流程设计思想

管理的目的是从端到端以最简单、最有效的方式，实现流程贯通。所谓的端到端，就是从客户的需求端来，到准确及时地满足客户需求端去。

某企业的人力资源部屡次接到员工的投诉，投诉的内容是奖金发放不及时。负责该工作的人力资源部主管却认为奖金发放流程本身没有问题，平时都是严格按照奖金发放流程来执行的，因此不该由他们承担责任。后来，经仔细分析发现，奖金发放不及时主要有两个原因：一是每月奖金核算数据交到人力资源部的日期不确定，经常有延误现象；二是业绩核算方法频繁变化，当数据不正确时，来回反复确认工作非常耗时。而奖金核算部门认为人力资源部并没有对核算的时效做出一个明确的规定，人力资源部不能将存在问题的数据及时反馈到核算部。

这个案例说明了端到端管理流程的必要性和重要性。要满足及时发放奖金这一需求，不仅包含奖金发放流程，还有奖金核算流程。因此，单纯地强调奖金发放流程是不够的。只有把开始核算数据到奖金下发到员工账户看成一个完整的端到端流程，才能有效地解决此问题。

端到端流程是企业流程的大动脉，从全局的角度来组织内部流程的大流转，注重的是系统性和整体性。从客户中来到客户中去的端到端流程强调，从客户需求出发，经过一系列流程运作活动，最终让客户满意。其中从客户需求出发，不仅要基于外部客户的业务需求视角，也包括组织内部客户，即将组织内流程的下一环节看作客户。因此，以满足客户需求为出发点，并在末端实现客户满意的端到端流程在运作的各个环节都要有良好的产出，衔接顺利，不存在重复环节，进而提高端到端流程的运营效率。图 5-4 阐述了端到端流程的运作过程。

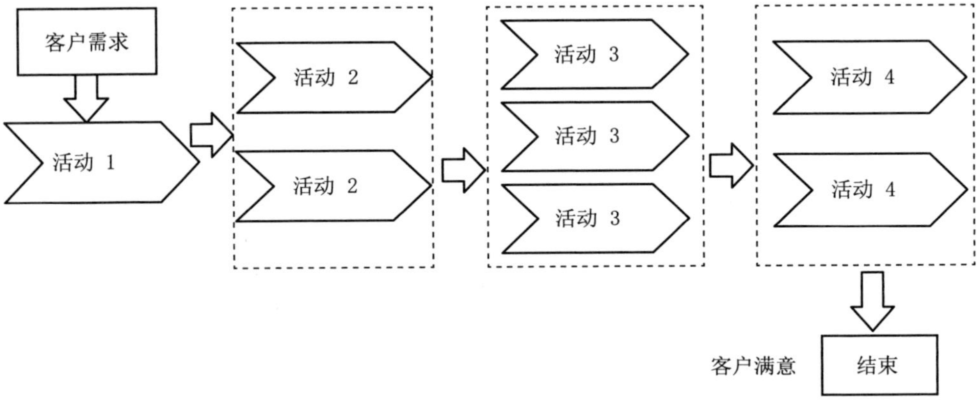

图 5-4　端到端流程的运作过程

企业的端到端是以相关利益者需求为输入，以所有相关利益者满意为输出的流程，流程相关方共同实现目标和产出，达到整体最优。因此，端到端流程的本质是站在全局的视角，提供战略导向的系统管理，追求企业的整体最优，而非局限在各职能部门、各分支环节利益最优的思维中。图 5-5 显示了某企业战略导向的整体流程框架。

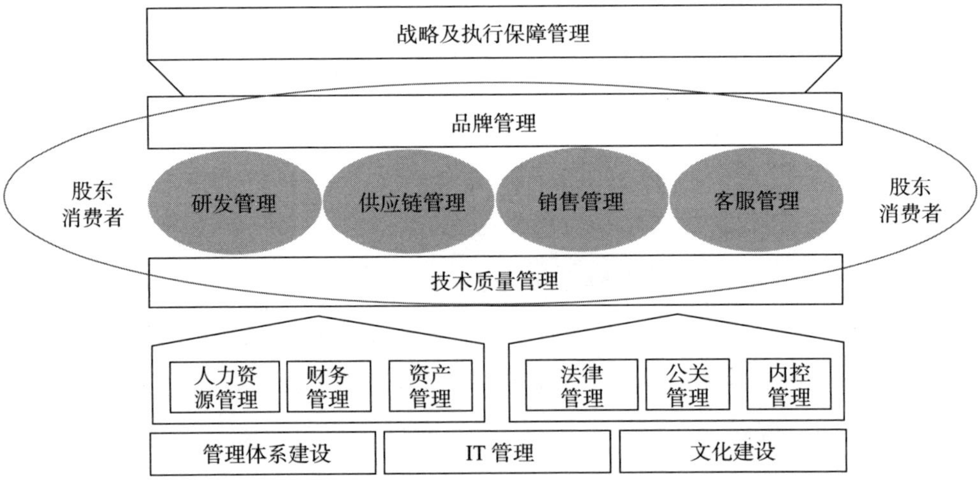

图 5-5　企业整体流程框架（示例）[1]

1 王玉荣，葛新红 . 流程管理 [M]5 版．北京：北京大学出版社，2016.

为促进端到端全流程贯通运作，保证每个环节高效产出，实现整体最优，需要对端到端流程进行梳理。通过梳理促使分支流程的运行线路清晰化，明确各环节责任人，分析各层级流程的联动管理能够产生什么价值，是否符合客户需求或下一道工序的需求等。流程梳理人员可以采用提问式思考的方法，具体问题如下：

（1）业务部门各岗位之间需要联动管理吗？为什么需要？有什么价值？迫切吗？为什么迫切？

（2）集团、分支机构的生产需要联动吗？当前的管理水平是否达到了？时机正确吗？

（3）需要把职能部门、业务部门联动起来吗？当前的管理水平是否达到了？时机合适吗？有什么价值？迫切吗？为什么迫切？

（4）和供应商之间的跨企业流程需要怎么样加强？这个生产流程是否需要一直延伸到客户甚至客户的客户那儿？当前的管理水平是否达到了？时机合适吗？有什么价值？迫切吗？为什么迫切？

华为的集成供应链就是端到端的流程。集成供应链的端到端运作，促进了华为与内外部客户及供应商等所有流程相关者的利益实现整体最优。图 5-6 描述了华为集成供应链端到端流程的运作模式。

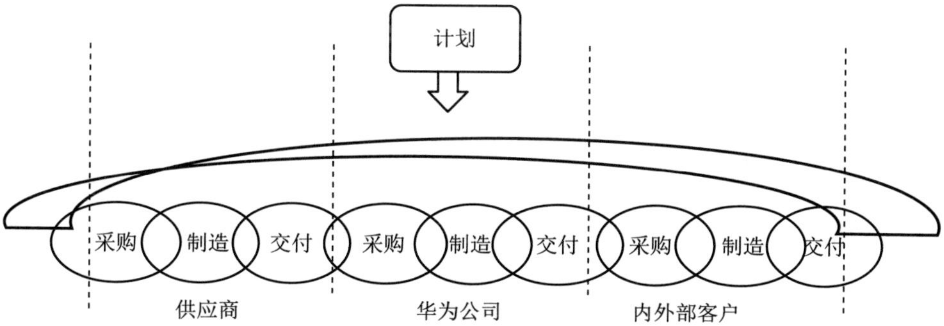

图 5-6　华为集成供应链端到端流程的运作模式

华为通过集成供应链端到端流程的贯通，促进企业内外部客户及供应商的合作共赢，有利于其在市场竞争中占据有利地位。

无论企业的组织结构、服务流程怎样完善，终极目的都是为客户服务。只有沿着客户价值链，打通端到端的流程，才能更好、更快地响应客户需求，为客户提供有针对性的服务。

5.2.3 分析关键节点，设计完整流程

在流程梳理过程中，需要收集详细的流程信息，以确保梳理工作的有效性。通过流程文件、工作描述、工作记录、绩效分析报告、日常流程问题记录、客户调查报告等收集业务流程运作的信息，明确流程运作的现状，分析存在的问题和可改进的活动，并制作成流程梳理分析表。通过具体的信息收集和分析，一方面找到流程运作中的关键控制点，另一方面为尚未成文的流程提供规划和设计的思路和参考文件。表 5-2 介绍了流程梳理分析表包含的内容。

表 5-2　流程梳理分析

<table>
<tr><td colspan="2">流程客户</td><td colspan="2"></td><td colspan="2">流程所有者</td><td colspan="2"></td></tr>
<tr><td colspan="8">流程目标：1.
2.
……</td></tr>
<tr><td colspan="8">岗位职责：
1.
2.
3
……</td></tr>
<tr><td colspan="8">流程的上下端流程：</td></tr>
<tr><td rowspan="2">序号</td><td rowspan="2">时间点</td><td rowspan="2">活动名称</td><td rowspan="2">具体工作描述 / 管理原则 / 经验点 / 工作质量要求 / 异常问题处理</td><td colspan="3">问题描述</td><td rowspan="2">相关文件（制度 / 操作手册 / 模板 / 表格）</td></tr>
<tr><td>问题</td><td>原因分析</td><td>重要度</td></tr>
<tr><td>1</td><td></td><td></td><td></td><td colspan="3"></td><td></td></tr>
<tr><td>2</td><td></td><td></td><td></td><td colspan="3"></td><td></td></tr>
<tr><td>3</td><td></td><td></td><td></td><td colspan="3"></td><td></td></tr>
<tr><td>4</td><td></td><td></td><td></td><td colspan="3"></td><td></td></tr>
<tr><td>5</td><td></td><td></td><td></td><td colspan="3"></td><td></td></tr>
</table>

续表

6					
7					
8					
……					
备注：以上内容按照流程的先后顺序填写，并且将工作细化。					

根据收集到的流程信息进行梳理和分析，在梳理和分析的过程中，识别流程运作的关键控制点，明确关键流程的责任划分，并对问题流程加以改进，设置有效的流程节点。图 5-7 描述了流程关键控制点的梳理和分析过程。

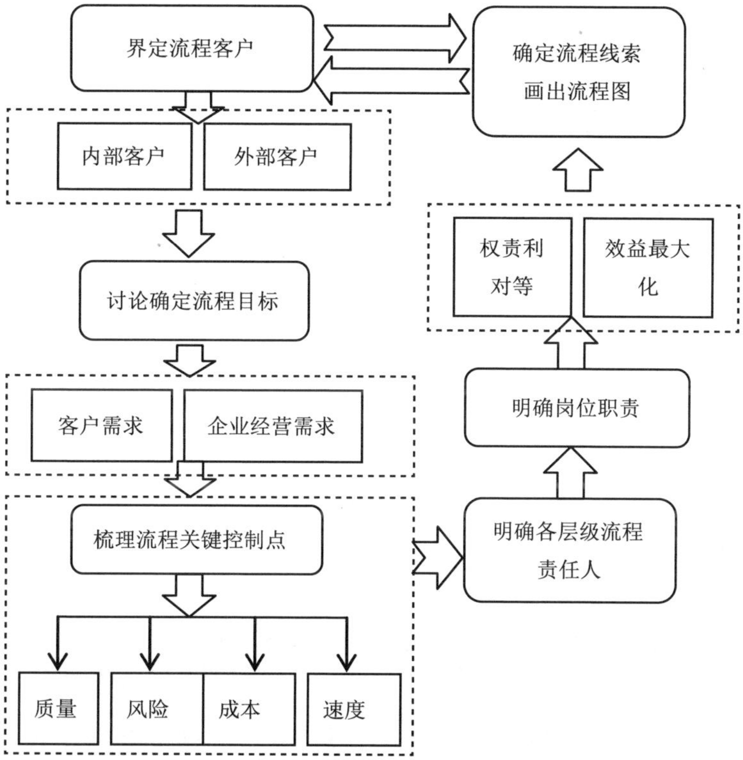

图 5–7　流程关键点的梳理和分析过程

由图 5-7 可知，首先要界定流程的客户，对客户的识别不能仅关注前后端的客户，而应站在全流程的视角确定流程的内部客户和外部客户，并收集客户对流程运作情况的反馈意见。随后研讨并确定流程最终要实现的目标，并从客户和企业的目标达成两个视角进行梳理和分析。

目标确定后要将其分解为可量化的分段流程目标，并找出各层级流程的关键控制点，在流程质量、成本、进度等方面精确测量。根据各层级流程的关键控制点，任命合适的流程责任人，明确岗位职责，在流程梳理工作结束后形成流程图。这样，一方面为业务流程提供了简明的工作指导，另一方面通过流程图的演绎可以进一步改进和优化业务流程。流程图的呈现要尽量简洁明了，活动发生的逻辑应该按照先后顺序进行布局，尤其要注意的是各个关键流程控制节点的分层标准要一致，从而为流程参与者提供简单易理解的操作指示。

通过收集流程信息，梳理分析流程运作的关键控制节点，最终的目的是呈现一套可落地执行的业务流程。

5.3 规范化的流程管理

规范化、标准化的流程能够保证企业战略执行过程中各个环节的质量，减少问题的出现，提高业务运作的效率。越是大型复杂的业务运作越是需要清晰的、标准化的流程。

5.3.1 将重复的流程标准化

华为曾经在组织内部推行标准化和规范化，并强调规范管理的关键是工作模板化。流程工作形成标准化后，新员工通过学习模板和相应的章程进行工作，减少员工完成任务所需的时间，少走弯路，从而提高组织整体的工作效率，推动管理进步。

要将重复运行的流程和工作标准化，首要环节是明确流程上各个岗位的操作标准，即制定一份完善的岗位标准化工作指南——检查表。这份岗位操作指南将操作流程规范固化下来，向各层级流程的工作人员提供了指导并为其确定了一套标准。岗位标准化工作指南的特点如下：

（1）岗位标准阐述具体清晰，不笼统；

（2）汇集了过往的优秀工作人员及优秀流程的经验和教训，避免发生重复的错误；

（3）使用简便，员工根据自己的工作内容对照检查表逐项检查即可；

（4）通过检查表的不断优化和完善，能够为曾经看似难以标准化的流程和例外事物提供标准化流程。

岗位标准化工作指南与流程的标准化存在密切联系，通过长时间基层流程的岗位标准化，哪怕看似很难标准化的工作也可以逐渐分析出一套清晰的操作流程。即使是经常面对例外事件处理突发情况的流程管理人员，也能够通过检查表的不断完善形成一个标准化的流程，逐渐将例外事件转变为例行工作。

岗位标准化工作指南中提供的指导性流程，汇集了企业过去经典流程的经验，因此，每次业务完成后对流程的回顾和反思环节将会成为下一个流程及检查表设计的参考资料。可见，行动之后的反思（After Action Review，AAR）环节十分重要。表 5-3 简要介绍了 AAR 模板的内容。

表 5-3　AAR 模板[1]

AAR 名称	××流程（活动或项目）的 AAR			
参与人员名单				
模板填写人		填写时间		
AAR 记录				
主要工作、活动	预期目标	实际完成情况	预期与实际的差距原因分析	改进建议

由表 5-3 可知，AAR 这一环节是结合技术和人员的快速报告的有效过程，为流程管理团队提供在过去的成功和失败中得到的经验和教训，以便改进未来

1 王玉荣，葛新红 . 流程管理 [M]5 版 . 北京：北京大学出版社，2016.

的表现。AAR 通常可以应用在业务流程的阶段性工作、整个项目结束后，或者流程中一些重大问题、疑难问题解决之后。在 AAR 环节，相关负责人组织大家根据模板形成文件和案例。如果 AAR 固定在制度中，还可以与奖金和绩效挂钩，以便更好地维护和调整岗位标准化工作指南，从而逐步行形成标准化的工作流程。图 5-8 描述了结合检查和 AAR 的流程标准化形成路径。

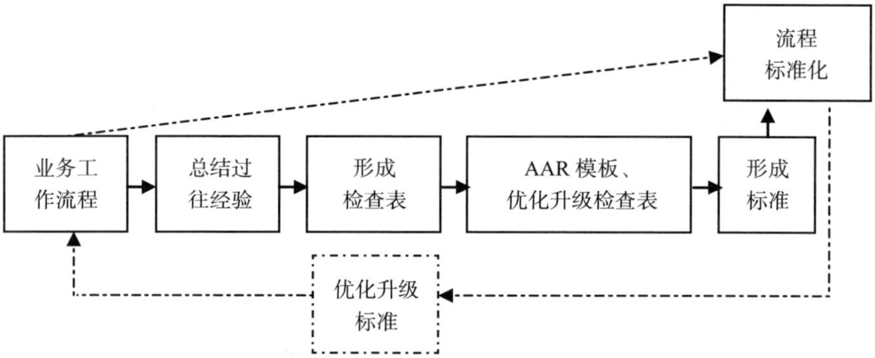

图 5–8　流程标准化形成路径

由图 5-8 可知，在业务流程的运行过程中，要在阶段性流程或全项目流程结束后，展开经验教训总结和案例分析，形成流程上各个具体岗位的标准化工作指南和行动之后的反思模板。通过 AAR 模板不断优化完善岗位标准化工作指南，逐步形成全业务流程的标准化操作，并在这一过程中不断优化升级流程标准，提高流程运作的整体效率。

5.3.2　维护流程的权威性

将流程标准化之后，企业就要搭建以业务流程为主线的、条例清晰的、层级分明的分类分级的流程制度文件架构，实现流程管理的制度化、规范化，维护流程的权威性，让员工在战略执行过程中严格以流程制度为工作标准，提升工作效率。表 5-4 比较了高质量和低质量流程文件的差别。

表 5-4 高质量和低质量流程文件的对比[1]

高质量流程文件	低质量流程文件
岗位工作根据流程管理制度、文件指导具体工作，对人员的依赖程度低	岗位对人的依赖程度高，人才的流失会使业务流程产生较大的波动
能够让员工深刻理解业务主干流程，迅速掌握岗位所需知识和具体的操作要求，并实现独立操作	员工仅能够掌握表面知识，对于岗位上的异常事件处理、活动管理原则等只能求助其他岗位，尚未内化为自己的知识
能够将好的工作经验加以提炼、固化和传播，帮助新员工迅速成长	隐性知识和经验尚未固化成流程文件和制度，随着人才的流失，经验也会消失，新员工一切要重新再来
流程工作能够形成表单等方便阅读理解的文本形式，流程工作效率高，质量有保障	尚未形成统一的工作方法，流程工作人员依然采用自己的方式，整体效率低下，质量无法保障

由表 5-4 可知，流程文件一方面能够为员工提供具体的工作指导，另一方面能够细化到各流程岗位上，形成工作标准。一份完善的高质量的流程文件，不仅能够让员工深刻理解业务流程的主干线索，还能清晰地阐述具体的操作要点。这样的流程文件才能保证流程高效落地执行，同时能够帮助员工快速完成工作任务。

将业务流程总结梳理成制度化、文本化的内容并不容易，编制流程文件的工作人员对业务流程的理解程度和经验直接影响了流程制度文件质量的高低。低质量的流程文件浮于表面，不仅不能起到切实的指导作用，而且会对新员工理解业务流程产生一定的偏差，不利于流程的规范和落实。因此，重视编制流程文件的过程，对于规范流程、提高流程整体的运作效率至关重要。将流程编制成完善的、高质量的流程制度文件应该做到以下几点：

（1）将流程活动细化，按照逻辑详细描述；
（2）把握好活动的颗粒度，把握好重点；
（3）将重要流程的目的描述清楚，便于流程操作者理解背后的原理；
（4）提炼重点的岗位知识点和操作要点，减少新员工不必要的摸索；
（5）将例外事件处理过程尽量文本化，提高流程的应变能力；

1 陈立云，金国华．跟我们做流程管理 [M]．北京：北京大学出版社，2010.

（6）用语规范、通俗易懂、逻辑清晰，能起到指导作用；

（7）与其他流程的接口要清晰。

通过将各层级流程操作制度化、文本化，逐渐形成从末端操作规范到各层级流程分解，再到主干流程规划原则的一整套文本化的流程管理制度体系。图5-9描述了流程制度文件的整体架构。

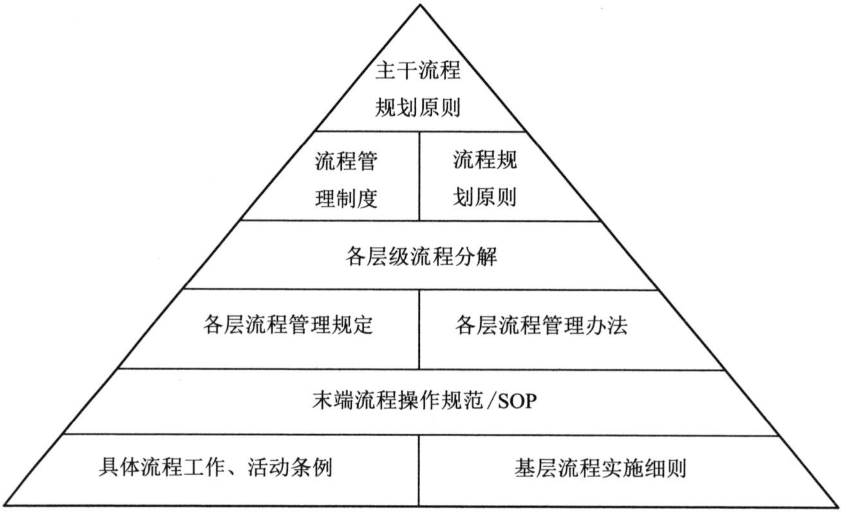

图5–9　流程制度文件的整体架构

通常主干流程层的流程文本相对末端流程文本内容更简洁，逻辑更清晰，通过简洁化的流程文件描述提高其流通速度。而末端流程涉及具体的工作规范和活动操作，文件描述应该尽可能细化易懂，真正起到指导作用。因此，在流程制度化、文本化的过程中要根据业务流程所处层级编制文件，实现流程文件与实际运作相匹配。

5.3.3　强化遵从流程的规则意识

许多企业其实并不缺少流程制度和规则，但是组织运作效率仍然得不到有效改善。之所以出现这种情况，是由于企业重视流程制度和规则的拟定，却对后续的制度执行、规则遵守、规则改进等没有持续监控和关注。因此，企业对于流程制度和规则的管理要伴随业务流程运作的全过程，强化员工遵从流程的规则意识，提升组织执行能力和工作效率。

麦肯锡纽约分公司的一面墙上写着这样一句话："Once there is one exception occurs,there will be exceptions occur one after another,more accidents will become routine and habits." 其大意是：一旦有一次例外发生，便会有接二连三的例外发生，意外多了，就会成为常规和习惯。

企业的员工一旦容忍工作中有意外发生，并且习以为常，那么他将逐渐失去规则意识，一切以自己的工作情况为主，不考虑企业对于整体的要求，长此以往，将给企业造成巨大的伤害而不自知。

麦肯锡公司为客户提供咨询服务的时候，往往需要在客户的企业中做一定的调研工作，在这个过程中不断修改咨询方案并进行深入管控。所以在咨询工作开始之前，麦肯锡公司的咨询顾问需要在客户的企业或工厂生活一段时间。

有一次，麦肯锡公司在佛罗里达做咨询工作，新入职的咨询顾问弗朗西斯回到员工宿舍之后，发现自己晒在客户员工宿舍阳台上的衣服不见了。

弗朗西斯想："一件衬衫竟然也会被偷，这家企业确实需要好好整治一下了。"就在他气恼之时，他的室友，也是麦肯锡的资深咨询师里昂走了进来，手中正拿着弗朗西斯失踪的衬衫，边走边说："嘿，伙计，这里有专门的晾衣间，你在阳台晾晒衣服，会影响宿舍的美观，更会影响客户对我们的评价。我们来这里便是为客户塑造规矩的，所以我们自己一定不能破坏规矩啊。"

弗朗西斯听后，尴尬地接过衬衫，解释说："我没有发现有晾衣间，这是个意外。"然而，里昂则严肃地摇头说："我们这个行业，需要解决的最大问题便是不让各种'意外'干扰客户的正常经营。如果你不能快点养成规则意识，我很担心你会被踢出项目组，毕竟，老杰夫可是最讨厌拿'意外'说事儿的人。"

企业的员工如果没有规则意识，很大程度上这个员工的责任感也不会很强，反映到工作状态上就会呈现出随性散漫的现象，常常不追究细节，习惯性地以取巧的方式应付工作，认为即使有一点小小偏差也不会影响整体的工作情况，但往往就在最不经意的地方，给公司造成不可挽回的损失。

华为D产品组负责的样板局暴露了基站的问题，导致用户的投诉不断。开发经理立即组织了一个“救火队”赶往东北，去解决客户的问题。

在实地考察并且结合以往的记录报告分析之后，华为“救火队”很快定位出问题所在。为了赶时间，产品组员工想出一个“巧妙”的主意，就是不和交换机连，使用一个测试软件来测试，但没有想到，产品在测试环境中没有出现问题，在生产环境中却大规模地爆发出了各种问题。

华为产品组一次“取巧”的行为造成了如此严重的后果，究其原因，正是这些员工没有坚持按流程进行评审，对规则视而不见，才最终导致问题的爆发。由此看来，企业需要强化员工的规则意识，使其按照规范化和标准化的流程工作，避免投机取巧行为对组织造成难以挽回的损失。

5.4 强化流程执行力

任何管理工作都需要依靠执行过程才能实现目标，流程也一样，只有按既定的规则来执行流程，才能让流程发挥更大的价值。

5.4.1 让流程执行者参与流程设计

当流程规划设计好并在实践过程中通过不断梳理和规范，形成一套可以固化下来的完善高效的流程体系后，执行力就成为决定流程管理体系能否产生预期价值的关键。而流程执行效果如何关键在参与流程工作的人员，能力、个性不同的员工对流程制度的反应会存在差异，对流程制度的执行力度也不一样。因此，在流程关键节点和各层级配置相应负责人时，要根据员工对流程制度的反应，来决定是否应该将其分配到流程岗位上工作。图5-10简要描述了四类面对流程有不同执行力的人。

抵触型 不习惯，不适应，不执行	观望型 查得严就执行，查得不严就不执行
服从型 一定会严格遵守并执行	积极推动型 积极执行并带动周围人一起执行

图 5-10　四类不同流程执行力的员工

由图 5-10 可知，对流程有抵触情绪的员工，对流程带来的原有工作的变化不能迅速适应习惯，倾向于抵触流程的执行和推进。保持观望状态的员工，对流程的执行力度，与流程稽查组检查的频率密切相关，即查得严就执行，查得不严就不执行。服从型员工，相信企业出台的制度和规定一定有其价值，因此一定会严格遵守。对流程持有积极推动态度的员工，或深刻理解流程的本质的员工，能够意识到执行流程意味着什么，不仅自己积极执行，还会带动周围人一起遵守制度和规定。

显然，企业流程的落地程度直接体现在员工的执行力上，员工对流程本质和价值有了深刻理解，会倾向于积极主动地推进流程工作，就像图 5-10 中的第四类积极推动者一样，不仅自己将流程工作落实到位，还会积极带动周围的同事共同推进流程开展。这类流程执行者熟悉并理解流程的运作模式，对待流程工作具有强烈的责任心，在推进流程执行的过程中能够起到十分重要的作用。

然而，大多数企业的流程设计者并非最贴近实际工作、最明白流程运作的人，他们并不知道流程真实的执行情况，也不了解流程运行过程中可能出现的问题，往往根据二手资料，例如访谈、沟通和文本资料进行流程的设计和规划。通过这种方式设计出来的业务流程，是否抓住了关键控制点，其可操作性和效率如何，流程设计者并没有全面评估。

而通常工作在一线的流程执行者对于流程有深刻的理解，他们对于流程运作的细节很熟悉，却没有让他们参与到流程的规划设计和执行方案的制定过程中，他们只负责执行，长期的工作习惯导致他们对流程的思考能力逐渐弱化。

由此可见，要将权力及时授予最明白流程、最有责任心的一线工作团队。他们提出的有关流程的意见和建议经得起实践的检验，能够贴合业务运作需求，而不仅仅追求结构表达和书面形式感来设计流程，因此他们设计的流程能够把握住流程的本质，保证了流程的可执行性和质量。

同时，让流程执行者参与流程设计，就是将更重要和更具挑战性的工作安排给责任心强的员工，能够激发他们工作的积极性，提升执行效率。

5.4.2 制订严谨的流程执行计划

为了确保流程能够被无偏差地精确执行，企业还需要制订严谨细致的执行计划。严谨的计划为流程工作提供了具体指导，将计划制订到各个执行层，也意味着将总目标进行层层分解，帮助流程执行者明确具体的任务，从而保证执行的质量。

在制订和设计流程计划的过程中，要充分发挥所有流程参与者的智慧，让流程执行者参与到计划的制订中。大家在制订流程计划时，势必会加深对流程的理解，意识到计划的目的和重要性。在具体的行动中，就会潜移默化地严格按照计划执行，同时遵守组织内部其他方面的制度和规定的意识也会得到明显的提升。

在流程计划的制订过程中，要明确流程的关键控制节点，通常认为流程运作的高效与否取决于流程中几个关键节点。对于流程上的关键风险点和质量控制点的规定和安排要做出更细致的说明，控制风险，确保质量。一旦流程制度和计划形成，流程执行者要遵守的操作规定和要求会非常多，因此对流程执行者而言，难以兼顾每个流程节点的速度和质量。

此时为了保证整个业务流程的运作效率，需要在制订流程执行计划时就梳理清楚关键环节。简化非关键环节的计划并不意味着非关键环节的工作可以不做，而是通过简洁的计划和操作形式，相对低成本地完成流程工作。对于关键环节的计划文本，还要对其规范性进行审核和批示，通过审批保证计划的可理解性，促使关键节点计划在流程的具体执行中产生最大的价值。

此外，为了保证流程计划得到很好的实施，应该在流程计划制订和执行的过程中，不断完善流程问责制度。

华为通过问责减少流程管理过程中因不按照计划执行而带来的损失，降低计划执行不到位产生的显性成本和隐性成本。图 5-11 描述了在流程计划和执行过程中建立问责制度带来的显著优势。

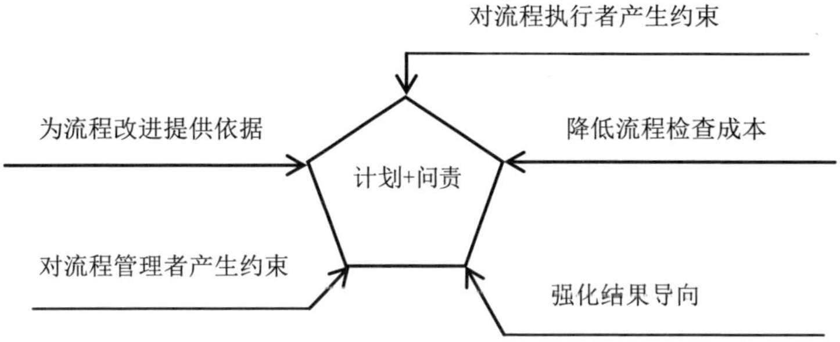

图 5-11　流程计划和问责制带来的优势

由图 5-11 可知，在流程计划和执行过程中建立问责制度，不仅能够对流程执行者产生约束，对各层级的流程管理者也会产生一定的约束，促使流程管理者督促执行者严格按照流程计划进行操作。同时计划与问责制度的结合直接导向流程执行的结果，有利于降低流程检查成本，并在流程执行过程中为流程改进提供了依据。

5.4.3　流程执行中的闭环管理

闭环管理也是流程执行中的重要一步。无论工作任务简单还是复杂，我们都应该认真对待收尾环节，使各项工作任务实现闭环。各层级流程参与者需要对每个工作进行确认，根据实际成果是否达到既定目标来确定流程的调整和完善。通过流程执行过程的闭环，一方面能够提高业务流程整体的工作效率，另一方面能够确保流程各环节工作按时完成。

流程在执行过程中很容易偏离正确的轨道，导致流程执行结果与流程目标相互违背。为此，流程管理者需要采取科学的办法跟踪和掌握流程运行状态，及时发现并处理异常问题，使流程在目标范围内合理运行。企业的流程是一个复杂的系统，很多流程都是跨部门的。大多数时间里，要想掌握流程运行状态必须要多个部门或岗位协力配合才能完成。

以生产流程为例，为了掌握流程的运行状态，需要得到流程管理者、生产部门、质量部门、信息部门等多部门协助，如表 5-5 所示。

表 5–5　掌握流程运行状态的方法

部门或负责人	工作方法
流程管理者	在现场进行实时跟进，特别是关注各个节点的实施环节，及时与员工和部门负责人沟通流程运作问题
生产部门	在下发生产计划后，要对计划的实施和完成情况及时跟进，掌握产品的第一手资料
质量部门	定期或不定期对产品进行抽检，对生产现场进行调研，及时发现问题
信息部门	信息系统及时反映仓库出入货信息，了解订单执行情况；系统显示出生产流程运作信息，了解各节点的完成时间及完成状态

通过各个部门和相关负责人的协助，流程管理者能更准确、快捷地实现对流程状态的跟踪，及时掌握和发现流程各个节点的实施状况。

在流程执行中实现事事闭环，从而扩展到业务流程整体的闭环，提高组织流程管理体系运作效率。流程执行中的闭环管理要遵循的原则如下：

（1）流程系统整体性。强调分支流程要服从总流程目标，保证流程最终目标的一致性。

（2）明确分工与职责。某项流程工作具体由哪个部门办理，按照什么操作标准，什么时间完成，结果如何，存在什么问题，取得什么经验等，都需要在执行过程中明确，并做好记录，便于改善和总结。

（3）严格按照流程制度考核。流程执行各环节必须按照要求完成流程工作，实现闭环，将流程闭环与绩效考核挂钩，提高流程执行效率。

每个独立部门的内部运作事事闭环，项目整体流程中的各个环节也都形成了闭环链条，在流程执行链条上精准高效地完成每个阶段的工作任务。因此，良好的流程执行闭环，不仅是每个业务流程顺利结束的标志，也意味着新的业务流程开始，通过流程闭环，业务流程工作实现可持续管理。

5.5　流程检查与不断优化

流程的设计和运行是一个持续渐进的过程，必须通过流程审计等工作，发现流程中的不足，为流程优化与持续改善提供依据。

5.5.1　成立专业的流程审计团队

在具体的流程工作中，要确保业务流程的深入实施，有必要引入流程检查工作小组。通过对流程进行考核与审计来检查流程的运作状况，一方面针对业务流程测评结果优化奖惩机制，另一方面通过流程审计梳理出流程关键点，从而加强对关键节点的控制和优化，实现从目标设定、监控指导到再优化的闭环管理。

对业务流程进行审计是在充分理解流程本质和价值核心的基础下，利用相关的审计准则对流程管理体系进行客观、合理、有效的评估，通过审计和检查发现流程问题，并形成反应流程执行实际情况和问题的文件。因此，流程审计的关键在于发现的问题和得到的结果，通过流程审计发现的问题和瑕疵应该是有价值的、与业务本质相关的。

尽管流程审计小组深入业务单元检查的主要目的是识别问题，提供合适的解决方案，寻求流程问题的改进和优化，然而，系统的、高质量的流程审计过程并不是随意开展的，而是按照流程审计计划，组建专门的流程审计工作小组，启动审计项目。因此，流程审计团队的工作质量和审计过程的效率决定了流程审计的效果。表 5-6 简要描述了流程审计团队的工作准备。

表 5–6　流程审计团队的工作准备

具体步骤	准备要求和注意点
步骤一： 成立审计小组	由流程管理部门和分管流程管理的高管，选定流程审计组长，审计组长应具备审计员条件，至少参与过企业流程审计作业两次以上
步骤二： 选定审计成员	审计组长按照审计目的、项目、范围或部门，选择具备条件的审计小组成员，通常为 3 ~ 5 人。审计员应受过专业机构培训，具备审计准备、现场审计、将观察结果形成文件的工作能力

续表

具体步骤	准备要求和注意点
步骤三： 召开审计前会议	在流程审计前，组织审计员召开审计前准备工作会议，讨论流程审计行程的安排，确定审计目标、范围与标准，明确各环节审计责任
步骤四： 拟定审计日程表	审计组长根据职能分配表及相关标准的要求编制审计日程表
步骤五： 与被审计流程环节协调审计行程	审计日程表编制完成后知会被审计部门日程安排，双方确认后交管理者代表审批，获得批准后，由文控中心分发归档
步骤六： 编制审计检查表	流程审计员编制审计检查表

由表 5-6 可知，流程审计团队要在流程审计开展前，做好充分的准备。首先，要成立审计工作小组，选定审计小组成员，无论是组长还是团队成员都必须对业务流程本质有足够的理解，并具备审计准备、现场审计、将审计结果形成文件的工作能力；其次，要召开审计工作准备会议，拟定审计日程表，安排具体的工作计划，明确各环节审计责任；最后，需要与被审计流程环节协调审计日程安排，编制审计检查表，进入具体的流程审计实施阶段。

流程审计具体的实施过程包括四个环节，分别是召开首次会议、现场审计、召开审计小组检讨会议、召开审计末次会议。首次会议的内容是确定审计工作准备过程的相关事宜，确定流程审计目的、范围，确认审计日程，并初步敲定末次会议的时间和与会人员，明确参与者职责。

进入流程现场审计阶段后，由被审计流程环节的相关部门配合审计工作小组提供所需的各项资源，以确保审计工作能够得以顺利进行。审计小组应通过面谈、文件审查、观察相关区域的活动，收集客观证据来开展审计活动。图 5-12 描述了流程审计实施的具体过程。

由图 5-12 可知，在进行审计时，应注意从业务流程入手开展审计工作，在工作现场的各环节中查找问题，这样可以更快找出问题根源，提高流程审计的效率，并且从根本上强化企业的内部控制。

实施流程审计，可以揭示出业务流程运作中存在的问题和风险，通过对其进行督促整改，减少无效的或不增值的活动，促进业务目标的实现。

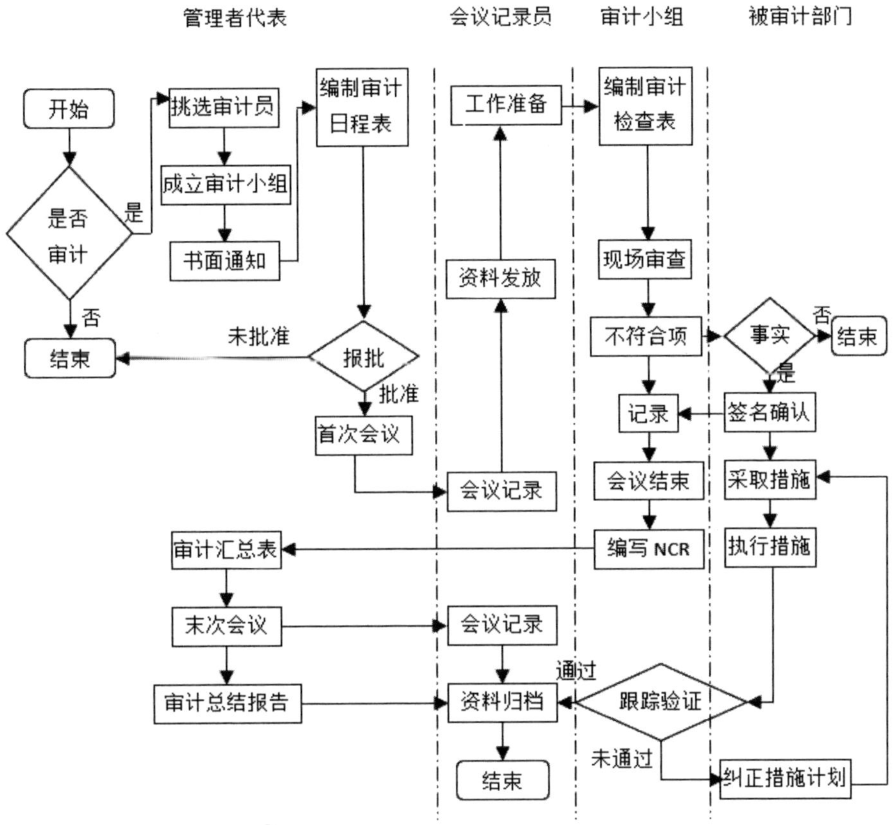

注：NCR 即 Non Conformance Report，不符合项报告

图 5-12　流程审计的实施过程

5.5.2　构建流程异常预警机制

在流程检查过程中，随着业务流程的执行和流程审计工作的深入推进，会识别出某些环节的流程问题和潜在的风险。而有些临时性流程问题和即将爆发的风险需要迅速解决，因此，有必要建立起高效的流程响应机制，准确识别流程环节上的风险点，及时介入并采取措施。

在流程管理中，无论是小异常还是大风险，一旦出现都会影响全业务流程的运作效率，尤其在流程的关键控制点发生异常，将会为流程管理工作带来更大的成本。因此，要及时识别流程中的异常、风险和问题，要在流程检查过程中识别异常发生可能的原因。通过对原因深入、全面的分析，找到最根本的原因并进行改善，从根本上排除流程环节的异常问题和风险，从而避免预测出的不良结果最终成为现实。如果原因是可见的，则予以验证；如果原因是不可见的，则考虑潜在原因并核实最可能的原因。

在界定某个环节或某个流程节点异常情况发生的原因时，有时并不能直接精准地识别到具体原因。此时需要深入全业务流程去梳理各个流程环节的人员、设备、材料、作业标准等要素，并借助鱼骨图整合流程信息，分析风险、异常和问题发生的原因，并预测问题流程环节可能产生的后果。图 5-13 简要描述了利用鱼骨图对业务流程异常问题的因果分析过程。

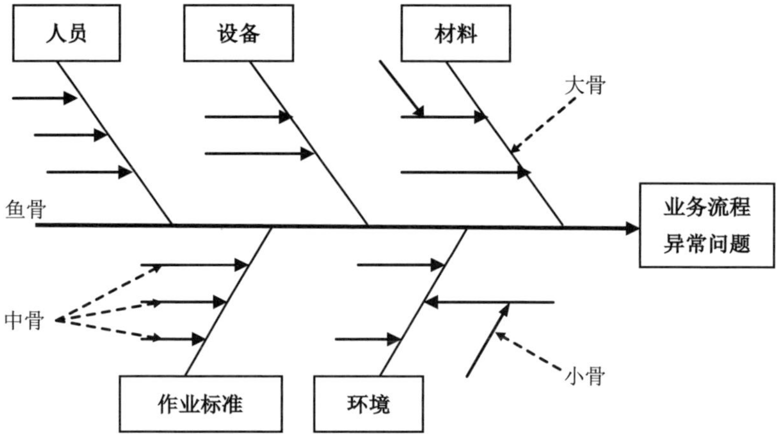

图 5–13　业务流程异常因果分析

由图 5-13 可知，通过对潜在的问题和异常情况进行因果分析，能够深入了解流程运作的实际情况，了解问题产生的原因及其对整个业务流程带来的后果，及时采取措施，并根据预测到的后果决定流程改进的优先级顺序。通过用鱼骨图分析因果，能够精准知道问题产生的根本原因到底是在哪个环节或哪些要素中，以便于及时介入。

不能仅仅针对表面可见的流程问题进行改善，急功近利地解决办法，治标不治本，这样有可能导致异常重复出现。因此，只有找出问题产生的根源，才能彻底根除流程运作的异常情况，提高流程检查的有效性。

无论是流程审计的原因分析，还是全面系统地进行流程检查，最终的目的一定不是呈现过程，而是解决问题、排除流程环节上的异常点。对于严重的问题需要启动专门的流程优化项目，但对有些临时性的、需要及时处理的流程问题，有必要建立起能够迅速达成效果的流程异常排除机制。图 5-14 简要描述了排除异常流程环节的具体步骤。

由图 5-14 可知，在排除流程上的异常环节时，临时性解决措施通过长期的改进和应用能够逐渐形成程序式的解决措施，应用到日常问题的处理过程中。在临时性解决措施介入后，如果不能产生良好的解决效果，还需要进一步实施纠正措施，更深层次地处理流程问题，以防止异常问题再次发生。当一系列排除异常的措施实施后，还需要跟踪并核实结果，保证排除异常问题的有效性。

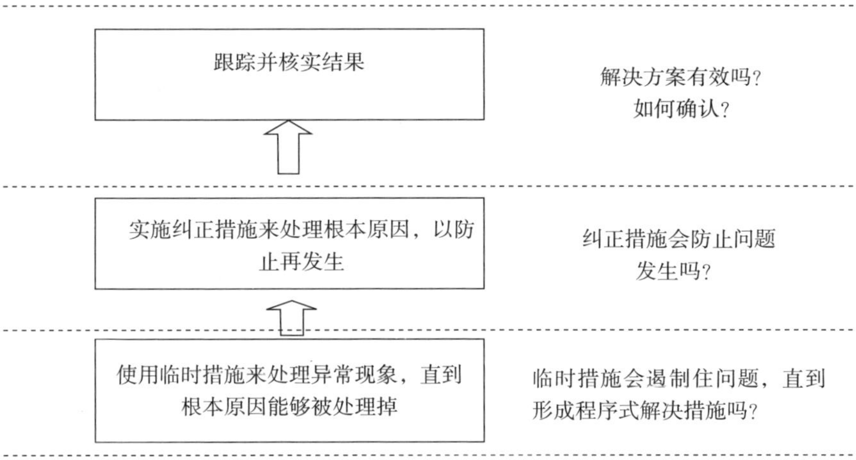

图 5-14　排除异常流程环节的具体步骤

5.5.3　利用 ECRS 法简化工作流程

ECRS 法，即取消（Eliminate）、合并（Combine）、重新排序（Rearrange）、简化（Simplify）。表 5-7 描述了 ECRS 法应用于流程优化工作的具体步骤。

表 5-7 ECRS 法应用于流程优化工作

ECRS 具体步骤	具体要求和注意点
步骤一： 取消（Eliminate）	取消流程中的冗余环节，是优化工作程序的第一步。有良好内部控制环境的，可考虑“取消”某些不合理程序，不会影响控制目标的实现；反之则删除“冗余”环节
步骤二： 合并（Combine）	将企业流程化零为整，将两个或两个以上的环节合在一起，合并流程能叠加优势，消除劣势
步骤三： 重新排序（Rearrange）	将所有任务环节按照合理的逻辑重新排序，或改变其他要素顺序后，使各环节重新组合，从而达到提高工作效率的目的
步骤四： 简化（Simplify）	借助现代管理工具，例如 IT，简化比较复杂的流程环节

著名管理学家唐纳德·C·伯纳姆提出提高效率的三个原则，即当处理流程工作时必须自问能不能取消冗余环节，能否将同类工作进行合并，能否使用更便利的方式完成工作。ECRS 分析法就是简化流程、提高工作效率常用的方法，通过取消、合并、重新排序及简化四个步骤开展流程优化工作。

在崔西定律中也提到任何工作的困难程度与执行步骤数的平方成正比，即完成工作的步骤越多、越复杂，整个工作的难度就越大。在这个定律中，假设完成一项工作有 4 个执行步骤，则此工作的困难度是 16；完一项工作有 5 个执行步骤，则此工作的困难度是 25。可见简化工作流程很有必要。

因此，要想提高工作效率，越是复杂的事情，就越需要尽可能用简单的方法完成。将简化的工作方法应用与流程管理，让流程中的各个环节由复杂变为简单，任务完成所需要的时间就会大大减少。

将 ECRS 法应用于流程管理，相当于为流程优化提供了一个清晰系统的改进思路。

通过梳理业务流程，可识别筛选出重复冗余环节，将短小的、同类的但在整个业务流程中不可或缺的流程进行合并，发挥叠加优势。随后根据业务运营实际情况将剩余流程环节重新排序，更新工作的优先级次序，并结合 IT 系统等简化复杂的流程环节，从而提高流程运作效率。

从 ECRS 法的具体操作步骤来看，首先要取消冗余环节，当企业并不存在重复冗余的流程环节，每项工作都不能取消时，可以进入第二步。以华为为例，每项流程工作都能为业务流程的总体目标贡献价值，那么管理者为了简化流程，会考虑将各个环节适当加以合并，合并工作具体可以从合并工序、合并上下环节，合并相似任务展开。

任正非强调华为的员工要能够参与管理，积极发挥自己的专业所长，为流程优化工作提供建议和意见，逐步改革一切不合理的流程。如何改进才能调整不合理的环节，保证流程的合理，从而实现化繁为简的目的呢？

华为通过衡量流程上各个环节的任务工作安排是否合理，根据流程工作顺序梳理情况，进行优化和改进。通过引入 ECRS 法，华为在衡量各环节安排合理度时，从“何人、何处、何时”三个问题入手，如果发现流程中有不合理的地方，就立即推倒重来，确定各环节安排的最佳顺序，保证工作环节的有序性。

（1）何人。具体流程环节的执行者、责任人是谁？执行所需要的技能是否娴熟？本流程环节是否是该员工擅长的？是否存在岗位与员工能力不匹配的现象？

（2）何处。相邻两流程环节的执行地之间距离如何？工作交接是否容易？调整流程顺序后，是否会减少交接时间？调整设备仪器的位置后，是否有利于执行者更方便地操作，减少时间成本？

（3）何时。从流程的起始环节到结束环节，各个环节之间的移动、加工时间，以及由于设备和部件故障导致的延迟时间分别是多久？两个环节之间的预设时间是否安排得过于紧凑，使员工紧张、疲劳，或者过于宽松，难以在交付期前完成任务？

由此可见，ECRS 法应用于流程优化过程已经进入相对成熟的阶段，华为运用该方法重新梳理流程，逐渐降低了流程管理成本，简化了工作程序，提高了工作效率。在 ECRS 法中，对流程环节重新排序时，具体有两种方法，如图 5-15 所示。

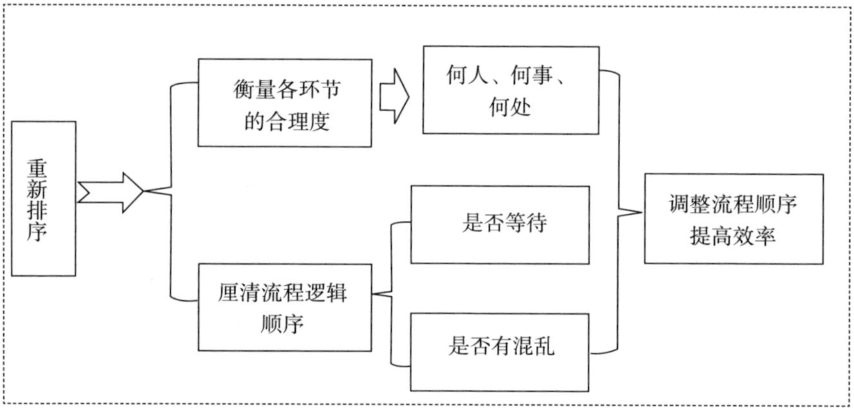

图 5-15　对流程环节进行重新排序的方法

由图 5-15 可知，首先可以通过对流程环节的执行负责人、具体执行的工作任务、流程任务的地点三个方面来衡量流程环节设置的合理程度，当发现不合理时，进行调整。

其次，可以通过梳理流程逻辑顺序，从两个方面判断环节安排是否合理。一是判断流程环节是否需要等待，如果需要等待，就要提前处理被等待的环节，保证各环节无缝衔接；二是识别流程顺序是否混乱，了解各环节之间的关系，分清各环节的前后顺序，确保上一环节流程工作一结束，下一环节就能马上开始。

企业的流程优化工作并非一蹴而就，而是一个持续的、系统的、全面的实施、改进、反馈、标准化的过程。而且，企业的经营战略、外部环境及企业的规模等都在不断变化，这就要求流程也要根据变化着的目标及时做出调整或优化。因此，企业要将流程优化工作作为一项持久性的工作，在企业内部推行持续的流程优化管理。在不断优化流程的过程中，企业上下也可以看到点滴优化集合表现出的显著成效，从而促进优化工作持续开展，给企业带来更大的经济效益。

第 6 章
协同作战

古语云：“万人操弓，共射一招，招无不中。”随着现代化分工合作的深入，个人英雄主义在企业中所起的作用正在变得越来越小。面对着激烈的市场竞争，只有组织中的每个人为了共同的战略目标而凝聚力量，在工作中紧密协作并相互负责，才能更容易获得成功。

6.1 连接个人与团队的成功

塑造优秀的战略执行力，仅仅依靠制度的到位和管理者的站位是不够的，还需要每一个员工及时、负责地进行补位，构成完美的集体协作。

6.1.1 让成员明白团队存在的价值

个人的能力总是有限的，不管是精神还是体力，当我们完全依靠自己的力量去工作时，工作成果往往无法达到最佳。就像马云常说的："单凭我自己的能力，我根本不可能创办起阿里巴巴集团。阿里巴巴今天的成功，是由我身后无数志同道合的朋友一同努力换来的。"

合作也是成功的组织经常强调的工作方式。成功的组织应该是一个能够聚合整个团队智慧和执行力的组织。换言之，只有所有成员凝聚在一起共同做事，才能迸射出胜利的火花。

作为麦肯锡真正意义上的创始者，马文·鲍尔对麦肯锡人的影响力不言而喻，而他所提倡的重视合作的思想，直至今日，依然被世界各地的麦肯锡人坚定地奉行着。

麦肯锡全球董事余进在面对记者采访时，这样说道："除那些指引我们的公司价值观外，我对于我们团队的合作方式感到特别骄傲。越是积极地参与合作，你就越会发现合作的威力是多么的强大。我对麦肯锡人感到自豪的一点就是，不管你去哪里，你总能集结一群同事，知道他们会相互尊重，并以最高效率进行团队合作。"

在余进的领导下，麦肯锡北京办公室的工作氛围十分难得，给人一种家的感觉。办公室的员工彼此之间的联系相当密切，即便是不同资历的员工，也能相处融洽。当某人在接待客户时，一些资深的咨询顾问甚至可以为其端茶倒水，全力为其提供帮助。在这种氛围之下，北京办公室很少出现无法搞定的项目和无法攻克的难关。

面对现代化的企业运作和激烈竞争，我们更应该学习麦肯锡人的工作精神，摒弃单打独斗的英雄主义观念，在单兵作战与团队合作中寻找到一个精准的平衡点，更多地借助团队的力量，就像马云说的："唯有注重团队协作的企业才能登上行业之巅。"

6.1.2 倡导奉献精神，以团队利益为先

华为公司创始人任正非最欣赏狼群的团队精神，他说："狼在战斗中坚持团队精神，协同作战，为了胜利不惜牺牲或者粉身碎骨。"

论健壮，狼不如虎；论敏捷，狼又不如豹。然而，即便是猛虎和猎豹，与狼群狭路相逢时，也只能忍痛将辛苦打来的猎物拱手相让，这与狼的团队精神是分不开的。狼群从来都不是单兵作战的，它们更像一个有着严格等级和职位区分的组织，有头狼，有侦察兵，有主力军，并有着严格的纪律性和组织性。一旦发生冲突，头狼所指，即便是老虎也会负伤，即便是猎豹也未必能够逃脱。

最重要的是狼群的团队意识非常强，具体体现在即使每一只狼都有很强的战斗力，能够独自捕获猎物，但狼群中的每只狼都服从集体利益，在狼群潜伏的过程中，绝不会出现有一只狼因为经不住诱惑而破坏整个团队的伏击，单独发起进攻的行为。战斗中的狼会将狼牙一致对外，直到将猎物收入囊中。事后分享猎物，狼群内部也不会因为狼群中的老弱病残没有贡献足够的力量而抛弃它们，而是招呼它们一起来分享胜利的成果。

任正非将狼群这种同进同退的团队精神融入华为的企业文化之中，所以华为人的身上不仅有狼的拼搏精神，还有着狼的团队精神，即愿意为集体的胜利牺牲自己的个人利益。

2011 年 4 月，科特迪瓦内战爆发，华为在当地的员工宿舍所在地也爆发大规模枪战，流弹击碎了客厅的玻璃门。

在危难时刻，华为立即下令撤离当地的工作人员，但技服员工纷纷主动要求留在当地，以保障客户网络的稳定。甚至不在科特迪瓦代表处的华为人也写邮件申请前往科特迪瓦。一位 TSD（线程数据）负责人在邮件中写道："我在科特迪瓦常住三年时间，对代表处业务、客户关系，以及周围环境比较了解。在当前状况下，尽管一些客户已离开 Abidjan，但其网络还在，运营商对华为的感受还在。无论其管理人员是谁，改变的只是其管理方式，对包括我司在内的各个合作伙伴的需求仍然存在。在这样的情况下，我们还是要体现我们的价值，实现我们对客户的承诺。所以留下的人，不管是中方还是本地人，都要承担这样的职责，想客户之所想，急客户之所急，在此危难时刻，送上我们温暖的关怀。"在文后他表示自己曾经就危机情况下客户网络的保障做过研究，并制定了预案，申请前去协助当地的业务。

在当时战乱的情况下，华为仍将客户网络保障看作最重要的事情，为了集体的利益，华为的员工愿意牺牲个人利益，贡献自己的全部力量，表现出了华为人将公司的事情当作自己份内之事、甘于奉献的精神。

华为的内部论坛上曾经有员工探讨过关于华为人的奉献精神究竟体现在哪里，到底什么是职场的奉献精神，什么是为企业做贡献，其中有几条是这样说的：

员工 A：只有为客户创造价值才算得上是贡献，否则就是浪费自己的青春和公司的资源。

员工 B：拿薪水做事，夜以继日地工作，在加班中度过自己的青春岁月，处理每一封邮件、每一件工作都是贡献。

员工 C：主动前往公司最需要的地方支持公司的业务，不计较自己的得失，以公司的业务为重，以公司的利益为重，这才是贡献。

员工 D：把公司当成自己的家，这样就能更加努力地工作，并且获得最大的满足感，因为所有人都会乐意为家庭奉献。

格力总裁董明珠说:“员工踏入企业的第一步，企业就应倡导员工要有一种奉献精神，以此感觉到存在的自豪感。因为只有一个人有了自豪感，他才会感觉到幸福，而绝对不只是一个简单的工具。企业家要认识到，员工一定是有思想的人，我们也要让别人快乐。”这种自豪感也就是员工为企业奉献而得到的满足感，有了这种满足感，员工才会对所做的工作怀抱着爱意，能够坚持为企业创造价值，助力企业实现战略目标。

正如任正非说的:“一个人，不管他多聪明，他一生中也只能发出几次智慧的光芒。所有人的光芒聚集起来，华为的未来就很光明。”华为的成功不是一个或者几个天才成就的，而是千万华为人共同努力的结果，也是因为华为“胜则举杯相庆，败则拼死相救”的企业文化的影响，才让华为组建了无数战无不胜的铁军，帮助华为实现了一个又一个战略目标。

6.1.3 团队的成功就是个人的成功

万通控股集团董事长冯仑说:“企业的成就离不开优秀的员工，员工的业绩同样离不开企业的支撑，只有二者紧密结合，才能实现个体与整体的双赢。”可见团队目标的实现依赖每个人的努力，个人的价值则依靠在团队中的贡献来实现。

被誉为“20 世纪 80 年代成功领导企业的最佳典范”的艾柯卡是克莱斯勒汽车公司的前总裁，他之所以能够获得这一荣誉，是因为他拥有管理克莱斯勒汽车公司的成功经验。而他的成功，是因为他打造出了一个高度团结并勇于创新的工作团队。

艾柯卡勇于自我牺牲，每一次公司出现问题的时候，他都会主动出来承担责任，尽管他不需要为这些麻烦事负责，但他一直都把公司的事情当成自己的事情去处理。而艾柯卡的牺牲和奉献精神也影响了公司中的其他成员，在他的带领下，公司的员工上下一心，为了共同的目标而奋斗，而且受艾柯卡的影响，公司的员工也一切以团队为重，主动发挥自己的才能帮助公司解决发展过程中的问题。因此，克莱斯勒汽车公司发展得很好，同时也出现了很多像艾柯卡一样取得不凡成就的人才。

那些有着成功经历的职业人士都有着这样一种觉悟：自己为团队所创造，在自己离开团队后，团队依然能够得益于此。前花旗银行的董事长桑迪·韦尔也曾说："我在位时，公司股票的价格再高也体现不出我的成功。唯有等到我退休后，花旗的股票若还能持续增长，才说明我是一位成功的领导者。"在桑迪·韦尔看来，企业的利润持续增长才是对自己最大的认可。

在一个集体中，个人利益与团队利益是休戚相关的，我们在帮助团队其他成员解决问题的时候，也是在帮助自己找出工作可能会出现的隐患。同时，当我们能够为了团队利益挺身而出的时候，也会影响团队其他成员的行为。当我们形成一个紧密的集体，也就意味着我们每一个成员都能为了共同的目标而奋斗，那么我们所处的团队必将是一个成功的团队，团队中的每一个成员也将取得不俗的成绩。

6.2 将责任层层分解到位

组织成员之间是相互影响、相互联系的一个有机整体，只有将责任层层分解到位，让成员们都清楚地了解自己的工作职责，才能形成团队合力，提高工作效率，从而实现团队的目标。

6.2.1 明确分工，保持行动一致

"经营管理之父"法约尔提出企业管理的十四项原则，其中之一就是"分工明确"。对一个企业来说，分工明确，让员工保持一致的行动方向是至关重要的。只有分工明确，提高个人的工作效率，才能提升企业决策的执行效果。

团队在完成任务的过程中，只有个体之间相互沟通配合，分工明确，才能高质高效地完成工作。

曾任麦肯锡管理咨询顾问的保罗·弗里嘉提到了其麦肯锡校友亚尼克·格雷考特在负责一个项目时的经历。

刚开始负责这个项目时，项目组仅由一名项目经理和一名助理组成，于是项目经理和助理制订了一个适合小型团队的评价计划，但在两个月后，团队成员扩大为七人，即一个项目经理和六名咨询顾问，于是项目经理开始告诉包括尼克·格雷考特在内的六名咨询顾问原来的评价计划，并让他们提出建议修改原有计划，因为在原有计划不修改的情况下，其他五名咨询顾问无事可做，于是在大家进行充分的讨论后，项目经理开始对团队的成员重新进行了合理分工，在经过了授权和职责划分之后，团队成员们顺利完成了咨询项目。

分工是执行的基础，正如狼群出击时，狼群内部有明确的分工，每一匹狼只需要做好自己份内的事情就能够快速准确地拿下猎物。当然，分好工是第一步，在任务执行过程中，还要及时跟进，了解任务的进度，将责任落实到每一个人。

在麦肯锡，每个项目组成员都必须为自己的工作负责。不管是刚进入公司的商业分析员、底层的行政助理，还是顾问秘书、咨询顾问、项目的最高管理者，都是如此。麦肯锡管理咨询顾问保罗·弗里嘉说："每位麦肯锡成员，不仅要洞察全局，而且要对自身被分配的任务负责。"

为了明确每个项目成员的具体责任，麦肯锡团队在执行过程中非常强调的一个重要原则，就是设定每个人和团队的项目期限。麦肯锡人认为，项目期限的设置能够有效促进团队成员工作效率的提高。另外，项目期限的设置也能有效促进团队成员间的持续沟通，了解各自工作的进展情况，并确定下一步执行计划。

对麦肯锡而言，每项任务都是"个人时间"和"团队时间"的集合体，因此，项目期限的设定就是为了要求麦肯锡员工在规定的时间内做好自己的工作，确保留出充裕的时间，以最终完成团队任务。同样，参考团队时间，麦肯锡员工也可以明确自己的工作完成程度。

有一次，通用电气公司的员工问公司的CEO杰克·韦尔奇："成为一个优秀的员工，做好自己的工作，应当怎么做？"韦尔奇说："做好自己该做的事情，担负起自己的责任。"韦尔奇所说的也正是麦肯锡人所强调的——责权明确，各司其职。

每个企业都包含有不同层级和岗位的员工，如何能让他们在一个既定的责任体系内，落实各自的责任，提升团队的执行力，是许多企业正在探索的问题。

在一个企业中，有强烈责任意识的层级有两个：老板和一线员工。老板作为企业生死存亡的最终责任人，有着强烈的责任意识，力求企业在市场中赢得一席之地；一线员工处于企业经营的最前线，他们的责任意识来源于明确的任务指标和行为要求，他们只需要按照上级的指令来完成任务。而中间层是最容易出现责任真空问题的，他们喜欢把上级的任务分配给下级，然后自己就作为一名监督者，来监督下级完成工作。

很多中间层宣称自己很忙，却拿不出任何企业战略要求下的成果或绩效。为了避免出现这个问题，华为采用了三级计划和预算管理体系，以期更好地落实中间管理层的责任。

华为的三级计划就是对各级管理者制定的相应任职资格标准，通过提炼出任职者取得高绩效的关键行为，形成各级管理者任职资格标准，从而指引管理者在履行相关责任时，获取高效率的成功。其中评价要素包含任务管理、团队建设、流程执行、资源有效利用以及职业素养与工作态度。华为要求各级管理者必须严格对照任职资格标准来规范自己的行为，落实自己的责任，提升团队的整体绩效。

很多企业在分工重点任务时只是在“分指标”，而非“分解责任”。在化解管理者责任的真空问题上，就应该向华为学习，对管理者基于责任的贡献进行评价，塑造团队的执行力。

6.2.2 发挥每个人的能动性

巨阙宝剑固然锋利，但补鞋不如尖利的锥子；锦绣丝绸固然华丽，但用来洗脸不如一块粗布；豹子固然凶猛，但人们还是会用猫来捉老鼠。团队中，每个人都有各自的优势，只要我们善加利用，并发挥出其优势，就可以更好地保障团队的执行力和工作效率。

微软公司创业初期，比尔·盖茨考虑招聘一位女秘书来协助自己的工作。经过严格的招聘考核，他选择了一位与众不同的秘书，叫露金。她是 4 个孩子的母亲，已经有 42 岁了，曾经从事过文秘以及档案管理等后勤工作，也在家里操持过家务。露金认为这些容易被别人视为弱势的特点正好是她的优势，比尔·盖茨也是这样认为的。

创业初期的微软公司，内务、管理等方面的杂事较多，比尔·盖茨无暇顾及。而露金有着从事内务、管理方面的经验，而且她是 4 个孩子的母亲，自然有家庭观念，这种家庭观念也可能带到公司来。果然，被聘用后的露金发挥了她的优势，给微软公司带来了很强的凝聚力。

比尔·盖茨把露金安排在合适的岗位后，发挥了她的优势，从而为团队做出了巨大的贡献。从团队管理的角度来说，这也给众多管理者提出了较为现实的要求，即如何才能为团队成员安排合适的任务，发挥其优势，提高团队的执行力。

每个人的自身特点和个人喜好都是不同的，因此，我们很难做到被所有人喜欢，同样不可能做到喜欢每一个同事。而一旦我们与不喜欢的同事协同工作时，高效工作往往便会变得困难起来。然而，即使对同事存在各种情绪，我们也要做到不让情绪影响工作的质量。

首先，弄清楚对方是什么类型的人。合作必须建立在相互了解的前提下，麦肯锡人认为，大多数误解都是在不了解彼此的基础上产生的。因此，在合作前先弄清楚合作者的性格特点，这将对有效合作关系的建立起到决定性影响。

其次，有意识地关注对方的优点和长处。世界上绝对没有一无是处的人，任何你所讨厌的人也都有其优势。而这些优势，正是说服你与其合作的理由。麦肯锡的一位心理调查师的调查显示，努力发现对方10个以上的优点，将会对你与其合作的积极性的提升产生显著的效果。一旦发现能与对方产生情感共鸣的部分，哪怕仅仅是很小的一部分，也可以与之实现共享。

不得不承认，与一个你所不喜欢的人一起工作、合作，确实是件棘手的事情。然而，我们必须意识到，我们之所以不喜欢对方，是因为我们看到了对方身上的缺点，而当我们看到他人的缺点时，不妨回头看看自己是不是也存在着类似的问题，这同样是一个提升自己、宽容他人的机会。

乔布斯在世期间，经常对员工强调，一定要看到别人身上的优点，并积极地与其合作。

一次，乔布斯邀请了一位非常出色的咨询公司领导到苹果公司进行演讲，负责接待的正是苹果公司副总裁之一布鲁斯·塞维尔。短暂的相处之后，塞维尔发现，公司邀请来的演讲家为人过于自私，十分自我，举止让人十分讨厌。于是，他找到乔布斯，要求换别人来负责这项任务。

当时，乔布斯这样说道："你没有必要喜欢他，但你最好还是选择与他好好合作，因为，我从他的身上除了看到你刚刚所提到的缺点，还看到了他一流的专业水平、踏实的工作作风，以及诚实的性格。而这些，同样是我们所不能忽视的。"

最终，塞维尔只得接受乔布斯的建议，继续负责该专家的接待工作。通过持续的观察，塞维尔不得不承认，乔布斯是对的，这个人身上果然存在着许多优点，有些甚至是自己完全不具备的。

意识到了这一点，塞维尔开始积极配合该专家的工作并与其形成了良好的合作关系。二人联合完成的几场演讲，在苹果公司内部取得了极好的效果。

就如著名管理学大师彼得·圣吉所说，合作的最高境界在于，无视对方的身份，无视对方的弱点，无视对方所有令你讨厌的地方，而去关注他所能够创造的价值。

6.2.3 合理授权，强化责任感

当今社会，很多人都受到社会大环境的影响，滋生懒散、懦弱、不敬业的毛病。遇到问题时，他们想的不是如何解决问题，而是想尽办法找出各种各样的理由为自己开脱责任。

2009 年，华为员工刘凯（化名）出差深圳参与某产品版本的开发及生产支持工作，刚开始时，刘凯听到最多的一句话就是“这个不是我的问题”。当设备出现某个问题时，所有人围在一起，只为找出“这个不是我的问题”的证据，结果让测试部的同事根本不知道该把问题单交给谁。更有意思的是，大家居然针对每个功能模块如何摆脱自己“嫌疑”的办法都了如指掌，因此每次都能说“不是我的问题”。

这种自扫门前雪的做法，导致团队在产品开发初期遇到了很多问题，而且这些问题还找不出原因。因为一旦遇到问题，大家只会迅速排除自己的“嫌疑”，结果导致产品开发走了许多弯路。

从案例中我们可以发现，如果团队成员不能很好地履行自己的职责，在发生问题时，相互推卸责任，不仅不能迅速地解决问题，还会影响团队的工作效率。如何让团队成员自愿地履行职责，是管理者值得思考的问题。

任正非强调，管理者要想让团队成员对自己的工作负责，就必须授予他们相应的权力，从而调动成员的积极性，充分发挥出团队的战斗力。

任正非指出，对于一线组织单元，工作只要在授权范围内，甚至不需要代表处批准就可以执行。“机关不了解前线，但拥有太多的权力与资源，为了控制运营的风险，自然而然地设置了许多流程控制点，而且不愿意授权。过多的流程控制点，会降低运行效率，增加运营成本，滋生官僚主义及教条主义。我们进一步的改革，就是要将前端组织的技能变成全能的，但并非意味着组织要去

设各种功能的部门。基层作战单元在授权范围内，有权力直接呼唤炮火。当然炮火也是有成本的，谁呼唤了炮火，谁就要承担呼唤的责任和炮火的成本。后方变成系统支持力量，必须及时、有效地提供支持与服务，以及分析与监控。”

华为的这种做法可以有效塑造团队的执行力，用一定的权力来驱动成员自觉履行责任，提高员工的责任感，从而更好地完成团队任务。

通用电气的传奇人物杰克·韦尔奇告诉了我们关于合理授权的奥妙，他说，管得少，就是管得好。管理者只有将一部分权力和工作事务充分授权给基层员工，才能够减轻管理者的工作负担，将精力集中在更重要的事上，同时，也能让员工从中得到锻炼和成长的机会，将个人发展与团队命运联系在一起。

数十年来，“股神”巴菲特一直坚持的一条管理原则就是充分授权。他摒弃常规，将工作放心地交给手下的经理们去做，而且从不干涉他们，也不要求他们经常性地进行工作汇报。在大部分时间里，他都会在自己那间没有电脑的办公室里，偶尔给自己的经纪商打个电话，下达数目惊人的股票交易指令。

显然，巴菲特知道，要想让企业长久经营下去，光靠自己一个人的力量是不行的，企业长治久安的秘诀是精心打造一个精、准、狠的基层，并且充分信任他们，授权给他们。

企业的“一把手”应当把握好自己手上权力的“度”，科学授权、信任授权，在为企业培养出担当大任的人才的同时，使企业各部门的权力和职责相协调，为企业的健康发展创造一种健康的环境。

6.3 建立高效协同机制

管理的主要目的不是让每个人做到最好，而是让团队能够结合每个人的力量做到更好。只有构建高效的协同机制，提高每个人的效能，才能有效避免内耗，保障组织的运行效率。

6.3.1　打破部门壁垒，协同作战

很多企业在发展过程中，尤其是到达一定规模的时候，部门之间会存在严重的壁垒。部门间的壁垒会降低组织对于外界的反应速度，影响组织运作效率，甚至会对组织的生存与发展造成威胁。

微软副总裁迪克·布拉斯离开微软时评论道，比尔·盖茨在不同部门之间营造的激烈甚至是你死我活的内部竞争已演变得无法控制，大的部门不愿协作新建立的部门，时常提出反对意见，甚至不公平竞争，抢夺新部门的资源。如此一来，新部门在微软内部便陷入孤立无援的状态，许多有创意、有前景的项目总是发展不起来。即使比尔·盖茨亲自来抓，也难以平衡各部门的利益，协调各部门的资源。

迪克举了一个例子。2001 年微软研发平板电脑时，当时负责 Office 产品的副总裁称他不喜欢这一创意。平板电脑没有实体键盘，只能用虚拟键盘或者手写输入，而他更喜欢实体键盘，因此他认为微软把时间浪费在没有实体键盘的平板电脑上是没有前途的。由于 Office 部门资历深，在微软内部贡献显著，他拒绝针对平板电脑优化 Office 软件，这导致如果用户要在电子表格中输入数字，或是在电子邮件中修改单词，不得不在一个特定的弹出窗口中进行操作，并将内容粘贴至 Office 文档。这种做法显然又慢又不方便，甚至显得很笨拙。

不管是微软这样规模庞大的企业，还是刚刚起步的中小型企业，部门之间如果不能紧密协作，各有各的打算，那么任何项目、任何商业计划都是空谈。作为管理者，一定要及时解决好内部的矛盾，做到上下同心，流程畅通。

当下，大多数企业依然围绕专业来划分部门，如销售部、设计部、工程部、生产部、采购部、市场部、人力资源部和行政管理部等。有些大型企业可能拥有 30 个以上这样的部门，而每个部门又都有自己的专业小组织。这些部门具备安排自己的日程、资源的能力。这种部门繁多，而整齐划一的组织结构给信息的传递以及团队的合作造成了一定的壁垒。

部门壁垒的突出表现就是，各部门间争先保护自己的势力范围，使局部目

标优于企业目标。尽管其他部门需要其资源来完成企业目标，但有些部门偏偏不给。尤其是几个部门共同完成一个项目时，争端越发明显，这表现在控制权的争夺和利益的分配上。有些企业为了解决这个问题，会召开员工大会，来确定各部门的可接受性，进而相互配合工作。

如何打破部门间可能或已形成的壁垒，实施协同作战，共同实现企业的整体目标，是国内许多企业需要重视的问题。

管理大师戴维·尤里奇和他的同伴们曾对组织的横向传递能力进行了深入研究。他认为，权力或决策的横向传递可以通过三种方法来实现。

第一种传递方法：赋予团队就工作流程做出决策的权力。

第二种传递方法：通过例行协商来达成一致，强化团队决策。例如，一个团队可以对领域内的流程做出决策，但当决策可能会影响领域外的组织时，团队就要在确定决策之前，全面与将会受到影响的组织进行沟通。

第三种传递方法：组织必须有一个跨职能的指导委员会，其职责就是做出一个跨越职能的共同认可的决定。例如，某个企业的委员会由来自设计、生产、财务、市场营销和质量等部门的领导者组成，每当一个项目团队面临一个重要的决定时，项目领导者就可以召集指导委员会寻求支持。

戴维·尤里奇设计的横向传递能力，为我们提供了打破部门墙的一些思路。当这种部门壁垒变得容易穿透时，人们就会发现各个部门可以并行工作，本应按顺序进行的业务流程能够同时进行。

经过多年的沉淀和总结，麦肯锡形成了一套十分完善的跨部门工作技巧。

第一，时常轮换岗位。

麦肯锡咨询顾问时常建议企业员工应该积极进行岗位轮换，这样不仅能够加强部门间员工的交流深度，更能促进员工在业务上的全面性。比如，设计人员与销售人员轮岗，让设计人员与客户相对接，让销售人员掌握技术原理，从而使两个部门人员完美衔接，相得益彰。这样一来，设计人员可以设计出更符合市场需求的产品，而销售人员也可以更好地为客户介绍产品。岗位轮换实际上是当今企业内部最有效的跨部门沟通的手段之一。

第二，提高自身沟通技能。

沟通无处不在，跨部门沟通尤其要讲究沟通艺术，所以，麦肯锡强调自身沟通技能的提升。超凡的沟通技能，能够帮助员工在跨越部门的沟通中，准确、省时地获取有效信息。

第三，永远不要嫌麻烦。

跨部门工作是件具有一定挑战性的事情，它的一个重要原则就是永远不要怕麻烦。麦肯锡咨询顾问们从不认为开完会就没事了，会议后，两个不同项目组的成员间会保持联系，虽然不能触及对方保密信息，但一旦工作上需要支援，他们能随时找到其他部门的求助对象，并获得帮助。

第四，融入沟通文化。

当今社会，很多大大小小的企业都意识到了沟通的重要作用，并以各种活动方式让沟通的有效性与企业文化直接相连。而员工需要做的，便是充分融入沟通活动之中，利用聚餐、晚会、联谊等各种方式，把握跨部门交流的机会。

第五，明确个人和部门目标。

任何企业，有部门之分，就必然存在部门利益和小团体利益，这是不争的事实。但员工只需要明确个人工作目标与对方部门目标是否冲突即可，在没有利益冲突的前提下，跨部门的交流与合作是很容易达成的。如果员工工作于两个利益相互钳制的部门之间，那么，牢记这一点尤为重要，否则，沟通将难以为继。

任正非也非常注重跨部门协作，他指出各部门的工作要以成果为导向，各部门及员工都要以商品化的思维去组织工作，以最终实现产品和服务的商品化目标。并且，华为的不同领域的部门会互相委派人员进行学习，以打破内部的部门墙，使得各部门共享信息、共担责任、共同出力。通过共同交流学习，华为打破各部门在技术、沟通等方面的隔阂，挖掘和提升公司内部的绩效潜能，从而提升公司整体的业绩。

6.3.2 营造公平的竞争环境

在企业经营管理的过程中，员工之间的竞争是不可避免的。就当代企业而言，内部竞争是一把双刃剑，良性的竞争能够提升员工的执行效率，恶性竞争又会影响员工的工作积极性，甚至导致矛盾的深度激化。因此，企业管理者要学会构建企业内部公平的竞争环境，避免员工之间恶性竞争。

竞争在团队合作中有着重要的价值，它体现在三个方面：一是竞争可以提升团队成员的能力；二是竞争在团队中实现了优“剩”劣汰；三是竞争树立了危机意识。

1. 竞争可以提升团队成员的能力

心理学家的相关研究证明，在竞争条件下，个体往往有更高的学习效率，也能学到更多的知识和技能。因为竞争使学习者有了强烈的动机，也可以更好地以他人为参照取长补短。

不管是团队成员内部的竞争还是团队之间的竞争，都有助于促进团队成员不断学习，提高团队成员的能力。

2001年，微软副总裁李开复在北京发布微软新开发的Windows XP系统。在媒体见面会上，李开复讲述了这样一个事实：在微软，有这样一个班子，它的职能就是专门分析竞争对手的情况，包括何时推出新产品、产品的特色、市场策略、市场表现，以及优劣势等，并且，微软的高级管理层会定期召开会议，请这些分析人员来讲竞争对手的情况。

“微软这样做的目的是什么？”在场的记者当时都有这样的疑问，“微软这样做是为了分析竞争对手的‘破绽’吧？”

然而，李开复的回答出乎所有人的意料，他说：“微软此举只是为了向竞争对手学习，学习对方的长处。”

微软是毋庸置疑的 IT 企业中的佼佼者，但是它依然保持着向竞争对手学习的精神，也许正是这一点成就了微软的伟大。

一位名人曾经说过这样一句话：“我从对手那里学到的，远比从朋友那里学到的多。”这句话可以很好地指出竞争在提升个人能力方面的价值。

2. 竞争在团队中实现了优“剩”劣汰

通过团队成员之间的竞争，团队成员之间的能力差别就会显现出来。管理者就可以有选择地用人，重用那些能力强的成员，鼓励那些能力差的成员。对于能力过差的团队成员，则可以从团队中淘汰出去。比如，某些团队管理者采取末位淘汰法。

末位淘汰法是指团队可以根据自己的总体目标，设立每个岗位的考核标准。在确定考核标准之后，设立一个最低值和比率。当所在岗位的成员处在最低绩效的一定百分比内时，就可以将其淘汰掉。

末位淘汰法有助于促进团队成员之间竞争，起到优“剩”劣汰的效果，有助于团队精简机构。

3. 竞争树立了危机意识

在团队中，具有危机意识的团队成员会更加努力地付出，而树立危机意识的主要方法就是竞争。竞争是自然界的普遍法则，对一个种群的生存至关重要。在团队合作中，竞争可以使人们保持警醒，不至于陷入安逸的状态中。这样才能更好地发挥人们的能力，更好地实现团队合作。

在美国，有一种濒危的鹿，非常珍贵。这些鹿被圈养在一处水草茂盛的保护区里。在那里，鹿没有天敌，又有充足的食物，因此每天就是吃了睡，睡了吃。经过两三年的时间，鹿群的数量越来越多。

但科学家发现，这些鹿的体质变得越来越差，鹿群中也出现了各种疾病。科学家试了多种方法都未能改善状况。后来有人提议引入“狼医生”来给鹿治病。

“狼医生”来了之后，这些鹿的生活不再安逸了。少数想过安逸生活的鹿很快就被狼吃掉了，活下来的鹿每天在保护区奔跑，以躲避狼的捕杀。几个月之后，保护区内鹿群的体质明显提升了，疾病也越来越少了。

“狼医生”的到来使鹿群有了危机感，这种危机感迫使鹿每天不停地奔跑，使鹿群有了活力，最终提升了整个鹿群的体质。

所有这些都告诉管理者，在强调合作重要性的同时，也要注意引发团队成员之间的竞争意识。这样更容易提升团队成员的工作表现，从而有利于整个团队的合作。

在评价华为的内部竞争时，任正非曾经感慨道：“公司需要内部竞争，但竞争的最好结果应该是你活我也活。都是一个战壕的战友，你死我活不是战友间的相处方式。”为了用好内部竞争这把双刃剑，在促进人才深度开发的同时保证公司好员工不会被恶性竞争所害，华为做了很多努力，其中，最为关键的就是对公平竞争环境的营造。

任正非对企业内部公平竞争环境的重要性早有认知，但真正让他下定决心做出调整的是一件小事。1996 年，一位华为的部门经理在一堂培训课上听到培训师说起“鲇鱼效应”，很受启发。回到岗位后立刻联系华为的人事部门，帮他从外部招了 9 位新员工，加入原本 12 人的团队。老员工误以为经理这是要以新换旧，将他们淘汰掉，于是联合在一起，组成了一个联盟，采用各种手段欺负、排挤新人，直到将新员工全部挤出了该团队。

结果，因为成员们将注意力都集中到了内部斗争上，对新市场拓展和老客户维护的力度一降再降，该团队年度业绩考核成绩倒数第一，直接被公司解散，12位老员工加上领导不力的部门经理，全部受到了公司处罚。

事后，任正非反省道：“当公司内部的竞争机制存在漏洞的时候，不可避免地会有一部分员工为了在竞争中取胜而不择手段地损害他人利益，甚至牺牲公司的利益。华为需要竞争，但一定要良性的，这种恶性竞争会对华为造成不可估量的后果！”

任正非意识到，凡事过犹不及，过度强调竞争或引入竞争，很容易让团队成员彼此争斗不休，甚至演变为“不达目的，誓不罢休”的窘困局面。每当这个时候，公平的重要性便会被凸显出来。

不只是任正非重视团队内公平竞争环境的营造，许多优秀的企业管理者都非常关注竞争的有序性，如杰克·韦尔奇。

被称为“全球第一CEO”的杰克·韦尔奇曾经提出过这样的问题：“同事之间，最容易产生的竞争就是有关名誉、金钱、职称和职位的竞争。当竞争真正到来时，你会有什么样的作为呢？是避让退缩，还是勇敢向前？是拱手相让，还是竞争获取？”

在这个人人都渴望成功的时代，对韦尔奇的这个问题，大多数人的回答是“勇敢向前”去“竞争获取”。

为此，杰克·韦尔奇意识到竞争是不可避免的，但必须确保竞争是有序的。他鼓励高层管理人员在工作上相互竞争，但不要有个人恩怨。他将公司的奖赏分成两部分：一部分用于奖励管理人员在自己业务部门的表现，另一部分用于奖励管理者所管理的部门对整个公司发展做出的贡献。如果只是自己部门的业绩好，但不利于公司发展，那么奖金为零。

杰克·韦尔奇通过奖赏制度的制定，使得公司的员工能够有序地竞争，共同为实现公司的战略目标而做出努力。

6.4 实现有效沟通与协调

只有在组织内部建立起良性的沟通环境，让员工主动沟通，享受沟通，才能促使员工更加努力地投入工作，从更大层面上提升企业的整体效率。

6.4.1 建立多维度信息沟通渠道

在一般的组织管理活动中，沟通会从根本上决定组织的管理水平，影响组织的运行效率。现代组织中的人与人之间，部门与部门之间，上下级之间，以及其他各个方面之间，特别需要彼此进行沟通，互相理解，互通信息。然而，在现实生活中，人与人之间却常常隔着一道道无形的“墙”，妨碍彼此的沟通。

尽管现代化的通信手段可以消除距离的差距，却无法穿透这种看不见的“墙”。如果沟通的渠道长期堵塞，导致信息不交流，关系不协调，感情不融洽，就会影响组织正常工作，甚至使组织面临困境。为了引导组织内良好沟通，需要建立合适的沟通机制，保障团队内适时沟通。

美国著名组织管理学家切斯特·巴纳德认为:“沟通是把一个组织中的成员联系在一起，以实现共同目标的手段。”没有沟通，也就没有管理。在组织中，管理者通过沟通来控制员工的行为，激励员工，为员工提供一种释放情感的情绪表达机制，为个体和群体提供信息。

美国一家公司的总经理十分重视员工之间的相互沟通与交流，他曾有过一项“创举”，即把公司餐厅里四人用的小圆桌全部换成长方形的大长桌。这是一项重大的改变，因为用小圆桌时，总是四个互相熟悉的人坐在一起用餐。而改用大长桌情形就不同了，一些彼此陌生的人有机会坐在一起闲谈了。

如此一来，研究部的人员就能遇上来自其他部门的人，诸如营销人员或者生产制造工程师，他们在相互接触中，可以互相交换意见，获取各自所需的信息，而且可以互相启发，碰撞出“思想的火花”，还可以融洽彼此之间的关系，公司的经营因此得到了大幅度的改善。

我们由此可以知道，沟通不仅有助于个人以及组织做出正确的决策，促使组织员工协调有效地工作，也会有利于管理者激励下属，建立良好的人际关系和组织氛围，提高员工的士气。因而，促进组织内部的有效沟通是管理者必须掌握的一门技术。

很多时候，员工不是不想交流，而是不敢交流。不管是初涉职场的新手，还是职场“老鸟”，在陌生或者压抑的环境下，多少会害怕交流。要么害怕权威人士质疑，要么曾经在沟通时遇到过挫折，要么在一些正式场合或向领导汇报时怯场。

为了让管理层和基层员工实现高质量的交流，腾讯设置了多个沟通渠道，让员工可以畅所欲言，说出自己的看法。

第一，设立便捷的电子化沟通渠道。腾讯内部除了使用 QQ、微信，还有个即时通信工具 RTX（腾讯企业版即时通信产品），它可以展示出不同员工的在线、离线等状态，拉近了员工之间的距离。

第二，搭建内部论坛与总办交流平台。员工可以在内部论坛上发布各种各样的问题，内容涵盖工作、业余活动等方面。管理层通过查看内部论坛上的内容，可以及时了解到员工的想法，同时对于一些关注度较高的问题，管理层也会进行回复和解答。除此之外，腾讯还专门搭建了员工与高管之间的交流平台，即总办交流平台。所有员工都可以在总办交流平台上向高管提问，高管会对这些问题进行解答，同时其他人也都可以看到这些交互信息。

第三，举办“总办午餐交流日”。为了使员工可以有与高层对话的机会，腾讯每两周会举办一次“总办午餐交流”活动，员工可以自由报名，公司通过抽签选择 12 名员工与总办领导共进午餐，就餐期间员工可以与总办领导进行面对面的交流。

第四，设立交流信箱。在办公区的每层楼里，都放置了一个“总办信箱”，任何员工可以将自己的意见、投诉或者检举信放入信箱。

腾讯在建立沟通渠道方面的实践正如其公司文化中强调的那样，“以健康简单的人际关系、严肃活泼的工作气氛、畅快透明的沟通方式，使员工保持与公司同步成长的快乐，不断激发员工潜能，追求个人与公司共同成长”。

马云也很重视企业内部的沟通，阿里巴巴设立了公开的总裁热线、open 邮箱等沟通渠道，所有员工有任何疑问都可以给总裁打电话、写邮件，总裁会及时回复；另外阿里巴巴的高管会定期召开圆桌会议，任何员工都可以报名参加，与高管进行面对面的交流，高管则会认真倾听员工的想法并解答其疑问，会后将所有问题及回复公示在公司内网上。

正是通过以上一系列自由开放的交流方式，阿里巴巴在公司管理者同基层员工之间架起了一座畅通无阻的沟通桥梁，以此不断激发员工的主人翁意识，促使员工快速投入工作。

优秀的企业都非常重视企业内部的沟通机制是否畅通有效。对于沟通的本质，杰克·韦尔奇曾说过：“沟通不像一场演讲或者录音谈话，也不是一种报纸，而是一种态度、一种环境，是这一种持续的互动过程，目的在于创造共识。”

6.4.2 在平等的环境下进行沟通

心理学家斯托格迪尔研究发现，尽管管理者具备优于团队成员的某种特质，但管理者与团队成员之间的差异并不是一成不变的。在某种环境下，只有某个人能够管理该团队，一旦环境发生某些转变，其他团队成员也能成为团队的管理者。

由此可见，对于团队管理者而言，要保持平等的心态，不要用高人一等的优越感去对待其他团队成员，因为管理者的位置随时都可能变化，很有可能某一天也将扮演普通团队成员的角色。因此，不管是在决策还是运营过程中，要想得到所有团队成员的拥护和支持，管理者就必须学会与员工互动沟通，真正地融入团队，与团队成为一体。用松下幸之助的话来说，“企业管理过去是沟通，现在是沟通，将来还是沟通”。

柯达公司有一种名叫“open door”的沟通方式：基层员工在遇到问题以后，能够随时到主管或更高级别管理者的办公室进行沟通。在柯达公司内部，员工可以直呼管理者的名字，也不用在意对方的级别。柯达公司的这种开放的沟通方式，给了员工很好的沟通平台，也消除了下级员工主动与管理者沟通的障碍，自然就不会出现沟通滞后的情况了。

通用电气CEO杰克·韦尔奇为了保障沟通的自由，更是提出了无边界理念，他要求公司将各个职能部门之间的障碍全部清除，工程、生产、营销及其他部门之间的信息能够自由流通，完全透明。这种无边界理念促进了通用电气的员工随时进行沟通。

作为华为公司的掌门人，任正非就曾坦言：“人与人之间的沟通，最重要的便是相互尊重，尤其是企业的领导者。只有尊重自己的员工，员工才会从心底服从你！反之，他们只会离你越来越远。”因而，在尊重员工这一点上，华为公司就做得很到位。

华为公司的管理者们经常会深入工作现场与基层员工一起交流，甚至会一起工作一段时间。在这段时间里，管理者会与员工进行面对面的思想交流，听取员工们的决策意见。听一位华为公司的基层员工讲，华为公司的几个很重要的管理决策都是出自他们之口。当然，华为高层还会利用巡视时间，了解员工的生活状况，并且会根据员工的反映，适当地调整薪资结构。华为的此番做法，无疑让基层员工的干劲更足了。

由此可见，当员工真正感受到来自管理者的关心和尊重以后，他们会发自内心地高兴，然后为工作付出百倍的努力，这样一来，组织执行力将大大提升。

6.4.3 管理者要善于倾听员工的心声

员工的感受对企业的管理和发展至关重要，但管理层想要顺利听到员工的心声并不容易。只有主动站在员工的位置上，与员工平起平坐，从员工的角度来了解员工的心理，员工才能够对你畅所欲言。

沟通是一门技术，也是一门艺术。良好的沟通技巧是领导力的一种体现。任何有效的沟通都是从倾听开始的。和员工进行沟通时，如果管理者不能积极倾听，那么沟通必定达不到预期效果。苏格拉底说：“自然赋予人类一张嘴和两只耳朵，就是让我们少说多听。”

每个人都渴望得到他人的积极关注，得到他人的肯定和认可。作为一个管理者，对他人给予积极关注，不仅是人与人之间的尊重，也是积极交流的体现，同时也能满足对方想得到关注的心理需求。一旦满足对方这种需求，对方自然就会信任你，更愿意与你进行交流。

最好的管理者往往是最好的倾听者。他们花上许多时间，不仅仔细倾听他人的言语、想法，以及内心真实的感受，还会征求他人的意见，对他人给予积极的评价和回应。

曾有这样的一件事让本田宗一郎终生难忘。有一次，来自美国的技术研发人员罗伯特来找本田，当时本田正在办公室休息。罗伯特高兴地把自己的设计介绍给本田，本田却没有用心听。

罗伯特兴奋地讲解了一会儿，发现本田并没有在听，于是带着失望离开了办公室。第二天罗伯特向本田请辞，他对本田说：“尊敬的总经理阁下，我已经买好了回美国的机票，谢谢这两年您对我的关照。我离开的原因是您自始至终都没有听我讲话。我说我设计的这个车型很棒，上市之后肯定会畅销。我花费一年时间设计的车型，您却根本不理睬！”

罗伯特带着他设计的车型回到了美国，加入了福特汽车公司，福特公司高层领导很看重罗伯特的设计。后来这款汽车上市销售，果然引爆了市场，人们纷纷购买。也就是从那件事以后，本田才真正领悟到“倾听”的重要性。他感慨，如果企业的领导者不能自始至终倾听员工讲话，不能认同员工的心理感受，不能给予员工积极的回应，不仅会失去一位技术骨干，甚至整个企业都有可能走向衰落。

虽然本田宗一郎看似在与员工沟通，但并没有认真去对待，更没有给予积极的回应。如果管理者在与员工沟通过程中心不在焉、消极被动或者有选择地倾听，员工就会感受到上级的态度，觉得自己不被重视，沟通的愿望就大大降低了，自然就不会把企业当作自己的事业。

倾听员工的意见，不仅会听到积极和正面的建议，很多时候也会听到抱怨和不满。这就需要管理者从善如流，不仅能听进去正面的意见，而且能积极消化负面的意见。否则，久而久之，员工便会只报喜不报忧，企业存在的问题就得不到及时反馈和解决。

员工对企业存在不满、偶有抱怨是人之常情，企业管理者不能自欺欺人，忽视这些抱怨，更不能讳疾忌医，害怕和阻止员工抱怨，而应该积极去思考员工为什么抱怨，原因出在哪儿，这样才能找出企业存在的问题，将抱怨转化成积极的正能量。

1928 年到 1932 年，哈佛大学教授 G.E. 梅奥带领一批学者在美国芝加哥西方电气公司所属的霍桑工厂进行了一系列实验。

研究者事先拟好提纲，制订好访谈计划，请工人就管理层的政策和工作条件等问题做出回答，但进展很不顺利，研究者未能得到想要的结果。工人们想就访谈提纲以外的事情进行交谈，工人认为重要的事情并不是研究者认为意义重大的那些事。研究者了解到这一点后，便改为让工人自由发表意见，每次访谈的平均时间由 30 分钟延长到 1 小时，详细记录工人的意见。访谈计划持续了两年。长期以来工人们对工厂的许多不满，通过梅奥的研究发泄了出来，发泄过后工人们心情舒畅，态度有所改观，结果工厂产量得到了提高。

所以，企业管理者要善于倾听来自员工的声音。只有用心倾听，及时沟通，才能卓有成效地领导团队，激励员工，顺利地开展工作。

6.5 注重团队成员的共同成长

高明的制度需要员工和管理者自觉遵守，高效的组织需要员工和管理者共同支撑。因此，员工对企业的重要性不言而喻。只有团队成员不断共同成长，整个组织的能力才会越来越强。

6.5.1 打造一支学习型团队

组织业务环境的变化、经营发展的需求正是催生学习型团队的驱动力。众多企业家都意识到，如果想要在这个竞争激烈的时代取得并保持竞争优势的话，就需要发展更高水平的学习能力，使组织内部所有个人和团队能大幅度提升适应力和生产力。

美团一直在探索和实践如何掌握和运用正确的方法，让团队成员持续学习，塑造强大的组织能力。

美团创始人王兴曾发过一条微博："上周五开会时，一个年轻同事的一句话至今回荡在我耳边。当时大概是晚上 12 点，讨论接近尾声，需要有人整理会议记录，涉及流程图的部分用 visio 画比较好。我问她会用 visio 吗，她毫不犹豫地说'我可以学'，这四个简单的字里有无穷的力量。"

"我不会但我可以学"成了美团员工耳熟能详的一句话。在王兴看来，"基本功是业务和管理的基本动作，把基本功扎实练好，就能产生巨大价值。但是要想练好基本功，并非一日之功，而是一个长期的事情，甚至可以说是企业全生命周期的事情。我们要通过苦练基本功，把它内化成我们组织的能力。把基本功练扎实，我们就能赢 99% 的事情。"

那么基本功练什么呢？王兴认为最基本的基本功是写作。例如，美团在全公司执行"六页纸文化"——会议组织者用六页纸会议材料取代 PPT；述职者也要准备六页纸，表述清楚其工作逻辑。除了每人必备的写作基本功，美团各团队也在分解自己的专业基本功，并通过管理和机制不断加强练习。

学习是企业保持活力和不断进步的重要支撑。管理学大师彼得·圣吉说："未来唯一持久的优势，是有能力比你的竞争对手学习得更快。"为了能够更好理解和捕捉组织内外的人才变革和成功的需求，使组织能力最大化，很多企业都成立企业大学，重视员工的学习与发展。

2007 年 8 月，腾讯学院正式成立，为所有员工的学习与发展搭建平台，致力于成为互联网行业最受尊敬的企业大学。经过多年的实践，腾讯建立多元化的学习小组，发展出多元化的人员培养模式。

1. 新员工导师辅导制

腾讯除了为每位新员工配一位导师，在辅导其专业技能的同时还帮助他们了解腾讯文化，安排他们参加一系列丰富完整的新人培训，其中有工作经验的新人会经历一个项目——“腾讯达人”访谈。新人入职的第一周可自由组合，随机采访公司内的老员工，请他们讲述在腾讯的经历和故事，感受老员工对腾讯文化的切身体会。最后，新人们要把访谈结果带到“企业文化”的课堂上，与同学们分享达人故事。经过几年的积累，将这些案例整理成书——《达人秘籍》。

2. 核心人才重点培养

腾讯一直都非常注重从内部盘点和发掘有潜质的员工并重点培育，特别加强其在实际工作中的岗位锻炼，以培养出一支核心人才队伍和一群优秀的管理人员。

2006 年开始推出“潜龙”“飞龙”“育龙”系列，不断培养内部不同层级的储备干部。后续推出“攀登”“飞跃”项目，不断培养专业技术人员中的潜才。通过评测、行动学习、面授课程、研讨沙龙、标杆学习、压担子等多种形式，全面快速地提升了核心人才的相关能力。

3. 创意马拉松

腾讯学院会定期在员工内发起创意马拉松，将有想法、有兴趣的员工组成不同的创意战队，每个战队都将经过几十个小时的连续作战来实现他们共同的创意，最后，向公司的核心专家团汇报，评选出最优项目。这些项目可能会帮助公司的某些产品找到新的发展方向，这个活动也有效营造了公司的创新氛围。

学习型团队要求员工保持持续学习的能力，为组织及时铲除发展道路上的障碍，不断突破组织成长的极限，从而推动企业的战略落地、业务发展和人力资本增值等目标的实现。

6.5.2 鼓励团队成员不断改善

追求高效的过程，其实就是在工作中进行自我改善的过程，而在这一过程中，具有主动意识是最为重要的。无论我们面对什么工作任务，都要学会自己管理自己的事情，认清自己的立场和职务，从而做出正确的改变。

在哲学观念中，任何事物都时刻处于发展变化之中，即运动是绝对的，而静止只是相对的。因此，在工作中，如果我们不能自发、自觉地思考并采取行动，而是始终坚持着固有套路不去寻求改变，那么我们将会很难超越现在的自己。

亚马逊的贝佐斯曾说："好的领导者应该善于倾听、收集信息并做出判断，且有着宽广的胸怀，不介意修正自己原本的想法，有着开放性的特点。"因此，尽管他笑声刺耳、骂人难听，但是他有超级强的自省能力，让自己能够快速迭代。

字节跳动的张一鸣也如贝佐斯一样善于自省和自我迭代。他说："如果不能正视自己的缺点，试试多回忆总结自己的梦境，梦里不会装。"

事实上，当我们细数那些国内外知名的标杆式优秀员工，以及那些早已取得成功的著名企业家时，我们便会发现，他们大多具备同样的特质：这类人都将学习和改善视为自己必须做的事情，而从不墨守成规，从不故步自封。正是这种主动剖析自我、战胜自我的意识推动了他们的成功和进步。

在职场中，每个人都在无形或有形中与他人比拼着。因此，阿里巴巴创始人马云、腾讯总裁马化腾等许多知名企业家在自己的企业内都竭力地倡导员工做好自我批评工作，敢于正视自我。任正非也是如此做的。

为了让华为人认识到自我反省的重要性，任正非在一篇名为《为什么要自我批评》的华为内部文章中专门写道：

"真正的科学家，他的一生就是自我批评的一生，他从不满足于现阶段的水平，他总是不断地探索新知。当一个科学家要退休时，你问他，他的成果怎样，他总是会滔滔不绝告诉你如今他面临着怎样的问题，打算如何改进等。他的回答其实就是一种自我批评的最好体现。如果没有自我批评，我们华为的 08 机早就死亡了。也正是因为我们不断地否定，不断地肯定，又不断地否定，才有了今日的 C&C08iNET 平台。如果有一天我们华为人停止了自我批判，iNET 也就只能退出历史舞台了。”

2014 年年初，在华为内部会议上，任正非又对所有与会的华为员工说：“我希望在座的每一个华为人都能将所谓的面子放一放，揭开面纱看一看自己是不是和世界脱轨了。因为只有这样做，我们才能把一切危机扼杀在摇篮里。如果我们始终只是自欺欺人地自我满足，那么，华为和华为人便都要被世界所淘汰。”

在有些企业中，员工严重缺乏自我批判和自我突破的精神。为了克服这种不良习气，除了依赖企业对员工的约束，更重要的则是依靠我们自身的不断反省，唯有这样，才能保证不被时代的竞争所淘汰。

6.5.3 及时分享经验，共同进步

每个人都是流程中的一分子，在工作中碰到的问题、已有的经验教训、产生的数据等信息，都是组织的财富。如果企业能够很好地利用已有的经验，建立起良好的反馈机制、解决问题机制和监控机制，例外事件将越来越少，流程运作将越来越顺畅，运作效率也将越来越高，最终企业会达到“无为而治”。

为了做好经验总结和数据累积，一方面企业要建立一系列良好的机制，确保数据和信息能有效保存下来；另一方面，管理者也要言传身教，鼓励团队成员将自己的经验分享给别人，实现共同进步。

字节跳动全球公共政策总监 Helena Lersch 强调：“字节跳动是一个拥有数亿个用户的内容平台，面对不断变化的大环境，我们的日常工作从来不会有例行公事。我的团队每天都在为打造一个更完善、更安全的用户环境而努力。也不是说我们没有犯过错误，但我们能很快总结经验教训，并快速迭代更新。这也是整个公司的典型特征。”及时总结并分享自己的经验，才能让团队成员甚至更多的人在工作中少走弯路，减少重复劳动，提高团队的工作效率，为团队绩效

的提升做出贡献。

以华为为代表的许多成功企业，无不极度重视群体的智慧，并引导人们积极地说出自己的想法。对于好的经验，予以接受，不好的建议，也肯定对方的努力，最大限度地激发所有人参与经验分享的积极性，从而实现所有人共同进步。

华为高价中标拿下阿联酋 Etisalat 和香港 Sunday 的 3G 商用网络建设项目，实现了 WCDMA“零的突破”，可当真正交付商用局时，却没有一套系统的资料能够用来指导 UMTS 网规网优交付。于是，谢智斌和同事们一边交付香港 Sunday 项目，一边把交付流程和遇到的问题总结整理成指导书并在项目上进行验证和优化，形成 UMTS 第一版网规网优指导书，为后续批量交付打下了基础。

谢智斌认识到，一个人的经验总结只有转化为团队和组织的资产，才能真正被传承下去。因此，谢智斌在 3MS 社区创建了“RPOT”团队，与全球的工作者分享相关技术经验，与此同时，他还建立了三个技术交流群，实时解决网规网优工程师关于技术、工具、资料、流程等方面的问题。如今，社区和交流群都已成为全球网规网优人员分享经验、获取帮忙、提升能力的重要渠道。

在日常工作中，除了日常的经验总结，作为管理者，还要时常组织座谈会、交流会、分享会等活动，让所有员工都参与进来，相互分享各自在工作中的经验、心得、体会等，营造一个相互分享、相互学习、共同进步的氛围。

6.6 营造良好的团队氛围

构建融洽的组织氛围是形成高执行力组织的基础。因此，企业在经营管理的过程中，要重视团队氛围建设，努力为团队打造一个“家”的氛围，让员工们感受到自己是集体的一分子，自愿为组织的成长而做出努力。

6.6.1　重视团队氛围建设

心理学家亚历山大在“情境同一性原理”中指出：每个社会情境或人际背景，都有一种合适的行为模式，这种行为模式表达了一种特别适合该情境的同一性。

一个脏乱不堪的社区环境会造就一批恶劣的居民；反之，这个环境一旦变好，居民也会自己对自己加以约束，变得更加适合这个良好的环境。心理学家称之为气氛效应。

那么我们是不是可以这样说，一个好的团队氛围将会在无形中影响着身处其中的员工。如果组织能够为员工营造良好的团队氛围，让他们能够充分发挥自己的优势，就能使员工产生一种归属感，使自己真正地融入团队，从而提高员工的敬业度。

马云强调，伟大团队的定义是平凡的人在一起做不平凡的事，并且不要让团队中的任何一个人失败。在团队氛围建设方面，阿里巴巴为了打造一个有温度的团队，让团队成员之间彼此共情，在团建中采用了“五个一工程”的落地工具，即管理者在一年时间里需要和团队的每一位员工进行一次深度沟通，做一件感人的事，和团队成员举办一次体育活动、一次娱乐活动，进行一次集体聚餐。

良好的团队氛围同样需要一个良好的环境组合，它包括多方面的因素，比如员工与员工之间、员工与环境之间等，配合得好就可以营造出极佳的团队氛围，从而点燃员工的工作激情。

团队氛围的营造说简单也简单，说困难也确实并不容易做到。而且，外部环境和条件是由多种因素构造的，因而领导者在实施管理的时候要考虑全面。

第一，工作环境中的硬件设施，包括物品的摆放、墙壁色彩等，都会影响员工的心理。好在客观的环境比较容易改变，管理者可以通过对这些方面的处理来彰显热情的元素，比如布置能够调动热情的装饰，毕竟感官上的刺激对人们的影响是不容小觑的。

第二，文化理念是企业氛围的核心内容，我们可以将其理解为精神环境。我们都知道，要激发员工的热情，最好在思想的层面挖掘出潜藏在人们内心的积极能量。因而在企业文化中一定要突出热情的重要性，使员工进行自我激励。

第三，氛围的营造离不开人际关系，它对激发员工的热情也是至关重要的。在任何一个工作团体中都不能少了热情的人，否则整个团队会是一种死气沉沉的状态。因而，作为管理者在工作人员的调配和安排上要充分考虑到这一点。

6.6.2 用榜样传递积极能量

英国管理学家约翰·爱德欧提出："一个团队内部无论哪个层面出现滥竽充数的人，他们都会像蛀虫一样腐蚀企业，影响其他员工，并最终使得原本能力出众的人也渐渐趋于平庸。反之，如果一个团队中有那么几个值得人学习的好榜样，那么，整个团队就会在潜移默化中受到他们的积极引导。"

榜样行为是一种非常值得重视的非权力影响力。什么是榜样行为的影响力呢？它指的是与他人集体工作时，通过自己的优秀行为给他人提供一种可值得学习和效仿的模式，这种行为力量在行为发出者身上同样会产生心理和行为的影响力。社会心理学家认为，他人可以通过耳闻目睹，了解和收集有关他人优秀行为的信息，通过内心感受和体验，内化为自己的主观意识、态度，引起思想感情上的变化，再由个体的主观意识、态度、情感等加工发出行为活动。这种榜样行为所指向的目标，不仅会对自身的工作产生巨大的心理感染力量，还能够让我们的工作深入人心。

仅依靠制度约束是不能够让员工摒弃其不良行为的，为此企业需要塑造正面榜样，并对优秀榜样表现出足够的尊重和礼遇，从而吸引员工向榜样学习。

在德鲁克担任通用汽车公司顾问的几十年里，通用公司总裁查尔斯·威尔逊深受其理念影响，每一年都会在通用公司各个部门中评选出技术精英和岗位模范，并对其进行表彰和奖励，最高奖励甚至是一部通用自产的高级跑车，以此激励其他员工向其学习。

如果一个组织中有很多正面的标杆人物，在他们的带领下，组织的执行力会大大提升，整个组织都会往更好的方向发展。华为也是如此，为员工树立榜样，尊重榜样。

任正非强调："以奋斗者为榜样，向奋斗者学习。""华为的今天是大家共同努力的结果，更是那些带头艰苦奋斗的人带头发挥作用的结果。如果我们不是始终坚持以他们为榜样，依赖他们，支持他们，并且尊重他们，华为的今天一定不是这样的，甚至于不会有今天。"

正是因为华为有着传递榜样能量的良好氛围，所以每当华为或者华为的客户出现危机和需要时，总会有一个个华为人递交"请战书"，主动申请前往支援。当这些英雄归来以后，又会成为更多华为人的典范，激励他们在下一次危机来临时能够勇敢地站出来。

2011 年，任正非在伊拉克代表处与员工座谈时说道："我们要选拔那些有使命感的人、那些有职业责任感的人，作为我们事业的骨干。骨干是会比一般劳动者多一些牺牲的机会的。我们的职业责任感，就是维护网络的稳定。当一个国家危难时，方显这个民族的本性与品质，这次大地震日本人民表现出的伟大品格，值得我们华为人学习。一位领导对我说到日本福岛核电站抢险的 50 名死士时，都流泪了。一个国家、一个民族、一个公司，有了这样的儿女，还有什么人间奇迹不能创造出来？在这次利比亚大撤退中，华为人表现出的这种沉着、镇静、互相关爱，特别是对别人的关爱，多次主动把希望与机会让给别人，已具备了这种精神，多么可歌可泣！胡厚崑向我汇报时，说真想哭。那些坚守在高危地区和在高危险地区陪伴亲人的家属，都应获得我们的尊敬。没有他们的牺牲，就没有我们的幸福。"

华为之所以能够持续保持强大，与这种榜样力量的发挥有着重要的关系。企业在经营管理的过程中，要为员工树立明确的学习标杆，激发他们的内在潜力，提升执行效率，从而推动企业战略目标的实现。

第 7 章
督导与改进

STRATEGY STRATEGY STRATEGY STRATEGY STRATEGY

企业要定期评估战略执行的状态，获得战略执行情况的反馈，判断战略规划的推进情况，并据此做出改善，从而确保战略成功。在实际操作中，我们可以通过节点控制、动态监督、及时反馈、战略评估，对企业战略执行状态随时进行监控，及时发现偏差并不断改进。

7.1 识别任务关键控制点

厘清并明确每一个战略任务的关键控制点，是确保战略执行效果的至关重要的决定因素。在战略执行过程中，优秀的管理者需要设计好关键控制点，做好工作安排，将下属的行为引导到对组织有利的方向上去。

7.1.1 通过判断树识别关键控制点

在战略规划中，企业设定一个个关键控制点，使得管理者可以通过这些关键控制点准确把握计划进展状态，以控制整个目标得以实现。那么，如何有效地设置这些关键控制点呢？判断树是判断关键控制点的有用工具，被许多大型企业频繁应用于战略管理过程中。

下面就是通过判断树确定关键控制点的具体步骤。

第一个问题是："对确认的时间长度是否有控制措施？"

这个问题是为了明确该步骤是否实施了控制措施，以确保时间长度可控。如果答案是否定的，那么就需要明确在此步骤中是否有必要采取控制措施以确保时间期限；如果答案是肯定的，那么就需要确定在实施该步骤前、中、后所应采取的控制措施。一般而言，对每一个步骤作业方式都需要加以修改，以强化控制力度。如果不需要加以控制，则该步骤不是关键控制点，可直接回答第三个问题。

第二个问题是："该步骤是否专门用于解决时间拖延问题？"

"专门用于"意思是该步骤为特定的时间拖延问题而设置。如果该步骤专门用于解决时间拖延问题，即答案是肯定的，则判定该步骤为关键控制点；如果该步骤并非专门用于消除时间拖延问题，即答案是否定的，那么回答第三个问题。

第三个问题是：“在这一步骤中时间是否会超过预期？”

这个问题主要用于确认时间可控性是否会对运营效率带来显著影响。如果回答是肯定的，那么就需要提供科学的数据或文献依据，并且接着回答第四个问题；如果答案是否定的，就要表明此步骤不会对运营效率产生影响，可判定该步骤不是一个关键控制点。

第四个问题是：“接下来的步骤会帮助解除时间障碍吗？”

这个问题是帮助行为者从多个控制步骤中确认最适用的时间控制措施。如果没有后续步骤来解除时间障碍，即答案是肯定的，那么此步骤为关键控制点；如果有后续的步骤能解除时间障碍，即答案是否定的，此步骤不是关键控制点。

我们可以看到，判断树由四个互相关联的问题组成，这四个问题构成了判断关键控制点的逻辑步骤。战略举措中的任何一个环节都可以作为控制节点，但是关键控制点却不是那么容易确定的，它需要很多细节性的工作来判定。

准确判断出任务的关键控制点后，才能采取有针对性的有效措施确保战略目标高效达成。尤其是对于流程较长的任务，采用上述判断树的方法可以帮助任务实施团队更精确、更全面地找出关键控制点。

7.1.2　围绕核心需求确定关键控制点

员工的工作计划中的每一项业务活动、每一个目标都可作为控制点，而关键控制点是那些对评价时间管理效率具有关键意义的因素，如企业的生产率、交工期限等。除了通过判断树识别关键控制点，我们还可以通过聚焦任务的核心需求来确定关键控制点。

华为在计划落实过程中，会与客户沟通讨论出一些核心需求，并抓住核心需求，从客户的立场来理解客户的哪些需求是在第一期需要完成的，哪些需求可放入第二期甚至第三期来完成。规划好轻重缓急，确定好这些需求的主次之后，就能据此来梳理出工作任务的关键控制点，并科学有效地执行工作任务。

林海一毕业就加入了华为的 GTS 管理服务部，当时华为的管理服务业务还在起步阶段。入职三个月后，林海就被派驻非洲交付第一个管理服务项目。当时没有什么工作经验的他感觉有些紧张，但是公司该做的工作指导都做到位了，林海知道只要自己能够有信心面对客户，就能很快抓住工作的核心需求，梳理出关键控制点，顺利开展自己的工作。

满怀期待坐了 16 个小时飞机后，林海抵达赞比亚，因为不适应当地的环境，得了荨麻疹，好在很快就恢复了健康。还没喘口气，他就赶紧开始补欠下的功课，并立即找到客户了解对方的需求，还找到了分包商了解交付情况。好不容易确定好了业务上的事情，时常半夜突然接到电话说有个站点断了或者油机告紧了，团队的成员都束手无策，情况一度混乱不堪。

林海想到之前接受的工作指导，知道当下的要紧事就是梳理清楚工作的头绪。最终他抓住了问题的关键，了解到核心需求并开始着手解决这些棘手的问题，招聘专家找到高比例油机告急的解决方案；制定油耗上限承包制来杜绝盗油；协助分包商减少下派到区域的人数来降低成本……抓住这些关键节点一一处理好工作后，工作开始有了显著的成效：油耗降低了 20%，网络可用度提升了 3 个点，林海和团队的成员这才松了口气。

林海把握住降成本这一核心需求展开工作，并取得了成效。从核心需求中梳理关键控制点，需要有清晰的方法论支撑，还要辅以相应的数据分析，必要时，要与团队一起研讨。通过集体论证与分析，既可以避免管理者的决策失误，也能够加深员工对任务核心需求的理解与掌握。

华为常常强调员工在工作的时候应该有规划地处理业务，不要像无头苍蝇一样乱撞，要结合团队的力量，和其他同事商量出一个合适的方案，这个方案要围绕整个工作的核心需求展开，确定好工作的关键控制点，从而保证一击即中。

7.1.3 将关键控制点进行可视化呈现

厘清关键控制点后，可以将其以可视化的方式呈现出来，这将有助于管理者更加准确地对进度、关键事项进行掌控。在华为，最常见的任务可视化管理模式是里程碑计划。

里程碑计划有着简明、易懂、实用的特点。里程碑计划通过建立里程碑和检验各个里程碑的到达情况，控制任务进度和保证总目标的实现。这种通过精准控制任务中的关键环节的技巧，使得我们不必把大部分时间和精力都用在任务执行控制工作上，并且任务执行的风险也会大大降低。

里程碑计划是基于项目展开实施的，通过了解一个项目的全貌，发现里程碑计划的使用技巧。下面，我们以华为公司某项目部的一次接待客户考察项目为例进行介绍。

某国市场是华为公司的重要市场，华为公司在 2018 年 9 月 15 日中标一个 100 万元的线固网项目（后用项目代称），项目在 2018 年 10 月开始实施。在实施过程中，客户反馈出现了交货延迟和测试出错的问题。

为了改善客户关系，华为项目部决定在 2018 年 11 月 2 日前邀请客户公司的总经理到华为公司考察。

接下来怎么办？有经验的员工肯定会想到确定这个项目的执行步骤，这也是使用里程碑计划的第一步。这样既可以避免盲目动手，以及在执行中反复修改，又可以保证里程碑计划的可行性。

在确定步骤时，华为员工会找出所有完成该项目所需要的环节。如果一个人想不出来，就会进行头脑风暴。之后，会把想到的、分析出的环节全部写在纸上，即便只是一个简单的思路。然后，整理写在纸上的各环节，删减重复的，合并相似的，最后用简洁的词语描述并写下来。

对于一个项目而言，应缜密思考其执行过程，以确保顺利达成目标。当然，所谓里程碑计划，顾名思义就是要对重要的环节进行监督，而不是对项目的每一个环节都监督，否则这样的方法就没有任何意义。

华为员工会将项目环节中资源薄弱、业务不熟练或者可能带来麻烦的步骤作为关键步骤。自然，这些步骤也就成为“里程碑计划”的监控对象。

决定了关键环节，就要开始分配执行时间了，这是非常重要的一步。因为里程碑计划中的每个里程碑，要有明确的开始和结束时间，以保证各阶段任务及总目标能够按计划完成。

由于完成项目的总时间是确定的，因此，应考虑如何分配各里程碑时间，而不是探讨总时长是否合理。确定好关键步骤（里程碑）和时间后，就要绘制里程碑计划。华为项目部门编制的关于客户考察的里程碑计划如图 7-1 所示。

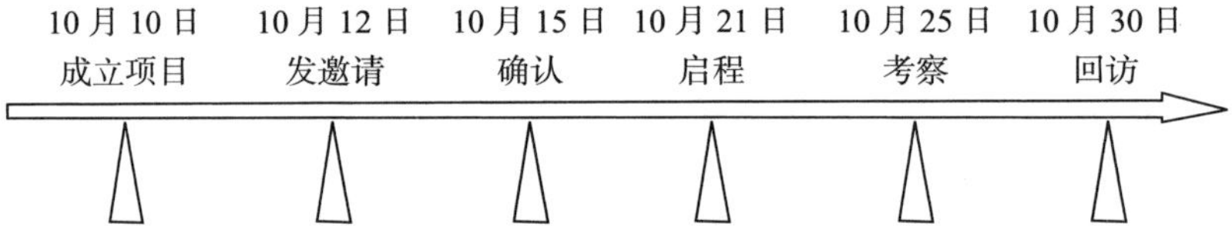

图 7-1　客户考察里程碑计划

最后，华为员工要根据里程碑计划的要求，精准控制项目中的关键环节，并做好监督。

由此看来，通过使用里程碑计划，可以将整体项目按需求剖析成不同的细化模块，将关键节点可视化，并对工作进度和质量进行追踪检查，从而快速、准确地完成各项计划安排。

7.2　动态监督战略执行过程

战略执行光有策略和行动计划还不够，需要定期对策略与行动计划的执行过程进行跟踪和监督评价。

7.2.1　战略执行过程要监控到位

在经过科学的战略规划和解码后，企业会分解得出各个部门或项目组需要完成的重点工作与重点措施，甚至在一些较为庞大的工作任务下还会分出子项目，通过这一环节，部门或项目组的所有成员会明确自己的具体工作任务。

有时候，尽管各岗位的员工能够明白自己需要做什么、需要达到什么样的效果，但实施环节不一定能够一帆风顺，比如，实际操作效果可能差强人意，或者中途出现一些不可控因素，对于这类问题，就需要管理者加以控制和调整。同时执行者也可能会出现主观懈怠或操作失误，对于这样的问题，更需要管理者加以监督和干预。因此，在战略执行过程中，管理者仍然需要参与其中，做好推动与监督工作。

对战略执行过程进行监控，既有利于保证整体战略的实施进度，又有利于及时对突发情况做出灵活反应。

华为战略管理执行与监控子流程明确了战略执行与监控的对象主要是管理 IBP（集成经营计划）、管理重点工作、管理 KPI 和管理战略专题这四项内容。

管理 IBP 是指将公司本年度的各项业务计划，如销售计划、人力资源计划、财务预算计划等进行集成，统一管理和监控。

管理重点工作是指统一管理和监控支撑战略规划和年度经营计划目标达成的关键性工作。

管理 KPI 是指管理和监控公司的 KPI 执行情况。

管理战略专题是指对公司及各业务 BG、区域组织、职能部门等业务开展和未来发展有重要影响的一些重大战略性问题进行专题研究和管理，如新产业机会、人才、竞争等问题。

其中 IBP、重点工作、KPI 主要来源于公司发布的年度业务计划与预算，战略专题则来源于公司战略规划。

构建系统的战略执行和监控机制，通过对执行情况的考核、奖励与问责，系统管控企业战略执行情况，以便根据实施情况及时对具体行动计划、策略和战略方向进行调整。

7.2.2　选择合适的战略监控方式

对战略执行过程的监控，具体可以通过定期审视（如月、季、年度审视）、半年刷新方案、推动落实、调整资源等方式实现。

【管理思考】定期审视战略执行情况

- 月度监控：监控战略执行情况，确保按进度执行行动计划。
- 季度监控：审视行动计划的执行状态和目标实现程度；根据情况决定是否停止或继续目前的策划和行动计划，决定是否需要启动新的行动计划。
- 年度监控：审查年度战略执行情况；进行战略分析，调整战略目标，并重新确定关键任务和行动计划。

在华为，选择战略执行的监控方式是较为灵活的，具体与各代表处、项目组需要落实的战略计划和任务内容有关。

华为印度尼西亚代表处的销售管理部，在战略执行监控上，有着丰富的经验，善于从细微之处发现战略执行过程中的不足之处，并加以改善。

2013年，印度尼西亚微波的订货和销售毛利呈双负增长，代表处随处可以听见“微波产品交付难、销售毛利低”等负面评论，当时作为微波销售人员的王享田听到这些话，心里很不是滋味，暗下决心，一定要带领大家实现微波销售的振兴。

于是，王享田先在Excel表格中根据当年的战略解码详细列出了要做的八件事情——总体目标、订货预测、人员安排……将其与微波员工的具体执行措施和执行结果做对比。经过细致的分析，再结合工作经验和咨询意见，王享田一一找出了微波员工在战略执行的不同方面显露出的不足之处，并且有针对性地提出了能够迅速落实的改进办法。

面对销售人员解决方案能力差和日常工作效率低的问题，王享田带领微波所有同事连续组织了八周的内部比武，这一举措成功地让大家都变成了解决方案与内部流程的专家；针对需要准入的产品种类多的问题，王享田制定了详细的进度追踪表，并严控每个环节的时间，保证了新产品能够在第一时间进入市场；针对微波产品组合多导致供应复杂的情况，王享田和其他同事共同制定并推行了印度尼西亚本地的微波“归一化”举措，统一微波交付版本，这个办法顺利减少了80%的非常用物料，微波供应效率大幅提升；针对印度尼西亚唯一未规模突破的D客户微波市场，王享田在原有的重点工作分解的基础上，进一步制定了详细的子项目运作思路表，最终助力项目获得成功。

正是这样点点滴滴的督导行为，使得微波员工的不懈努力最终汇涓成海，他们在 2014 年年底成功超越了目标，微波产品也再次在印度尼西亚代表处变成了一个既有量又有利润的产品。

光有完美的计划，没有完美的行动，是无法把事情做好的，而完美的行动还需要有周全的督导措施来保证。

7.2.3　以过程检查对执行进度全程监控

在企业中，如果管理者下达工作目标并分解工作任务之后，没有及时地监管员工的工作过程，适时地指导员工的工作，有极大的概率使得员工无法顺利开展后续的工作。要保证员工有高效的执行力，让员工能够顺利完成工作，就要有适当的监督、必要的指导和控制。虽然不用涉及员工工作的具体细节，但对于整体进展还是要有所了解的。

一个企业如果没有可靠的监控行动，最终会导致企业管理混乱。曾经就有很多企业因为管控不力导致企业几乎濒临灭亡。

美国康普公司曾出现过管理上的重大事故，当时很多员工都拒绝听从领导的指令，甚至采取了过激的行为来反抗公司的管理。

管理的失效导致公司无法正常运营，康普公司的高层管理者马上集结起来对这一现象做了调查，结果显示造成这一现象的原因是管理者对员工授权后的监管不够，因为沟通不到位，造成了管理者和员工之间的误会，也造成了员工的消极情绪。通常情况下，部门管理者在给员工布置完任务后，就认为可以放手不管了，认为自己已经“教”他们去做了，如果员工没能把工作做好就是员工的理解有问题，所以一旦员工在工作上出错，管理者也不管真正的原因，只根据结果来对他们采取相应的惩罚措施。但实际上，员工做得不好大多并非是他们不愿意做好，而是因为他们不知道如何做好。而管理者不问缘由直接奖惩，员工觉得难以接受。

在这种情况下，再完善的奖惩制度也没有意义。因为员工对这种惩罚不接受，暴力惩罚也只能得到暴力抵制的结果。

如果企业的过程管理不到位，会造成诸多的缺陷，浪费大量的人力、物力和财力等资源，也很容易滋生不满情绪，不知不觉中降低了组织的工作效率。所以，在工作进行的整个过程中要规范过程管控，随时对执行情况进行有效的监督和指导，及时排查出工作过程中的问题，清除工作过程中的阻碍，以确保最终的结果符合预期要求。

在华为，工作既遵循结果导向，同时也注重过程的监督。华为人对工作过程进行监督，是为了结果的实现。只有在工作中保证过程的正确，才有可能获得好的结果。对工作过程进行监督可以发现问题，并找到产生问题的原因，进而及时处理，确保工作朝着正确方向前进。

洪兵是华为网络技术规划优化六级专家。光阴似箭，十多年来，他经历了2001年全球IT泡沫危机中华为无线的逆成长，也见证了2008年全球经济危机下华为无线产品的突破，现在正面临着新的机遇与挑战。一路走来，虽有艰辛痛苦，但更多的是成长和收获。

2012年，洪兵进入公司A级项目——澳大利亚V运营商搬迁项目，担任RFT3主管。他刚进项目组就遇到了客户叫停搬迁的情况。客户指出用户投诉数量连续四个月高于搬迁前，且呈现上升趋势。此时，华为投入交付的人已达数百人，暂停项目对华为意味着成本增加。

洪兵作为网优模块重大问题攻关的负责人，立即组织对网络进行逐段核查，以确保进度和搬迁质量。他带领项目组先集中力量消除共性问题，然后再逐个解决单站问题，最终在一个月内将客户用户的投诉数量降到正常水平。面对改进结果，客户终于同意再次启动搬迁。这次问题排查过后，洪兵建立了全过程监督的机制，他对交付各单位负责内容设置了新的核查标准并重新整合，在搬迁工作流程中增加了每日审查这个环节。在严密的过程监督之下，项目交付再没有出现因搬迁而引起用户投诉增加的情况。

四个月以后，客户和项目组共同庆祝某城市CBD搬迁成功。走过了项目交付最困难的阶段，洪兵也对如何在交付中从计划和风险、资源和组织、流程和标准、需求和方案、网络和用户等方面做好监控有了更深的领悟。

洪兵在接到客户暂停搬迁的要求后，立即对搬迁过程进行介入，从各个方面实施检查和监控，消除了客户的担忧，保证了搬迁项目继续按进度执行。

华为人在任务的过程监督上做得非常细致而周到。在项目推进中，还会灵活运用计划表、甘特图等工具监控项目推进情况。他们借助有效的工作进度监控工具，保证了每项工作井然有序地开展，发现问题也能做到及时解决。

7.3 完善汇报与反馈机制

没有信息交流而埋头苦干，员工极有可能陷入工作难以展开的困境，所以企业需要构建完善的汇报与反馈机制，让员工及时汇报自己的工作情况，同时也能让领导及时掌握新情况、新问题，并最终快速给出应对方案。

7.3.1 让信息充分地流动起来

信息是创建宇宙万物的最基本的万能单位，我们每天从事的所有工作，都是从领导给出的信息中得来的。如果没有合理的数据与信息，我们便会失去工作的正确方向，变得茫然而不知所措。因此，让团队的所有成员都处在信息覆盖范围之内，并保持信息的流动性，将有助于团队成员了解自己的工作对最终目标的意义，并积极配合完成工作。

当今企业，随着规模的不断扩大以及人员流动性的加强，信息的有效流通正在变得越来越困难，即便各种社交软件日益丰富和多元化，仍然无法改变这一事实——企业成员间的有效沟通正在不断减少。如果在执行过程中无法得到及时并正确的信息指引，工作便很容易出现偏差，甚至完全是在做无用功。

麦肯锡认为，信息是企业生命的起搏器，在一个企业或者一个组织当中，团队成员获取的有效信息越多，工作效率便越高；获取信息的速度越快，执行失误出现的概率便越小。因此，为了提高有效信息的流通效率，麦肯锡创造了许多独到的交流方式。

曾长期担任麦肯锡咨询顾问的艾森·拉塞尔在其著作《麦肯锡方法》一书中强调：“想要使团队更有效率，你就得保持信息的通畅。”与此同时，他也指出，每个麦肯锡咨询团队的内部沟通都有两种基本方法：“一种是传递信息（以语音信箱、电子邮件或备忘录等形式），另一种是会议。”

传递信息无须赘言，会议也是一种快速促进信息传播的有效手段，是把团队紧密联系在一起的黏合剂。前麦肯锡项目经理苏珊娜·托思尼曾对此评价道：“麦肯锡团队会议可以让有益的信息充分流动，并提醒那些出席会议的人，大家身处一个集体当中，这样的交流毫无障碍可言。”

除了上述两种促进信息流通的有效方式，麦肯锡团队还有一种更为独特的内部沟通方式：learning by walking around，即通过走来走去来学习。在麦肯锡人看来，永远不可以低估随机事件的价值，一些很有价值的谈话就产生于偶遇之中。比如，饮水机旁、餐厅、下班的路上，或者客户公司的走廊里，在四处走走与人交流的过程中你总会有所收获。

我们强调要让信息流动起来，其本质还是在强调沟通的重要作用，沟通的过程便是信息有效流动的过程。因此，不管选择怎样的方式与你的团队沟通，都要力求让交流变得频繁且坦诚。

7.3.2 及时向上级汇报工作

一些职场老手总结出这样的经验：在职场中，重要的不是你做了什么，关键的是让领导知道你做了什么。即便一个简单的工作，也要有始有终，让领导知道结果。如果任务比较复杂，领导还希望能够把控过程。

很多人在工作中遇到问题都希望自行解决，不向上级汇报，结果越忙越乱，甚至一发不可收拾。如何避免这种事情发生？华为员工的经验是：做好工作汇报，及时地将自己的想法和工作情况反馈给领导。通过工作汇报，领导能够随时了解员工的工作进度，增加安全感。同时，领导也可以从工作汇报中发现员工的优点、指出缺点，从而促使员工不断地进步。

有华为员工在自己的报告中这样写道：

“在新员工实习期间，要主动把自己所学习的知识讲出来，讲给你的导师、讲给老员工们、讲给你的主管、讲给其他新员工听！因为你在讲解的过程中，你的知识遗漏点会暴露出来，便于导师和主管在今后的工作中帮助你改善。最重要的一点就是，你的主管非常喜欢看到你做总结，而且是主动的，因为他可以比较清楚地知道你的工作状态。

“我当时就经常给别人讲，给老员工们讲我自己的看法、我自己的思考方法等，在和他们的交流中，发现自己提升得很快。

“后来，我也带了三个徒弟，我经常叫他们讲给我听，一般一个星期至少讲两次，同时叫他们定时把周总结交给我看，我帮他们改错，就这样相互提升。”

显然，工作汇报不仅让领导心中有数，还能够让别人指出自己在工作中的不足，及时改正以不断地提升自己。

但汇报工作并不简单，它是有技巧的。一次好的工作汇报能让领导肯定自己的成绩，成为向领导展示自己能力的机会。相反，工作汇报不到位或汇报不及时，不仅浪费时间，反而会让领导怀疑自己的工作成果。

那么，怎样做好工作汇报呢？

首先，我们要学会从领导的角度考虑问题，切忌自以为是，按照自己的意愿来汇报工作。聪明的下属总能够从领导的角度考虑问题，他会选择最合适的时机向领导汇报，从而不影响领导的正常工作和休息。

其次，汇报工作还要事先考虑好应该达到什么目的，这是一个根本性、方向性的问题，也是工作汇报的主题。比如领导为什么在这个时候听汇报，领导要听的内容和当前的工作有什么关系，等等。应该结合自身的工作情况，提前设想什么样的汇报才能让领导满意。解决了这些问题，工作汇报就成功了一半。

另外，在汇报的内容方面，应该有针对性地汇报领导关心的工作。这就要求我们在有限的时间内做出最为有效的汇报。因此，汇报应该抓住重点，考虑三个方面的内容：一是领导最想听、最关心的内容；二是自己认为最能表现成绩的工作；三是有自己特点的东西。如果汇报工作是“主线”，那么，这三个方面的内容则是“主干”。

总之，工作汇报是员工工作的一部分，无论自己在什么样的工作岗位，也不管自己的工龄有多长，工作汇报都必不可少。另外，工作汇报的技巧需要在工作中不断地总结与改进，以便能够找到更加有效的汇报方式，提高效率。

7.3.3 积极地为下属提供反馈信息

在沟通的过程中，人们的各种不合理的反应，比如沉默或者批评等，容易影响沟通的顺利进行。很多管理者在与团队成员沟通后总是不能及时地反馈，或者没有给予任何回应。

事实上，一个完整的沟通过程既包括倾听想法，也包括对想法做出反应或反馈。只有形成完整的沟通过程，才能真正发挥出沟通的作用和效果。在团队管理中，管理者需要针对员工的想法做出及时反馈，一方面是帮助员工进一步了解工作目标，另一方面也是鼓励员工多表达自己，进而充分调动员工的工作积极性。

在美团大大小小的场景中，包括述职、晋升、日常工作汇报等，管理者都被要求给予员工建设性反馈。建设性反馈与阿里巴巴的“裸心会”有点相似，要求大家“敢于说真话，愿意听丑话”，即反馈人要坦诚地说出事实，不能怕得罪人；被反馈人要保持开放的心态，虚心接受他人的意见。

那么如何做建设性反馈呢？美团住宿事业部总结出了一套方法——双向反馈法，即管理者先依据事实给予员工激励性反馈，再给予建设性反馈，每种反馈不能少于三条。通过双向反馈，一方面帮助管理者更加全面地观察员工，另一方面也逐渐让管理者和员工的视野更加开阔。

对于管理者而言，有效的反馈不仅是为了改善员工的某些行为，更是一种有效的激励手段，比如绩效的即时反馈有时能够增加员工的积极性。因而，管理者要对反馈问题加以重视。

【管理研究】提供反馈信息时的注意事项

管理者在向下属提供反馈信息时，应关注以下四个方面：

第一，在沟通过程中，管理者对沟通对象所表述的观念、想法和要求要给予态度上的回应，让对方明白自己的态度和想法，即便是批评性的反馈，也比无动于衷要好。

第二，管理者要通过多种多样的手段及时地收集和评价活动效果，如观察交谈、现场提问、效果评价等，这样所得到的信息才是全面的。然后要及时反馈信息，随时调整活动过程。

第三，对存在的问题，虽不必马上实施惩罚性的措施，但也要有针对性的解决手段。管理者要避免全盘否定性地评价，或向员工泼冷水，即使要批评下属，也必须先赞扬下属工作中积极的一面，再针对需要改进的地方提出建设性的建议。

第四，管理者对员工的反馈要及时，反馈也是讲究时机的。有的时候，一旦过了最佳时机，就算对其进行了反馈，也失去了应有的效力。

任正非也一再强调反馈的重要性，在任正非的倡导下，华为管理层经常深入员工内部，积极地咨询员工意见，并对基层员工提出的问题予以及时解决和反馈。今天的华为，干部与员工的沟通与反馈已经成为一种常态，通过与员工及时沟通反馈，用团队的力量克服重重困难。

身为管理者，单纯地做到与员工沟通是不够的，更重要的是要给予反馈。及时反馈，及时处理员工的意见，及时帮助员工从困境中解脱出来，让他们体会到自己对于管理者和团队是有价值的。这样一来，便能够充分激发团队成员的工作积极性，更加有利于营造积极向上的团队气氛。

7.4 战略评估与优化改进

战略执行能力对企业战略的成功起着关键性作用，因此，企业必须准确评估战略执行情况，从中发现问题，并及时做出改进。更重要的是，企业需要不断对战略进行验证和修正，以适应瞬息万变的内外部环境。

7.4.1 定期审视战略目标的正确性

华为通常会通过召开战略复盘与纠偏审视会来进行战略评估与改进。战略复盘与纠偏审视会一般以季度居多，主要目的是根据环境变化进行纠偏及阶段性复盘。具体会议内容是定期审视战略目标的正确性，根据战略规划执行情况不断调整重点工作任务；阶段性复盘，提炼经验和教训，对公司的组织、流程、激励机制等进行调整和优化。

定期审视战略目标的正确性，一方面要检查现行战略给企业带来的经济效益如何，另一方面要考察现行市场环境下，企业是否有新的发展机遇。通过综合两个方面的评估结果，企业可以做出继续采取原战略或变更新战略的决策。

IBM 自 1911 年成立以来，一直以“计算机硬件制造商”的形象来给自己定位，其主要业务是销售各类计算机主机，作为巨无霸一直处在优越的产业地位。但进入 20 世纪 90 时代，个人电脑及网络技术的发展，沉重地打击了 IBM 公司赖以生存的大型机市场，其传统的支柱产品进入衰退期；公司的产品线分散，市场响应速度变慢，逐渐失去了优势市场……这些问题的集中爆发，导致 IBM 陷入了前所未有的困境。1991—1993 年，IBM 连续三年亏损，亏损金额高达 160 亿美元。

IBM 陷入困境后，IBM 董事会经过系统分析和衡量，决定由郭士纳出任公司 CEO。郭士纳在成为 IBM CEO 后不久，就接到了公司第一季度的财务报告。IBM 亏损 2.85 亿美元，主要亏损在大型计算机上，个人计算机终于有了一些微利。其中服务业销售收入为 19 亿美元，增长率高达 48%，这让郭士纳眼前一亮。自此，郭士纳带领 IBM 开始了一场从制造商到服务商转变的战略转型，并将服务作为 IBM 公司新的战略增长点。

这个“蓝色巨人”在觉醒之后，用了将近 8 年的时间调整自身的战略，更加以客户为导向，并充分发挥原有的技术优势，最后终于重新崛起了。

客观评价正在实施的战略，审视战略目标的正确性，并据此采取相应行动，能够有效保证企业实现既定目标。

7.4.2　阶段性复盘，不断调整和优化

战略复盘是战略闭环体系的最后一环。审视企业的预期与实际有哪些不同，找出其中的原因，再去制定解决的方法，从中获取经验和教训，这就是战略复盘。

联想集团创始人柳传志曾经说过："'复盘'是联想的一种方法论。在联想，'复盘'的意思就是打了胜仗要重新考虑一遍，打了败仗也要重新考虑一遍，以此总结得失，便于改进等。"

李克强总理曾说过："你们把中国围棋复盘的理念运用到创业中来，这本身就是一种发明，在复盘当中可以看到哪一步走错了，哪一步走得特别精彩。把这个思想传播出去，不仅能创造物质财富，还能创造精神财富。"

在进行战略复盘时，需要遵循四步法，如图 7-2 所示。

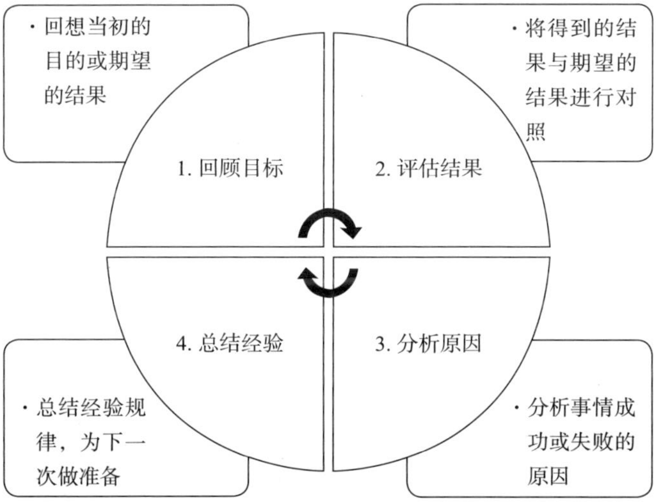

图 7-2　复盘四步法

通过复盘，将业务中的成功或者失败重新考虑一遍，分析其中的成功经验和失败教训，对点击破、点线连接、立体覆盖，从而促进业务成功。

【管理研究】战略复盘的内容及要求

一般来说，战略复盘主要内容包括三个方面：一是分析评价战略目标的实现程度，包括对战略规划中的营业收入、利润等指标完成情况的分析；二是分析评价核心业务与成长业务的完成情况；三是分析评价战略规划中对外部环境的预测是否符合实际，并根据实际情况做出调整建议。

在进行战略复盘时须遵循的要求是：第一，检查战略目标的完成情况。对战略规划的执行情况进行全面检查与评价，从中发现问题与原因，并提出改进措施，为下一阶段的战略规划提供参考。第二，规范复盘报告的内容。战略复盘报告应该包括战略目标回顾、战略目标完成情况、战略举措落实情况、经验总结、问题分析、未来情况预测等。第三，采用科学的评价方法。在进行战略复盘时，要结合定量与定性的评价方法，对目标完成情况等做出综合评估，确保评价的科学性。

任正非也非常强调经验的重要性，他表示："大家知道为什么我的水平比你们高吗？就是因为我从每一件事情（成功或失败）中，都能比你们多体悟一点点东西。事情做多了，水平自然就提高了。"因此，华为除了进行阶段性的战略复盘，还会对每个项目进行复盘，从成功和失败中积累经验。

【任正非观点】善于归纳总结，才能前进

大家平时要多记笔记、写总结，不想进步的人肯定就不会这么做。如果你不善于归纳总结，你就不能前进。人类的历史就是不断从必然王国走向自由王国的历史。如果没有平时的归纳总结，结成思维的网，那就无法解决随时出现的问题。不归纳你就不能前进，不前进你就不能上台阶。人是一步步前进的，你只要一小步一小步地前进，过几年当你回头总结时，就会发现你前进了一大步。

复盘是一个不断超越的过程，其终极目标是避免问题再发。只有通过对以往实践进行回顾和反思，才有机会不断提升和完善。

第8章 绩效牵引奋斗

STRATEGY STRATEGY STRATEGY STRATEGY STRATEGY

全面推行以企业战略目标为牵引、以结果为导向的绩效管理，以此驱动员工更好地遵循企业所倡导的行为方式，引导员工的奋斗方向以形成合力，让企业内部始终保持活力，最终实现企业目标。

8.1 围绕客户开展价值创造活动

客户是一切价值的源泉，围绕客户开展价值创造活动是企业的商业根本。把客户当成上帝，为客户提供真挚有效的服务是企业的工作方向和价值标尺。让客户舒心与放心，成就客户其实也就是成就企业自己。

8.1.1 能够创造价值才有存在的必要

任何不能引领组织成员创造价值的绩效目标和绩效考核，都是对管理成本的浪费，更是对企业创造力的扼杀。因此，在绩效管理中，价值才是驱动组织的原动力。

2012 年年底，任正非在华为“2012 诺亚方舟实验室”专家座谈会上说：“华为想在下一个台阶中有很大的作为，创新力是不可缺少的。在公司的创新问题上，一定要强调价值理论，不是为了创新而创新，一定是为了创造价值。”

事实上，华为不仅在创新上坚持价值理论，在过去的三十多年中，任正非所反复强调的“打粮食”“倒饺子”“用结果说话”等理念，其本质所反映的都是对华为人坚持创造价值的要求。在任正非看来，无论是企业还是员工，唯有能够创造价值才有存在的必要。

华为专注于价值创造的理念由来已久。1997 年，公司在邀请合益咨询公司帮助建立人力资源管理体系的基本架构时，同时引入了前文中所提到的任职资格管理体系和绩效管理体系，这是外界所熟知的，而多数人不知道的是，华为将这些人力资源的专业技能、工具和方法，与《华为基本法》中所明确的华为公司的人力资源价值链，即价值创造、价值评价及价值分配紧紧地结合在一起，将华为的核心价值理念通过西方的管理方法和工具，植入华为整个人力资源管理当中。

经过近十年的发展与完善，在 2006 年发布的“EMT 纪要〔2006〕030 号”

文件中，华为明确指出："公司的最终目标就是财务指标的达成，各产品线、地区部、各大部门的经营管理业绩最终都要落实在近期、中期和远期的财务指标上。"这标志着华为彻底将价值创造理念以规章制度的方式巩固了下来。

其实，不仅仅是华为，任何企业都是如此，对于不能创造价值的环节和员工，该舍弃的就必须舍弃，他们的存在不仅不能创造效益，很多时候，还会对组织目标的推进产生严重的阻碍作用。

8.1.2　对客户产生贡献才是真正的绩效

所有的企业经营者都希望达到持续提升企业效益的目的，并且为此进行反复的绩效改革，期望激发员工的个体效能。然而，在这一过程中，企业经营者必须弄清楚一个问题：企业效益来自哪里？说白了，就是企业必须知道自己凭什么能够活下来，然后指导员工为此而努力。

迎合客户，为客户提供有价值的产品和贴心的服务，这也是众多世界一流企业最朴素的经营理念。对企业而言，客户是至高无上的，没有客户就没有市场，没有市场就无法形成购买力。而倘若失去了销售对象，企业所创造的一切产品便也将一无是处。所以，成功的企业始终坚持"以客户为中心"的价值理念，任何绩效变革都会围绕这一核心展开。

增加顾客价值，用心对待顾客。隶属于百事集团的塔克贝尔餐饮公司的做法同样值得每一位企业经营者、企业工作人员思考和学习。在塔克贝尔公司，管理者们只有一个基本的认识，那就是"凡事都应由一个最简单的决策——倾听顾客的声音开始"。

在以前的经营中，塔克贝尔只专注于扩大业务却忽视了提高服务水平，最后公司的业务流程越来越复杂。为了摆脱这一困境，塔克贝尔开始调查顾客需求，最后的结果显示，其实每位顾客的需求都非常简单，只要做到饭菜可口、服务快捷、环境整洁、价格合理就行了，对于其他方面，并不十分在乎。

于是，塔克贝尔开始以让顾客满意为目标，大力开展改革，在整个改革过程中，塔克贝尔只坚持一条简单的原则：能带给顾客价值的事就要多做；不能带给顾客价值的事就要改革或者取消。塔克贝尔将以前厨房70%的面积压缩为30%，而将30%接待顾客的面积提升为70%，以让顾客拥有一个更好的用餐环境。塔克贝尔还推行一种“无厨房餐馆”理念，将肉类和豆类在餐馆以外的中央供应部集中烹煮。店员只需要用热水把上述制成品重新加热就可供食用。后来这一理念又被应用于玉米卷皮和奶酪上，各种蔬菜的切块切片也在餐馆之外进行。这样，服务人员就可以有更多时间关照顾客，为顾客带来更好的用餐体验。

这种以顾客为中心的改革，为塔克贝尔带来了高速发展，此后塔克贝尔的营业额以每年增加20%以上的速度增长。

现实的案例告诉我们，企业经营中的革新和创造，必须以提高客户满意度为出发点，而每一位工作人员也必须以此为目标提升自己的工作质量和服务水平。

有许多企业在进行绩效管理时，都把销售额当成一个比较核心的指标。然而随着时代的发展，管理学专家经过深入研究以及企业管理者大量实践后，大家都认识到：有效产出即售出的产品或服务最终对客户产生价值，比销售额更重要。

作为全球最知名的管理咨询公司，麦肯锡在全球44个国家和地区开设了84家分公司或办事处。麦肯锡的创始人马文·鲍尔认为，对麦肯锡而言，最重要的就是遵从客户的目标和需求，为客户发现问题并解决问题。任何麦肯锡项目组都以解决客户核心咨询目标为导向，在此基础上尽可能为客户提供附加价值，如果脱离客户需求提供咨询建议，则被视作“失败的咨询服务”。正是这样的服务理念，帮助麦肯锡吸引了众多客户，使其成为世界上最著名的咨询公司。

为了牵引员工时刻关注客户需求，为客户创造价值，华为建立了自己的绩效标准。其中有一条就是只有最终对客户产生贡献才是真正的绩效。

【管理研究】以客户为中心的绩效导向

从表象来讲，客户的价值观是非常朴实、务实的，他们通常只需要低价、优质的产品和服务。因此，他们对企业的选择实际上就是对企业效率和绩效的选择。从本质上讲，执行效率是企业管理的核心价值理念，而以客户为导向则是企业经营的核心价值理念。二者的相同点就在于追求高绩效。无论是高效率还是高效益，都要统一在高绩效这个点上。包括任何企业在内，高绩效都是实现企业效益的前提。

所以这就需要企业把绩效考核建立在为客户服务的基础上，以客户为中心的绩效导向实际上就是要求员工以客户需求为基准，为客户提供能够为企业创造价值回报的产品和服务。在这种绩效导向下，员工为客户做的事越多，客户的满意度越高，在绩效考评中凸显出来的成分便越大。这实际上也是一种市场导向，即将企业所有部门都与市场衔接在一起，面向市场，直面效益。

在心理学上，有一个互惠定律，即你怎样对待别人，别人就会怎样对待你。这在企业客户关系经营中同样适用。你期待有什么样的客户，他们会怎样看待你的产品和服务，都将取决于你所提供的产品质量和服务态度。唯有把客户放在核心位置，企业才能弄清楚怎样才能赚到钱。所以，所有不能为客户创造价值的劳动都属于无效劳动，都不会产生真正的绩效。

8.1.3　让面向客户的贡献者晋升与发财

为了牵引奋斗者能够积极、真诚地面对客户，并持续为客户创造价值，企业也应当完善激励措施，给予贡献者相应的回报，从而引导员工多为客户“花心思”，多对客户“下功夫”。

对于企业的多劳者和贡献者，企业需要充分保证他们的物质回报，强调他们理应拿那么多薪酬，不需要躲躲闪闪，因为考核结果说明他们达到了既定的标准，为企业创造了相应的价值。

华为运营商 BG 总裁邹志磊曾这样总结任正非对华为员工的物质激励：“你要一碗米，他不是给你一斗米，他给你十斗米；你要一顿大餐，他给你十根金条。”的确，在华为人眼里，华为的物质激励足够大度。

2012年年底，华为的一个团队在某国中了近10亿美元的标，一个攻克了多年却始终没能收入囊中的“大粮仓”终于被拿下。为此，华为公司给参与竞标的团队700万元奖金。

紧接着，在2013年上半年，合同正式签订后，任正非又拍板再奖励了该团队1000万元。这样的奖励金额让地区部总裁大为吃惊，便跑去跟任正非说：“老板，之前您已经奖励过了，这次只要请大家吃个饭就行了。”

任正非听到后，很生气地说：“你自己吃饱了，就不管兄弟们死活了。那我请你吃饭，把你的奖金股票工资都给我，我天天请你吃饭。”说完这些后，任正非又接连打了5个电话给这位总裁，他说：“你要认真想想，弟兄们在一线干活不容易，要给大家分好钱才行。”地区部总裁回复道：“老板，1000万元太多了，我不敢要，压力太大，哪有一个项目奖这么多的？我虽然一分钱不要，但我感到内疚。”最后签订合同后的奖金按700万元发放了下去。

华为十分注重员工激励，给予员工的甚至可能超出员工期望的，这无疑会进一步地调动员工的工作积极性。对于为客户创造价值的贡献者，华为在给予相应的物质激励的同时，还会给员工一些非物质激励，如提拔、嘉奖、授予光荣称号等。为奖励为公司持续商业成功做出重大和突出贡献的团队（每400个团队1个）和个人（每100人1位），华为设立了金牌奖，这是授予团队和员工的最高荣誉性奖励。2018年华为共评选出1815位金牌个人，456个金牌团队。

让面向客户的贡献者“升官发财”，应该成为企业的一种文化。企业通过成果贡献来衡量员工的绩效，对于面向客户的贡献者、多劳者，不仅给予与贡献对应的物质奖励，还给予他们充分的精神激励，从而使得他们时刻保持战斗力。

8.2 评价以责任结果为导向

面对当前竞争如此激烈的市场，企业在价值评价上必须坚持责任结果导向，激励员工为客户创造价值，不断提升个人和企业的战斗力，进而促进战略目标的实现。

8.2.1　加班和艰苦奋斗是两码事

员工是否卓越，取决于他是否有贡献意识，能否为企业或组织提供成果并做出贡献。如果说勤劳肯干是工作的通行证，那么做出贡献就是工作的资格证。德鲁克在揭示企业本质时曾说："没有利润，就没有企业。"企业不是慈善机构，也不是培训组织，没有利润，就无法存活下去，更妄谈发展了。因此，它需要员工创造价值，提供成果。换言之，企业员工需要用贡献和绩效来证明自身的价值。

当今社会，加班加点在企业已经成为一种常见现象。2016 年，华为员工加班时间为 3.96 小时 / 工作日，到了 2020 年面对美国的制裁，华为员工的加班时间甚至都达到了 5 小时 / 工作日。按照正常每周双休、每天 8 小时工作制来计算，华为仅有 0.88% 的员工是没有加班的，而这部分员工大都是非创造性岗位的工作人员。

正是由于这种加班风气的盛行，所以很多人会错误地把加班和华为所提倡的艰苦奋斗文化画等号，在鼓励员工学习艰苦奋斗精神的过程中大搞加班文化，在评价员工时，往往也是谁加班了谁就是好员工，谁不加班谁就是态度有问题。这种评价方式对一些能在短时间内把活干完，完成质量还很高，贡献也很大，但就是不加班的员工来说，就会带来消极影响。

事实上，加班和艰苦奋斗绝对是两码事。华为的奋斗者文化充分尊重为客户创造价值的任何微小活动，在劳动的准备过程中为充实提高自己而做的任何努力都是奋斗行为，否则，再苦再累也不叫奋斗。

在绩效评价中，如果企业不以责任结果为导向，管理层就不能进一步挖掘员工的潜力，也无法给被考核者更好的平台与机会，最终也没办法激发他们创造更大的价值。

2019 年，华为的"胡玲事件"引爆网络。胡玲于 2017 年入职华为，成为一名光学工程师，2019 年 4 月转岗来到 2012 实验室人力资源部。来到新岗位后，她发现为应对美国将华为列入"实体清单"的举措，公司的研发人员经常占用自己的休息时间免费加班，一个月加班的时间平均达到了 150 小时。

对于曾经共事过的伙伴们的辛苦，胡玲是深有体会的。她便向她的主管杨瑞锋建议：在做研发人员的月度绩效考评时给他们更好的绩效结果。可是杨瑞锋在听完她的建议后，让她去认真分析一下研发人员加班背后的成果产出，看看是不是有员工借加班之名在“划水”。华为人力资源管理的初衷，体现了绩效评价要看加班是不是产生贡献这一指导思想。但是可能由于杨瑞锋有些过于简单、粗暴的表达，以及胡玲没有从HR的角度来考虑问题，使得华为的HR与研发人员一度对立，进而演变成一场不大不小的“信任危机”。

由此可以看到，华为即使在面对如此困境、加班已成为常态的情况下，考核部门仍然时时关注着每个员工的责任结果和贡献。

过度关注员工的加班加点，强调的不是贡献与结果，反而会变成一种形式主义。从形式上来说，加班就是员工将自己正常的工作时间延长，超过下班的时间不走，这样的行为还是需要给予客观合理的评价的。大部分的员工是真的由于工作量过大、时间紧迫，必须连轴工作，但也有员工可能是因为正常的工作时间内效率过低，这样的加班是不值得奖励的。因此要向员工强调，企业不要形式主义的东西，如果可以，在员工能完成工作的前提下，企业甚至希望能够减轻员工的负担，减少会议、减轻考核，目的只有一个：让员工有更多的时间和精力投入和聚焦到自己的工作任务上，做出贡献和成果。

总之，一个部门、一个员工，即使再努力，加再多的班，如果没有产生价值与贡献，那只会降低企业的绩效，企业是不认可的。正如任正非所说：“我们只有明确了目标导向——为市场服务，才算是我们的服务目标明确。不要为加班而加班，不要搞形式主义。”

8.2.2 以成果为导向考核员工

企业应该向员工传达“责任结果为导向”的绩效考核标准，告知员工：企业对员工的业绩评价是依据员工的成果和贡献来评价的，希望员工能在工作中用这样的标准要求和检验自己。企业不需要虚假繁忙的员工，即便是做一个“停不下来的陀螺”，也应该为了最终商业成功的目标而旋转。

在 2008 年中央电视台《赢在中国》的节目上，评委、巨人网络集团董事长史玉柱曾经问过选手甲、乙、丙同样一个问题："如果你是老板，你有一个项目，分别由两个团队实施。年底的时候，一个团队完成了任务，拿到了事先约定的高额奖金；另一个团队没有完成任务，但他们很辛苦，大家都很拼，只是没有完成任务。你会奖励这个团队吗？"

选手甲说："因为他们太辛苦了，我得鼓励他们这种勤奋的精神，奖励他们奖金的 20%。"

选手乙说："那我得看事先有没有完不成项目怎么奖励这个约定，没有约定就不给。"

选手丙说："我得看具体是什么原因导致他们没完成任务，再做奖不奖的决定。"

不过史玉柱说："我不会给，但我会在发年终奖的当天请他们撮一顿。只有功劳对公司才能算贡献，苦劳对公司的贡献是零，我只奖励功劳，不奖励苦劳。"

华为创始人任正非也有同样的观点，他表示："很多人汇报工作时，老是说工作很辛苦。我不喜欢有人说自己怎么怎么辛苦。要看你的工作业绩，没有业绩的工作没有意义。工作描述中不要动不动就写上工作辛苦之类的东西。关键是业绩，要强调成效。公司要生存、要发展，必须要有业绩。"从表 8-1 可以看出，企业评价员工的成果与贡献是让结果说话，凭的是功劳而不是苦劳。

表 8-1　绩效的本质

绩效不是过程、不是行为、不是能力	而是责任结果
· 不是表扬信的多少 · 不是苦劳、加班 · 不是亮点、出彩、影响力 · 不是过程指标 · 不是能力、素质、态度 · 不是历史绩效 ……	· 是直接的、间接的、有形的、无形的、短期的、长期的产出 · 是员工整体绩效贡献（岗位责任、个人对团队目标的贡献） · 是表扬信本身所承载的绩效事实 · 是功劳，即贡献 · 是责任结果

格力电器董事长董明珠对此也深表认同。2020 年 4 月 24 日，董明珠在抖音上带货直播首秀，但由于直播信号问题，导致了出现卡顿、重复播放、音质不同步等问题，直播过程中网友"卡卡卡卡"的留言霸屏。最后，这场带货直

播首秀的结果只有23.25万元。

直播结束后董明珠当面批评了负责人，直接把负责人骂哭了。活动负责人表示，他很委屈，带着团队连续加好几天班，都没回过家。董明珠说："你勤劳但不一定有收获，不能因为你辛苦，你天天在这儿上班，你做了个不好的东西，我也要用。"

把苦劳等同于功劳，是职场人最大的错觉。董明珠表示："请别再说'我没有功劳也有苦劳'。请你记住，苦劳是企业的一种负担，它会让企业慢慢消亡，功劳才是你存在的条件和价值。"

对成果和贡献的尊重，是一个需要长期坚持下去的管理过程，一旦在员工心中埋下了这样的种子，他们就会将成果与贡献看作工作的第一目标。正如任正非所说："公司要通过业绩评价体系把贡献导向的优良作风固化下来，使之像长江之水一样奔流不息。"

8.2.3 尊重结果，奖励有成果的人

以责任结果为导向的核心是不同岗位员工承担对应的职责（工作范围）与责任（团队、文化、环境营造、长期目标等），将对应此责任的成果贡献作为价值的衡量标准。华为、阿里、腾讯明确员工业绩评价的第一指标，就是责任结果与贡献。阿里称"为结果买单，为过程鼓掌"，没有结果就没有奖金。它们都是根据对客户产生的贡献大小来确定对员工的价值分配的，并在企业的经营过程中不断强化"以责任结果为导向"，让价值回报坚定不移地向有业绩的优秀员工倾斜。结果贡献突出的，要拿得多；反之，没有结果贡献的要尽量让他拿得少一些。例如，一名在一线奋斗的员工，如果取得市场突破，获得超出预期的责任结果，那么他的薪资待遇可以超过坐办公室的机关管理者。这样不仅能为业绩好的员工提供更好的薪资待遇，还能拉大员工之间的差距，从而激发绩效较低的员工向绩效较高的员工看齐。

华为的一切工作评价都以结果为导向，并依照员工奋斗的状态和结果，将

员工分为普通劳动者、一般的奋斗者、最有成效的奋斗者三大类型。对于普通劳动者，华为按照法律、法规的相关报酬条款，在保障其利益的同时，根据公司经营状况，给他们稍好一点的报酬；对于一般奋斗者，华为指出，只要他们的贡献大于公司支付给他们的成本，公司就会认可他们，而且会给他们较高一点的报酬；对于最有成效的奋斗者，任正非认为这一类人是华为的中流砥柱，是华为最需要的人，他们有权以奖金和股票的方式与公司分享利益。

稻盛和夫一直宣导，人们应该以企业为家，为共同的家而努力奋斗。这在他处理“员工集体要求加薪”事件中有极为明显的体现。稻盛和夫认为，只有所有人乐于积极地做出贡献，企业才有希望获得持续的发展。也正是基于这个理念，稻盛和夫在企业经营过程中非常重视对创造卓越贡献的人进行嘉奖，同时也为培养这类人而积极努力着。

稻盛和夫投入自己的私有财产，设立了稻盛财团。同时，他还设立了“京都赏”国际奖，每年 11 月在京都举行一次颁奖典礼，奖励世界各国在尖端技术开发、基础科学和思想艺术领域获得杰出成就的人才。

不仅如此，稻盛和夫还在日本各地设立了 52 个经营塾，并在海外设立了 5 个研修机构，用来培养年轻的经营人才。

这些行为不仅影响着企业内部——形成了积极做出贡献的文化氛围，企业的凝聚力也越来越强；而且，其管理思想也在世界范围内传播开来，影响着更多的企业管理者。

8.3　绩效过程沟通与辅导

作为绩效管理中不可或缺的一环，绩效沟通与辅导能够帮助员工及时发现自己在工作中的优点、问题和不足，帮助员工持续改进，达成绩效目标。同时，绩效辅导也有利于加强团队间的相互沟通，避免工作中的误解或矛盾，在企业内形成积极向上的工作氛围，激励员工不断为战略目标而奋斗。

8.3.1 用绩效沟通促进员工成长

随着经济结构的转型，国内许多企业逐渐认识到绩效管理的重要性，并运用了很多办法来将其付诸实践，但是效果差强人意。究其原因，沟通不力是其中存在的最大问题。如果不能解决这一问题，绩效管理将会成为“鸡肋”。

为此，企业各级管理人员必须与员工保持有效的绩效沟通，了解员工工作进展、需要的支持、员工个人职业发展意向等，及时反馈和指导绩效表现不好的员工，在帮助其达成高绩效的同时达成组织绩效目标。

在沟通过程中，管理者不需要将未经批准的结果与员工进行沟通，而是要以事实或员工行为为依据，给予员工客观的评价和认同，激励员工继续做出积极贡献。对员工在工作中出现的不足或负面评估结果，管理者应以一种“值得尊敬”的方式给予员工反馈，并加以适当引导，引导员工找到绩效改进方法，激发员工的改进意愿。在和员工做绩效反馈时，可以参照BEST反馈原则开展。

BEST是指在进行负面反馈的时候，按照“描述行为、表达后果、征求意见、着眼未来”这四个步骤来进行。

B：behavior description，描述行为，即描述做了什么事。

E：express consequence，表达后果，讲清楚做这件事的后果是什么。

S：solicit input，征求意见，问员工觉得应该怎样改进，引导员工回答，由员工说怎么改进。

T：talk about positive outcomes，着眼未来，员工说他将怎样改进，管理者就以肯定和支持收场并鼓励他。

沟通结束后，管理者还要跟踪员工在工作中后续的改进表现，及时与员工沟通。在与员工的沟通中，对于员工的疑问要尽量予以澄清，对于自己暂时解释不了的，要记录下来事后确认。如果员工对结果不满意，应允许员工与自己或上级主管进一步沟通。

华为主管与下属进行绩效沟通与反馈的模板：

（1）根据在目标设定沟通中约定的沟通频度，主管需要与下属约定具体的面谈事项和地点。

（2）重新回顾下属的绩效目标，多方了解下属的绩效情况，主管可以从其他同事、客户处（如是双重汇报关系，则需要和业务线 / 职能主管沟通）了解下属的绩效表现和相关事例。

（3）请主管思考下列问题，就自己觉得困惑的相关问题，咨询上级或导师，并准备好与下属的沟通提纲：

• 该下属在日常工作中行为表现如何？有哪些具体的优秀行为，又有哪些表现不佳的行为？

• 这些行为会给所在的部门或华为带来哪些影响？

• 该下属是否存在明显的绩效问题？产生绩效问题的原因是什么？

• 在本阶段，该下属的绩效目标是否需要调整？为什么要进行调整？

• 在与该下属沟通绩效时，他最有可能出现的困惑是什么？

• 根据“PBC 绩效沟通”中的“提示 / 误区”，反思自己有可能出现的错误是什么？

（4）如条件允许，可邀请领导或其他擅长与下属进行辅导反馈沟通的同事参与本过程。

（5）根据主管在“准备”环节设计的沟通提纲，与下属进行辅导反馈沟通，以下是辅导反馈沟通中的四个建议步骤：

• 行为。主管描述在日常工作中观察到的员工的具体行为，避免笼统地批评表扬，以及对员工主观臆断。

• 影响。根据前期多方了解的情况，解析员工的行为给所在组织和企业带来的利益或造成的后果。

• 引导。鼓励员工保持优点，引导员工认识到不足并愿意有所改进。

• 跟进。根据反馈中期望的要求，后续主管还需要仔细观察员工的行为，并及时提供反馈。

适当的绩效沟通一方面有利于帮助管理者排除绩效实施障碍，促进组织绩效的整体提升；另一方面可以让员工更容易接受绩效考核制度，减少考核过程中的阻力，确保绩效考核能够顺利进行。

8.3.2 有针对性地实施绩效辅导

不同员工的绩效表现不一样，因此在对员工进行绩效辅导时，也要针对不同员工的绩效水平，采用合理的绩效辅导方式。

在阿里巴巴，绩效面谈遵循的是“one over one plus HR”的模式，即由员工的上级以及上级的上级和一位HR，来共同完成绩效面谈。根据员工的绩效水平，管理者们会采取不同的辅导话术。

对于绩效水平在前30%的员工，辅导的重点在于明确员工优秀的地方在哪里，对此进行赞扬和沟通；对于绩效水平在中间60%的员工，辅导的重点是帮助员工认清自己应该从哪些地方提升绩效水平，有哪些优点，在今后应该如何做才能让优点更好地发挥，并有效规避缺点；对于绩效水平处于最后10%的员工，辅导的重点在于明确绩效改进的具体计划是什么，如果不采取改进措施，接下来会怎么样。

阿里巴巴通过这些不同方式的绩效沟通与辅导，为员工的工作提供清晰的方向指引。华为也是一样，要求各级主管根据每个员工的绩效水平，采用有针对性的绩效辅导方式，如图8-1所示。

假如华为某部门的两个员工，在绩效考核中都由于经验不足被评为绩效不佳。其中一个员工愿意学习，根据图8-1所示，他就是可塑之才。管理者在对他进行绩效辅导时，应该给予他培训辅导，协助他制订学习计划，从而不断增加他的经验。

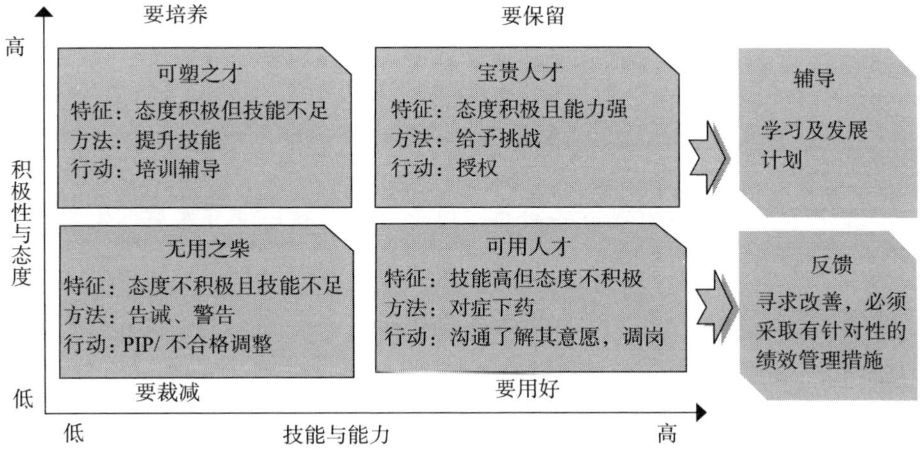

图 8-1　因人而异的辅导

另一个员工不愿意学习，态度也很不积极，是“无用之柴”。此时管理者在对他反馈辅导时，应该先向他说明公司的纪律及惩罚措施，然后协助他制订绩效改进计划（PIP）。如果在绩效改进时限到时，他依旧无法达成绩效目标，华为就会启用末位淘汰制，进一步向员工传递考核压力，促使员工秉持奋斗精神达成个人绩效。如果达不成就会被淘汰，直至被公司辞退。

通过绩效考核识别不同员工的绩效水平，并据此采用不同的绩效辅导方式，从而帮助员工找出问题，对症下药，改进员工的绩效水平。

8.3.3　绩差人员的改进计划

对于那些绩效未达标的员工，管理者需要采取一定的措施，给予他们提升绩效的机会，激发他们的改进动力，从而最终达成绩效目标。

华为对低绩效员工的管理非常严格，在日常的绩效管理工作中就要求管理者重视对低绩效员工的管理。对于低绩效员工，华为采取的措施包括绩效预警、警告、PIP（绩效改进计划）实施和结果沟通四个环节，这四个环节依次递进，根据员工的绩效表现和水平，采取相应的绩效改进和管理措施。

绩效预警是在发现员工开始出现绩效问题，或者目标出现偏差时，就及时识别并发出预警，同时提供必要的绩效辅导。此时，员工还没有正式进入绩效改进的环节，对员工来说是发现问题并及时纠偏的好时机，对企业来说也可以尽可能地减少管理成本。

警告用于员工已经出现一些问题，但是这些问题还没有发展到需要实施绩效改进计划的地步。在这样的情况下，华为会根据员工所在地的法律要求，决定是否发放警告信，实施相应的绩效改进措施。如果警告之后，员工的绩效还是没有得到改进，就需要启动绩效改进计划。

绩效改进计划的期限通常是 60 ~ 90 天，在此期间，主管必须和下属保持良好的沟通，随时向下属反馈改进的结果。公司和主管会给员工提供达成绩效目标所需要的培训和支持，而员工需要根据 PIP 流程和要求完成相应的绩效改进项目和计划，并进行定期回顾和汇报。如果在规定期限内员工仍然没有达到绩效目标，就很可能会被淘汰。

华为通过采用绩效改进计划，不仅使绩效未达标的员工获得了一个提升绩效水平的机会，还能帮助主管最小化潜在的员工关系问题和争端，从而驱动华为高绩效文化的发展。

企业实施绩效改进计划的目的，是要帮助低绩效员工发现问题并及时改进，让他们努力回到正常的绩效管理程序。因此，从某个角度看，PIP 是员工权益的保护工具，它使绩效不达标的员工得到了一个绩效改进的缓冲期，还能获得额外的培训和支持，给予员工二次重生的机会（见图 8-2）。

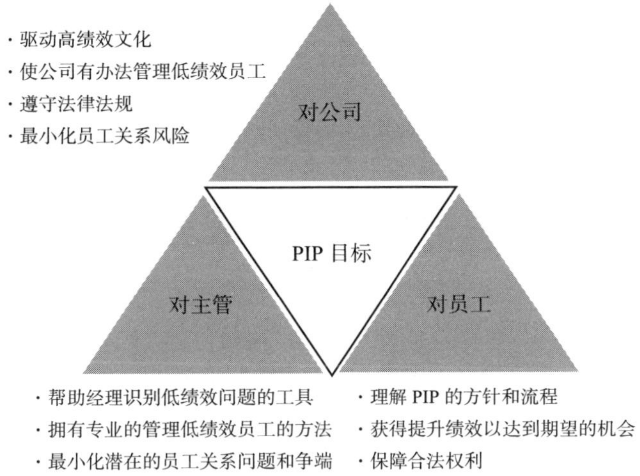

图 8-2　绩效改进计划目标

8.4　价值分配上要拉开差距

企业进行人才激励的本质就是对价值进行分配，目的是引导员工持续冲锋和奋斗。

8.4.1　保持相对公平，突出按劳分配

在当代绩效管理中，“效率优先，兼顾公平”是一个不能忽视的重要原则，唯有在保证公平的前提下，突出按劳分配，强化能者多劳，才能让企业在回馈员工的过程中，从员工身上获得不竭的发展动力。

华为在价值分配上一直以来奉行的原则就是，抛开学历、职位等因素，单纯以贡献给员工定报酬。在任正非看来，公平就是一个人有多大能耐取得多大的成绩，就能获取多少回报。

为了更好地遵循“效率优先，公平兼顾”的原则，华为着重强调考核之前，应当根据层级和职能先对员工进行分层。

在绩效评价和人才选拔方面，华为鼓励员工立足于本职工作，将本职工作做实，因此，华为的一系列考核标准是以此为基准设立的。正如任正非所指出的：“我们的关键绩效考核指标是以成果、业绩、贡献作为基准的，是从公司运作过程中的各项关键性的成功要素中提炼和归纳出来的。”任正非还要求，对员工的业绩考核必须和公司的愿景、战略目标、部门目标保持一致。因此，华为不可能一概而论地对员工的工作表现和成果做出评价。毕竟，不同的职位有不同的负载量和工作任务，不同的层级有轻重不同的责任，不同的部门有不同的工作重心。为了实现上述目标，华为在进行业绩评价时，根据员工层级与职分能的不同，层层分解，区分对待和考核。

华为分层分类的业绩评价思想，是在公司管理实践中反思和总结出来的，在其他国际性的知名企业中，这样的做法也是屡见不鲜的。稻盛和夫还专门提出了业绩分层管理和评价的理念。

在稻盛和夫看来，业绩的分层管理与评价是与企业的组织架构互相适应的，基于企业的组织架构，不同层级的员工需要负担不同的责任、完成不同的任务，不同岗位类别的员工工作属性也各不相同。因此，唯有针对性地进行业绩评价，才能起到更好的激励效果。

特别是对于企业高层领导者的业绩评价，稻盛和夫认为，除了要进行常规性的管理事务评价，还应当注重对效益指标的评价考核，通过评价手段将高层领导者的个人利益与公司的利益紧密联系在一起。

尽管华为遵循“效率优先，兼顾公平”的原则，但同时，任正非也经常向员工传达一个理念，那就是“没有绝对的公平，但机会是均等的”。

作为员工，有时候可能会感到企业没有真正的公平和公正，因为，真正绝对的公平是不存在的，员工在这方面不能期望太高。对于员工的工作表现，评价不会总是一致的，有人低估你，有人高估你，这是常有的事。这是因为评价者与被评价者的信息是不对称的，每个人的信息无法被评价者完整获取，这会导致评价者使用不完整的信息做出评价。另外，尽管企业设有客观具体的评价标准，但评价的主体毕竟是人，人是有主观意识的，这意味着在对他人做出评价时，评价者不太可能像机器一样理性和冷静，而是会掺杂一些个人判断的。

尽管如此，像华为这样的知名企业，还是能够通过内部的机制、制度设计，来保证员工机会的均等性。在价值分配上通过采用不论资排辈、不投机取巧的方式，不仅可以为企业培养优秀人才，为企业带来机遇、带来利润，还能够促使企业与员工建立牢固的关系，从而维系企业长久健康发展。

8.4.2　打破平衡，用差距激励员工奋斗

在利益共享的基础上，企业也不能一味地强调均衡，而应该强调动态上的变化，要打破平衡，制造差距，用差距来鞭策员工持续奋斗。

【管理研究】员工利益差距与公平理论

20 世纪 60 年代，美国心理学家斯塔西·亚当斯提出了公平理论。公平理论的基本观点是：当一个人做出了成绩并取得了报酬以后，他不仅仅关心自己所得报酬的绝对量。也就是说，员工不仅会思考自己的收入与付出的劳动之间的比率，还会将自己的收入和付出之比，与相关人员的收入和付出之比进行比较。当人们把自己的报酬与做同样工作的他人报酬相比较，发现二者是相等的，他会感到这是正常的、公平的，因而心情舒畅地积极工作；当他发觉二者不相等时，内心就会产生不公平感，于是有怨气、发牢骚，继而影响工作积极性。

21 世纪初，德国社会行为学家弗雷·莱纳德在亚当斯公平理论的基础上指出，如果企业能够合理利用这种“相对”差距，并且让员工充分意识到产生这种差距的根源并非是管理者的失误，而是两个比较对象之间确实存在价值创造能力上的不同，那么，这种差距就会成为低报酬一方努力追逐的动力。

华为以“奋斗者”对公司的贡献和自身的人力资本为尺度，通过利益分配制度的创新，让员工分享公司成长的收益，从而使员工与公司发展产生真正的密切关系，形成了“高能力、高绩效、高报酬”之间的良性循环。而事实上，这种循环之所以能够得以顺利实现，一个重要的保障因素就是“差距”的存在。

在具体执行中，为了科学地拉大差距，激发员工的奋斗动力，华为做了很多努力，例如奖金分配。

过去，华为采用的是“大锅饭”的奖金分配方式，集体奖励，集体受罚，这种奖金分配方式最大的缺点就是无法激发员工个人的潜力。为了改变这种状态，从2001年开始，华为逐步制定了透明的业务部门奖金方案，稳定奖金政策，形成自我激励和自我约束的可持续发展机制。

2007年，华为将短期奖金激励与PBC（个人绩效承诺）的考核很好地结合起来，保证了“差距”有章可循。2009年，华为继续对奖金制度进行优化，一方面打破了跨区域的平衡，另一方面打破了区域内部的平衡，同时，更打破了人与人之间的平衡。整个2009年，华为公司明确了有596人的奖金为零，哪个大部门定不出零奖金的人，那个部门的奖金就不能启动发放，直到零奖金者确定。

华为始终坚持着“不达目标零奖金”和“以贡献大小判断奖金多少”的利益分配原则。正是在这种近乎固执的坚持下，华为的利益分享机制潜移默化地激发着绩效一般的员工向绩效优秀的员工学习，抱持不断追求高绩效的进取心。

8.4.3 待遇向成功者倾斜，向奋斗者倾斜

企业必须用实际行动证明劳动者所得与价值分配制度是一致的，让多劳者、多贡献者“发财”，这也是企业重视人才，以人为本的具体体现。要让奋斗者有动力、持续不断地为企业做贡献，就必须在各方面都给他们“加满油”。

马云对于“奖励”的观点是：“奖金不是福利，奖金是通过努力挣来的。它不可能人人都有，也不可能每个人都一样。它不是工资的一部分，而是因为你的业绩超越了公司对你的期望值。奖金是对昨天工作的肯定和对明天工作的期望，而奖金发放要是一味讲求平均主义，就是对辛勤劳动且绩效优秀的员工的最大的不公平。阿里巴巴信奉的是给结果付钱（奖），给努力鼓掌（励）。建立在有劳有获、相对公平基础上的奖励，会极大程度地提升员工的积极性和能动

性。”因此，阿里巴巴在奖金分配上坚持“271”原则，即将员工划分为 20% 的优秀员工、70% 的骨干员工、10% 的普通员工，再根据员工的等级进行奖金分配。阿里巴巴的一位普通员工介绍道：“我们的年终奖没有定额，当年贡献多的可以多拿 6 个月工资，要是没有贡献，一分钱没有也是有可能的。”

对于奖金管理和分配，华为也是一样的，会根据奋斗者的实际贡献来决定他们能得到的价值权重。华为推行获取分享制，原则上照顾绝大部分华为人，鼓励人人成为奋斗者，但在实践中，仍然会向 20% 的卓越奋斗者倾斜。通过倾斜式的奖金分配，充分激发优秀奋斗者的工作热情，使他们在已有的工作成果基础上，为公司创造更大的贡献。

同时华为强调，薪酬分配必须向“拉车人”倾斜，并且车拉得越久，拿得就越多。毕竟，“车子”之所以跑得快，主要依靠“拉车人”。华为的股票为什么这么值钱？主要还是因为华为“拉车人”为公司做出了贡献、创造了价值。如果没有他们，“坐车人”或许会立马抛售股票，因为它们逐渐失去了价值。

当然，“拉车人”中也会有“拉”得不好的人，对于这类人，华为同样也会想办法降低他们的薪酬回报。任正非曾在华为内部讲话中多次提道：“分钱不是排排坐吃果果。我们应该对‘最佳角色’‘最佳贡献’，在‘最佳贡献时间段’给予合理报酬。”

让拉车的人比坐车的人拿得多，在激发老员工拉车的能动性、积极性的同时，也能让新来的员工保持冲锋的干劲，共同推动公司长期健康发展。

8.5　精神激励与物质激励并重

知识管理专家玛汉•坦姆仆提出，激励知识型员工的前四个因素依次为个体成长、工作自主、业务成就和金钱财富。可以看出，仅靠钱是留不住人的，与物质激励所带来的直接刺激不同，精神激励可以给员工带来成就感、价值感，进而转化为内驱力，刺激员工的工作积极性，从而为企业持续发展注入源源不断的活力。

8.5.1 用荣誉感激发员工责任感

长期以来，优秀企业除了重视对员工的物质激励，也格外注重对员工的精神关怀。对员工的精神激励虽然不能直接为企业带来效益和财富，但是可以帮助企业在内部形成一种坚定的信念，引导员工更加积极努力地执行工作任务。

行为学研究表明，每个人都需要获得自我和他人的肯定及赞美，在收获荣誉和称赞之后，人们往往会按照荣誉标准来要求和规范自己的行为，变得更加自觉。在企业中，员工同样希望自己能够获得肯定和赞美。

【管理研究】激励倍增法则：利用赞美激励员工

激励倍增法则是美国管理学家彼得最早提出的，该法则指出：利用赞美激励员工，赞赏别人所付出的，要远远小于从被赞赏者那儿所得到的。简单来说，就是员工都有被认可、被赞美的需要，当他们不经意地从管理者身上得到这种赞美和认可时，便会付出更多的努力投入工作，创造更大价值。

松下电器的创始人松下幸之助便是一个十分懂得利用“激励倍增法则”的企业领袖。他常对部下讲：“我做不到，但我知道你们能做到。”他要求管理者必须经常为员工“端菜”，要尊重员工，激励员工，让员工最大限度地发挥他们的积极性和创造性。正是缘于松下对员工创造性的充分尊重和肯定，才激发起了松下员工忘我的工作热情，共同建成了松下家电王国的丰碑。

因此，管理者可以根据员工的工作态度和贡献，给予员工不同的荣誉和表扬，这样，员工会受到莫大的鼓励，工作时就会充满热情和自信，心甘情愿地为企业付出。

花旗集团每年都会设立“花旗品质服务卓越奖”，奖励那些在公司内部服务与外部服务方面都表现卓越的员工，一般表现突出的5%的员工，才会得到这种奖励。

另外，花旗每年还设有“最佳团队奖”，奖励那些完成重大项目或提高工作效率的团队。每年的10月，由人力资源部对候选人和团队进行评估与讨论，得出评比结果。公司管理层会为评比出的员工和团队，颁发签有花旗全球总裁大名的奖状和奖杯以及相应的物质奖励。

不仅如此，在其每年年报的首页上，还会专门设置一个专栏——“花旗所看重的员工”，专栏报道年度业绩优秀、表现突出的员工。

这些激励措施，极大地唤醒了花旗员工的荣誉感，从而促使他们更加努力地工作。

第一位获得诺贝尔科学奖的中国科学家屠呦呦曾经说过，荣誉本身就是一种责任。企业在给予员工荣誉的同时，便将相应的责任潜移默化地施加在了员工的身上。通过这样的方式，为员工后续工作注入更多的能量，牵引更多的员工持续奋斗。

8.5.2 加强人文关怀，让人才留得住

对于企业管理者来说，人文关怀的起点应当是“心”，用自己的“心”去感受、理解、宽慰员工的“心”，而不要总是指望着用物质解决一切问题。关怀需要从对方的心理感受出发，真正去体会员工需要什么、渴望什么。

在阿里巴巴，女员工怀孕后，有超长带薪孕假，男员工也有陪产假；公司为加班的同事提供免费的晚餐，且吃免费晚餐不需要走上级审批加班流程；自创了一套“i”系列员工福利，比如“ibaby 子女教育关怀计划”，为员工的子女教育、成长提供最好的环境……种种福利，都让员工感受到了阿里巴巴的优秀企业文化，并深受其激励。

“人文关怀”必然还涉及一个重要内容，那就是“尊重”。尊重员工的知识和个性，承认员工的知识贡献，有针对性地为员工提供职业发展通道，在更细节、具体的方面，管理者还应充分尊重员工基于自己的知识、技能所提出的一些意愿和想法。

对于在华为TDD营销支持部工作的肖娟（化名）来说，当员工有意愿调整自己的工作岗位，比如换小组、申请去其他部门、申请去海外工作等，她都会同意，当员工有职位提升机会的时候，她更是会帮助他们积极争取。

在一次内部采访中，她满是欣喜地告诉采访人员："我很高兴去年我们部门走出了一位测试部部长和一位营销支持部部长，今年我们的Group Leader又顺利担任了PDT经理，这是他们丰富的知识和技能积累的有力证明。"

尽管当自己部门的优秀员工输出后的短暂时间内，部门工作很可能碰到一些困难。但管理者应该有更长远的目光，充分尊重员工的才能和意愿，全力支持部门优秀人才输出，这也为部门的其他员工树立了榜样，让他们更加努力地提升自我。从长远来看，一个持续有优秀人才输出的部门，其阶段性的工作成绩往往不会差。

为了尊重员工的个性，部门管理者可以尝试多给员工提供一些创新的机会，给予创新机会本身还可以作为一种激励。具体来说，部门主管可以鼓励员工想出一些创新的点子或方法来完成常规工作。一方面，挑战创新的工作过程本身就能给予员工更多乐趣，激发他们的工作激情；另一方面，当员工的创新点子尝试成功后，员工自己会收获更多成就感，这些成就感会转化为其新一轮工作的动力。

8.5.3 开展各类活动，丰富员工生活

除了制度化的各种奖项，企业还可以举办各类技能比赛。一来可以提升员工的应变能力，调动员工的积极性，让他们重视自己的技能提升；二来可以让员工有参与感，让他们感受到企业重视他们的才能，并且有展示的机会和舞台。

2015年1月6日，华为运营商BG"大IT大咖秀"拉响决战的号角，从518名参赛者中脱颖而出的10名选手轮番登场，挑战难题。

解决方案重装旅周涛的目标是拿到客户CEO的名片。"我们认识吗？"扮演客户CEO的张森给他来了一个下马威。周涛马上递上自己的名片，并以分享

云转型高端论坛上某运营商 CEO 的见解为由，希望拿到客户名片。他着力强调这些见解对于客户的价值和意义。不到 90 秒时间，他成功地完成了任务。

西非地区部张涛遇到了比较棘手的问题，要在两分钟内完成和客户数字化业务转型交流。他单刀直入，直接进入主题，指出语音和短信业务明显下滑，并列举出华为帮助运营商数字化转型的成功案例，希望继续拜访客户进行深入交流。翔实具体的分析让客户动了心。

中国地区部王正一出场就和客户寒暄起来，只用寥寥几句话，就把客户也逗笑了，原本生硬的谈话氛围瞬间活跃起来。紧接着他切入主题，邀请客户听取互联网化运营转型方案。很快他也完成了任务。

尽管拿到的是不同的题目，但 10 名选手各显神通，在 90 秒时间里将自己对于大 IT 的理解以及最佳的沟通能力展现出来。

通过多样化的活动和比赛，华为建立起一系列激励机制，让员工感受到自己在公司的地位。除此之外，当员工在工作中出现压力过大的问题时，管理者应该主动关怀员工，引导员工改变观念，让他们积极参加公司组织的健康文体活动，如“变压力为活力”团队活动（见图 8-3），指导员工认识压力，应用压力测试工具进行自我觉察，正确应对压力。

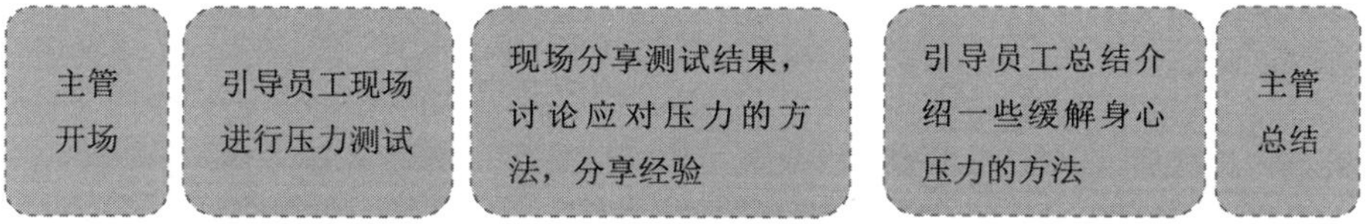

图 8–3　“变压力为活力”团队活动流程

通过开展减压活动，引导员工总结一些缓解身心压力的方法，从而正视遇到的问题，逐步减轻思想包袱。给予员工精神关怀，满足他们希望得到团队尊重的心理预期，充分激发他们的工作积极性，从而使其成为企业发展的动力。

诚然，单纯采用非物质激励的方式可以大大节省企业的成本，但长此以往，员工会认为激励是虚的，继而导致激励效果减弱。因此，企业在实施精神奖励的同时，也要善于运用物质激励。

第 9 章
激活人才

人是战略和执行的最大连接点，战略所需的关键人才是企业高层在战略执行过程中最为关注的方面。企业应该将人才作为一种战略性资源，研究怎么发掘人、吸引人、培养人和使用人，从而支撑组织战略目标的实现和长远的发展。

9.1 人力资本助推战略实现

企业战略最终要靠人来实现。当人才队伍无法满足战略需求时，企业需要采取措施优化人才结构，形成新的人才队伍，推动战略目标的实现，促使企业进入新的发展阶段。而新的发展阶段又要求企业再次优化人才队伍，由此形成良性循环。

9.1.1 将人力资本放在优先发展的位置

在知识经济的背景下，每个企业都应该明确“人是资本而不是成本”的人才定位，充分认识到人才的价值，通过对人力资本的积累、投资和扩充，实现人力资本的增值。

华为是国内最早提出人力资本优先发展战略的企业。《华为公司基本法》里提出企业家和知识创新者是企业价值创造的主导因素，人力资本的增长要优于财务资本的增长。这种理念和战略的提出，使得华为取得了有利于企业发展的人才优势。

相较于物资资本，人力资本有创新性和创造性，具有更大的增值空间。对人力资本的有效投入，常常能给企业带来成倍的回报。

阿里巴巴的创始人马云曾说过：“阿里巴巴最重要的东西，不是产品而是人。”阿里巴巴认为，人力资本和物质资本是不一样的，人是资本而不是成本，企业可以通过对人进行投资从而增加其自身的价值并创造新的价值。为此，阿里巴巴在选人与育人的决策中，更侧重于育人，邓康明曾说：“我们选人的策略是，宁肯找那些没有太多工作经验而基本素质很好的人。软实力，如乐观、不怕压力很重要，缺乏经验没关系，我们愿意投入很大的精力去培养他。”

阿里巴巴之所以能够抓住市场机遇，化解市场危机，一路高歌猛进，最主要的原因就是对人才进行有效、持续的投入。它建立了一支有能力、有担当的高素质人才队伍，这支高素质的人才队伍成了企业在不确定环境中制胜的关键因素。

人才不仅是企业的资源，还是企业发展的种子，对人才的管理关系到企业的成败。人力资源管理的各个环节，包括招聘、绩效考核、薪酬管理、培训等无不服务于企业的人才培养建设，让人才为组织发展贡献他们的光和热。

宝洁集团的前任董事长理查德曾经说过："如果你把我们的资金、厂房及品牌留下，把我们的人带走，宝洁就会垮掉；相反，如果你拿走我们的资金、厂房及品牌，而留下我们的人，十年之内我们将重建一切。"一直以来，宝洁都将人才视为最宝贵的财富，连续稳定地培养着各个岗位的人才。

作为世界 500 强之一的宝洁，在国际上被誉为"管理的大学""商业精英的摇篮"。公司所有总监以上的管理人员都是从内部提拔起来的。员工在进入公司后，管理者非常重视员工的发展，通过工作中直线经理一对一的指导，员工得以迅速成长。

而管理者也要把人才培养工作重视起来。一些管理者认为，培养人才不但耗费时间和精力，而且在短期之内看不到很明显的效果，不如奉行"拿来主义"，直接引进人才。其实，引进人才是没错的，但是，公司在吸收了新鲜血液之后，要对人才多加培养，这样"百里马"才能成为"千里马"，管理工作才会因千里马的存在而更加轻松。

对人才的投入是价值回报最大的投入。在知识经济时代，谁拥有了人才，谁就抢占了先机。如何激活人的价值创造，如何实现人才的自我管理，如何保障人才持续增值，是值得每一个管理者深入思考的问题。

9.1.2　围绕战略做好人力资源规划

真正将人才管理"虚"的方面变成一项项"实"的关键举措，还需要基于组织战略制定人才规划，让人才管理落到实处。

人力资源规划是企业经营战略规划的一部分，因此人力资源规划具有战略牵引性，也就是说，企业的人力资源规划要为企业的经营战略服务，人力资源政策、措施以及系统解决方案都要围绕企业的业务发展战略制定。而在做人力资源规划之前，先要围绕企业的业务发展战略做好人力资源预测，然后结合企业的实际情况、市场的人力资源环境，以及业务发展对人力资源的需求等确定最终的人力资源规划。

人力资源预测的作用主要体现在以下四个方面：

（1）满足企业在生存发展过程中对人力资源的需求。

（2）人力资源预测是人力资源部门与其他直线部门进行良好沟通的基础。

（3）人力资源预测是实施人力资源管理的重要依据。

（4）有助于调动员工的积极性，以及实施员工职业生涯规划。

事实上，很多企业的人力资源管理存在一些问题，比如当企业一线部门要求增加人手的时候，由于人力资源管理团队没有提前做好市场调查，结合企业的业务发展战略做好人力资源预测，导致不能及时补充人力支撑业务；或者没有做好人力资源需求和供给的平衡工作，导致各个部门无法实现人岗匹配，工作效率低下，部门经营不善。

因此，企业的人力资源管理者必须充分解读业务战略、业务规划和经营目标，如市场分布、业务规模、业务结构、业务团队等，并预测它们在未来3～5年里会发生哪些变化，真正结合战略目标，预测出每一步需要什么样的人才做支撑、人才需求数量是多少、何时引进比较合适和人力资源的成本如何等，然后才能做出较为准确的人力资源规划，满足企业在战略执行过程中对人力资源的需求。

一般来说，企业的业务类型可以分成三种：核心业务、成长业务和新兴机会。对于不同的业务类型，企业需要做出不同的人才规划。如果预测到未来有成长业务会发展成核心业务，那么该项业务在未来一段时间内，对人才的需求变化为先增加后减少，到达一定程度（转成核心业务）后会趋于平稳。而一旦有新兴机会发展成企业的成长业务，则说明在未来一段时间内，企业需要针对该业务需要的能力，设计合理的人才结构，并引进、培养相关的人才。如果企业要发展一个新兴机会，那么就需要提前布局人才。

为了满足战略执行过程中对人力资源的需求，企业需要把重心放在人力资源规划工作上，根据战略目标以及详细的业务设计和工作任务，审视企业的关键岗位和人才布局，明确需要增加的岗位及人才要求。同时，在战略执行的过程中，定期审视人才与战略行动之间的能力差距，及时替换无法胜任关键岗位的人，确保战略阵地不会失守。

9.1.3 内生外引，聚集优秀人才

在明确人力资源规划后，基本可以清楚企业具体需要的人才类型、数量和质量要求，接下来就要考虑通过什么样的策略来获取这些人才。一般来说，企业获取人才有内部培养和外部引进这两种方式。

内部培养是很多企业获取优秀人才的主要手段，阿里巴巴、华为等企业都倾向于内部培养人才。

【管理研究】华为注重内部人才的培养

任正非是个非常善于培养人才的企业管理者，孙亚芳、李一男等众多行业顶尖人才都是他一手培养起来的，他的行为也影响了华为的人才管理方式。华为非常注重内部人才的培养，并且优先给内部人才创造好的实践机会，帮助他们更快升级，充分发挥组织潜力和奋斗者的潜力。

为了拓宽高级干部的全球化视野，华为除了输送大量专家、干部到世界各地的先进企业学习交流，还鼓励华为的专家和干部多参加国际论坛和产业研讨会，希望借助这些开放的科学研讨平台，让华为的人才与世界顶尖人才加强交流，碰撞出思想的火花。

那么企业应该怎么培养人才，才能保证人才质量呢？有效的人才培养策略有很多，这里主要介绍三种。

1. 超前使用策略

超前使用就是在给员工设定任务目标的时候，要有一定的挑战性，略高于员工的现有能力。很多企业都使用超前使用策略来锻炼员工，比如马云提出的“以战养人”就是通过超前使用，让员工在执行项目的过程中锻炼自己的能力。菜鸟网络董事长童文红就是通过超前使用策略培养出来的。华为提倡的训战结合也是超前使用策略的应用。

2. 学习管理策略

建立完善的学习和发展体系，将员工的学习与职业发展联系起来，让员工学习更有目的性和针对性，激发员工自我学习和成长的热情。

3. 导师制策略

通过为新员工安排导师辅导，帮助他们更快成长。在华为，新员工进入公司之后，就会让一个老员工带他，老员工就是新员工的导师。老员工进入新岗位后，也会安排导师帮助他适应岗位工作。华为还规定，做导师也是员工晋升的条件之一。

除了通过内部人才培养获取优秀人才，企业还可以从外部获取人才。

为了加紧全球新技术“优才”的获取，华为在全球进行布局，围绕全球人才聚集地建立研究所和“能力中心”，机构随着人才走。通过“为凤筑巢”，华为建立起了全球人才体系，在全球招揽人才，并在人才聚集地毫不吝啬地投入全球优质资源。

在日益激烈的人才争夺战中，企业要想赢得主动，就必须完善人才获取策略，通过多种渠道、多种方式来获取实现企业战略所需的各类人才。

9.2 贯彻人才选拔制

人才选拔的结果不仅会影响人才发展的效果，也会影响企业战略目标的实现。建立有效的人才选拔机制，能够提高企业选到合适的人的概率，确保企业各项活动的顺利开展和进行。

9.2.1 基于任职资格选拔人才

随着市场环境对优秀人才的数量和质量要求越来越高，越来越多的企业试图通过更为科学合理的选拔制度，选拔出符合组织发展需要的人才来推动整个企业的运作。要想选拔出高质量的、合适的人才，必须有一个科学且明确的标准，用好任职资格标准是一种有效的方式（见图 9-1）。

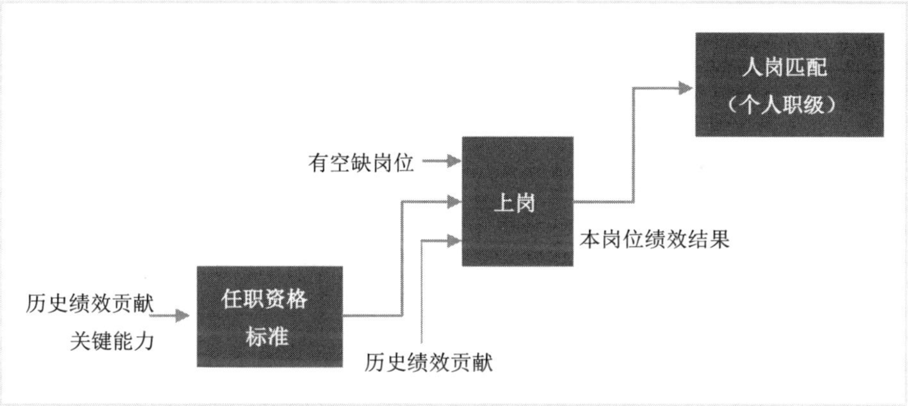

图 9–1 基于任职资格标准选人用人

早在 20 世纪末，华为就引进了英国 NVQ 职业资格标准体系，在与美国合益公司的胜任能力标准相互融合之后，形成了华为独有的类别明晰的任职资格管理体系。

华为的任职资格管理体系分为三个模块：基本条件、资格标准和否决项。基本条件用于初步判断是否可以申请一定级别的资格，主要包括学历、语言（英语、法语等），目前的职业情况，以往的从业经验。资格标准是衡量能否获得资格的主要标尺，主要包括任职资格模型(包括行为标准和素质标准)和必备知识。否决项用于对资格标准认证结果进行调整，主要考察的内容有就职后的绩效情况和个人品德。

华为在确立任职资格管理体系的同时，还明确了任职资格管理的评议内容。

任职资格管理的评议内容分为三个模块：绩效贡献、关键能力和必备知识。其中，绩效贡献用于评估员工在当前职级岗位的责任结果，分为员工在当前职位的责任要求，即责任贡献，以及员工对组织的专业贡献，如案例、专利提供等，即专业回馈。关键能力则用于评估员工承担上一职级岗位责任的能力准备度，分为能力模型和能力描述两个部分，能力模型指的是描述各职类专业能力的内容及各任职级别的能力要求；能力描述指的是专业能力的行为描述及达标关键点。必备知识是获得关键能力的基础，即描述各任职级别的必备知识以及知识要点、具体的学习材料和来源。

完善的任职资格管理体系为企业明确了不同职位的任职条件，同时，不同职位的任职资格都有一整套标准以及详细说明，员工可以依据自己的能力、爱好、企业的要求应聘相应的职位。在学习中，任职资格标准也可以作为员工审视自身能力的标准，对比两者找出差距，分析问题与原因，不断改善绩效水平，从而达到企业要求。

9.2.2 根据岗位素质模型匹配人才

许多企业在选拔人才的过程中，会更关注员工的知识、技能等外显特征，忽略一些重要的特质，如个人的潜力、职业素质等，而往往这些是一个岗位所需要的深层次的胜任特质。但是要改变一个人的深层特征，使他完全符合企业的岗位所需，不是一朝一夕的简单培训可以实现的。

1973 年，美国著名的心理学家麦克利兰提出了“冰山模型”这一概念，他将人的个体素质的不同表现划分为“冰山以上部分”——表象的部分，以及

“冰山以下部分”——潜在的部分。表象部分是个人行为、知识、技能等，而潜在部分包括个人潜能和个人素质，有个人价值观、态度、自我形象、个性品质及社会动机等，外显能力及潜在能力往往决定了个人在职场上是否自信，是否具备灵活性，能否使客户满意。因此，企业在招聘时要想真正找到胜任岗位的人才，就要全方位考虑人才的外显能力和潜在能力，而岗位素质模型就包括了外显的知识和技能，以及内隐的动机、特质、自我概念和社会角色。

华为研发岗位素质模型包括思维能力、成就导向、团队合作、学习能力、坚韧性和主动性这六种素质，同时，每种素质都有四个水平或类别，每种水平或类别都有相应的行为描述，如表 9-1 所示。

表 9-1　华为研发岗位素质模型

素质	定义	评估指标
思维能力	个人对于问题的分析、归纳、推理和判断等一系列认知活动	0. 不能准确而周密地考虑事物发生的原因，或者不能根据已有的经验或知识对当前所面临的问题做出正确的判断。 1. 将一个复杂的问题分解成不同的部分，使之更容易把握；根据经验和常识迅速发现问题的实质。 2. 发现事件多种可能的原因和行为的不同后果，找出复杂事物之间的联系。 3. 恰当地运用已有的概念、方法、技术等多种手段找出最有效的解决问题的方法
成就导向	具有成功完成任务或在工作中追求卓越的愿望	0. 安于现状，不追求个人技术或专业修养方面的进步；或者在产品开发中不尽力达到优质标准。 1. 努力将工作做得更好，或者达到某个优秀的标准。 2. 想方设法提高产品性能或工作效率；为自己设立富有挑战性的目标，并为实现这些目标而付诸行动。 3. 在仔细权衡代价和利益、利与弊的基础上做出某种决策，为了使公司获得较大利益，甘愿冒险
团队合作	愿意作为群体中的一个成员，与群体中的其他人一起协作完成任务，而不是单独地或采取竞争的方式从事工作	0. 在工作中单独作业，不与他人沟通。 1. 愿意与他人合作，与群体中的其他成员共同交流，分享信息和知识。 2. 愿意帮助工作群体中的其他成员解决所遇见的问题，或者无保留地将自己所掌握的技能传授给其他成员。 3. 主动与其他成员进行沟通，积极寻求并尊重他人对问题的看法和意见；或者鼓励群体中的其他成员，从而促进群体成员之间的合作或提高群体的合作气氛

续表

素质	定义	评估指标
学习能力	在工作过程中积极地获取与工作有关的信息和知识，并对获取的信息进行加工和理解，从而不断地更新自己的知识结构、提高自己的工作技能	0. 在专业上停滞不前，不愿意更新自己的知识结构；在工作中不注意向其他人学习。 1. 在工作中，愿意并善于向其他同事学习。 2. 从事自己不太熟悉的工作时，能够钻研资料，获得必备的工作知识或技能，从而尽快适应新的工作要求。 3. 深入地了解当前最新的知识和技术，并能够意识到它们在产业界的应用
坚韧性	能够在非常艰苦或不利的情况下，克服外部和自身的困难，坚持完成任务	0. 经受不了批评、挫折和压力。 1. 面对挫折时克制自己的消极情绪（如愤怒、焦急、失望等）或保持情绪的稳定。 2. 在比较艰苦的情况下或巨大的压力下坚持工作。 3. 有效地控制自己的压力，通过建设性的工作解除压力
主动性	个人在工作中不惜投入较多精力，善于发现和创造新的机会，提前预计到事件发生的可能性，并有计划地采取行动	0. 不会自觉地完成工作任务，需要他人督促；不能提前计划或思考问题，直到问题发生后才意识到事情的严重性。 1. 自觉投入更多的努力去从事工作。 2. 及时发现某种机遇或问题，并快速采取行动。 3. 提前行动，以便创造机会或避免问题发生

在实际操作过程中，企业可以直接对照素质模型来评定一个人的胜任力水平，行为表现在哪个等级就给出相应等级的评分，结果量化，便于观察和分析。

9.2.3 用选拔制让员工主动成长

随着时代的变化，即使是相同职位上的工作内容也会发生变化，如果员工不能通过学习成长起来，很难应对这些变化。但企业无法兼顾每一位员工的发展，一旦员工不再符合企业的要求，企业随时都会淘汰这样的员工。因此，企业在制度设计上要牵引每个员工为自己的职业生涯负责，要对自己的成长负责。

众所周知，华为有个著名的华为大学，在传统印象里学校是培养人才的基地，但任正非曾明确指出，华为大学就是个赚钱的大学，华为要借此改变以往企业苦口婆心地培育人才的方式，从培养制走向选拔制。

为此，华为专门设计了职业通道，为各级人才提供成长的空间，但能否沿着职业通道自我成长，取决于个人。

华为的职业通道设计为人才成长五级模型（见图 9-2），第一阶段是学习阶段，即通过按指令工作对组织做出贡献。这一阶段初级员工要学习本岗位工作所需的知识和技能，并且积极学习相关的专业经验和知识，通过学习掌握基本的技能和能力，能够在他人的指导下开展工作。

第二阶段是应用阶段，即通过自己独立工作对组织做出贡献。这一阶段员工成长为有经验者，需要学习独立完成工作所需的知识和技能，并开始发展相关领域的知识。

第三阶段是扩展阶段，即通过自己的技术专长对组织做出贡献。这一阶段的骨干员工须具备某一领域的技术专长，且能够为他人提供一些专业支持，同时要跟踪本行业的发展动态，迅速掌握相关知识。

第四阶段是指导阶段，即通过指导他人而对组织做出贡献。这一阶段的专家干部需要对某个领域有深刻而广泛的见解，具有创新思想和方法，能够作为导师为更多员工提供有效的指导，并且为他人提供业务增长的机会。

第五阶段是领导创新阶段，即通过战略远见为组织做出贡献。这一阶段的权威专家要具备系统全面的技能和知识，可以根据专业判断制定出有效战略，推动专家干部发展，并且其专业实力和专业水准被业内同行认可。

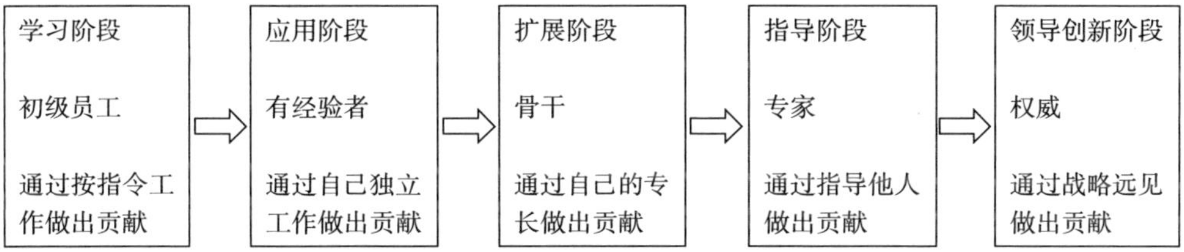

图 9-2　华为职业通道设计——人才成长五级模型

学习是员工个人的事情，企业不为此负责，企业只负责选拔出最优秀的人才为企业服务。人生处处充满机会，充满希望，希望和机会都掌握在每个人自己手上。人如果只是被动地接受培训，那只能停留在一定的级别上，不能往更高的层次上走。

个人自我价值的实现，很大程度上是需要靠自己发掘和培养的，外人、外在因素、别人的培训只是起到一个指引的作用。只要开放自己，广泛地吸收别人的营养，珍惜时间和机会，找到自己的人生切入点，加强自我培训，就可能通过主动学习成长为企业重视的人才。

9.3 明确人才任用理念

人与人的个体差异是巨大的，博而精的超人是没有的。因此企业需要尽可能地知人善任，使每个人在团队中发挥最大效用。

9.3.1 用人所长，不求全责备

很多企业在选拔人才的时候都非常看重学历和经验，在提拔干部的时候也会优先考虑这些高学历的人才，但是如果严格按照全能完美模型去选拔人才，对于组建一支能打胜仗的人才队伍毫无帮助，因为“完人”也许做不出大贡献，但吸收有突出特长和杰出能力的人才，就能组建一支战斗力极强的队伍。

阿里巴巴的用人之道可以概括为一句话——只要岗位匹配，用人可以不拘一格。前任首席人才官彭蕾和马云一样，都是大学教师出身，她还从公司前台提拔了没有任何学历及专业优势的童文红，后来童文红成为集团副总裁；集团首席风险官邵晓峰曾经是杭州市公安局刑事侦查支队一大队大队长……

当下社会，年轻的“90后”“00”后员工不仅具备极佳的创造能力以及对工作的激情，更是个性各异。如果磨灭员工的个性，无异于将煤炭洗白，是毫无价值且没有意义的，而且在某种程度上，可能会造成组织丧失活力。

学历是次要的，经验是可以积累的，要想真正发挥人才的效用就要懂得抛开这些因素，从人才本身出发，抓住其身上别人没有的优势，并加以利用，从而满足企业对各方面人才的需求。

华为公司高级副总裁陈黎芳在一次与新员工的交谈中分享了华为对于员工个性差异的看法，也反映出华为对于员工个性的包容。她提到人脑分为四个区

域，每个区域擅长的领域是不同的，有的区域擅长数据、逻辑和判断等，有的区域关注事物本质及行为习惯给未来造成的影响……同时，每个人大脑的四个区域的偏好度是不一样的，这也就意味着，每个人各有所长的同时由于取向不同导致个性各异，但企业不同岗位不同职责所需要的员工素质恰恰是不一样的。因此，在尊重和欣赏个体差异的基础上，关注每个员工擅长的领域并利用好其专长，发挥出员工的价值才是企业真正要做的事情。

特雷默定律是英国的管理学家 E. 特雷默提出的人才定律，他表示企业里没有无用的人，虽然每个人的才华高低不同，但一定各有长短，只要企业能够妥善利用每个人的优势，就能够人尽其用，为企业创造价值。这也是任正非对人才的看法，在他看来，没有无用的人，只有不会用人的企业。

海尔总裁张瑞敏也曾说：“兵随将转，无不可用之才。作为一个领导，你可以不知道下属的短处，却不能不知道下属的长处。”可见，在众多一流企业中，领导者都提倡企业要去发掘人才的长处并且放大这些优点，在企业中找到最佳着力点，也就是最佳岗位，充分发挥这些人才的能力。

9.3.2 用末尾淘汰制传递压力

GE 活力曲线是由 GE 公司前 CEO 杰克 · 韦尔奇提出的给企业带来活力的方法，实际上也就是被各个企业广泛使用的末位淘汰制，指的是将工作业绩靠后的员工淘汰，以此来传递压力，激发员工工作积极性的负激励方法。

“好望角蜜蜂”是一种从来不工作，只会享受其他蜜蜂劳动成果的蜜蜂。这种蜜蜂依靠强大的伪装能力，寄生在其他蜜蜂的卵中，靠其他工蜂抚育。“好望角蜜蜂”拥有出色的隐藏能力，能够数月不被发现，并且能够在几个月时间内生产数倍的后代，但它们在这个过程中，只会消耗别的蜜蜂辛苦采集的花蜜，从不劳作，它们寄生的卵巢在几个月之后就会崩溃。而“好望角蜜蜂”就会在此时全身而退，寻找下一个“饲主”。

事实上，这种“蜜蜂”存在很多企业中，一些业绩不合格的员工被上一个部门推到下一个部门，干一段时间不行了就又换一个部门，一年又一年，因为主管想着："人都要走了，打个C吧。""刚来新的环境，有个熟悉的过程，打个C吧。"就这样，这些企业里的"好望角蜜蜂"找到了生存方式，一路混到底，没有业绩，不产蜜，但一次又一次找到了新的寄生地，从而消耗企业的能量和资源，长此以往给企业造成巨大的伤害。

其实，要解决这一问题的最佳办法就是就地处理，将这些"好望角蜜蜂"清除出组织。同时也告诫其他组织成员，如果不努力工作，创造好业绩，就只能被组织淘汰。

对于组织而言，落后和惰怠就像传染病，不根除病源病毒就会扩散繁殖。企业如果不能及时清除掉这些落后者，就会大大挫伤其他员工的积极性，团队士气也会随之低落。实行末位淘汰制，则使组织成员保持危机意识，也让组织能够保持活力。同时，从公平性角度看，末位淘汰制不仅是对落后者的最佳处理方案，也是对优秀员工的最佳激励方式。

1995年，任正非在年底总结大会上首次提出末位淘汰的思想，目的是挤压队伍、激活组织，鼓励先进、鞭策后进，充分激发员工的工作积极性。他说："每年华为要保持5%的自然淘汰率与10%的合理流动率。哪个部门的人员凝固了，就说明那个部门的领导僵化了。"

2011年，华为提出末位淘汰制主要应该强调干部的末位淘汰，将排在后面的末位干部淘汰掉，形成挤压，逼迫先进者更先进，从而产生更多的将军。对于基层员工，则应该各尽所能、按劳分配、多劳多得，基层员工的考核过程要简单，导向要清晰。对于操作类员工，只有绝对考核的标准基线，没有人和人的相对比较。

2019年6月18日，任正非在干部管理工作汇报会议上总结说："主官、主管一定要实行每年10%的末位淘汰，迫使大家自我学习，科学奋斗。下岗的管理干部一律去内部人才市场重找工作机会。实在需要向下安排岗位的，一定要先降到所去岗位的职级，并继续考核不放松；专家一定要通过'以考促训'提高自己的能力，不断地通过循环考核、考试，在实践中做出贡献才给予评价。在循环考核、考试中区别使用，合理淘汰。专业人士主要做好自己的本职工作，对过程负责，不对结果负责，准确、及时、认真地服务，实行绝对考核，不进行相对考核，不实行末位淘汰。”

正如华为所做的那样，贯彻落实末位淘汰制，将长期绩效不好、对组织没有贡献的员工清除之后，不仅减少了人力资源的浪费，还对那些待改进的员工产生震慑，给所有的组织成员都传递了无形的压力，使得组织成员的危机意识渐浓，从而将更多心力投入工作中，组织活力及战斗力大幅提升。

9.3.3　给予人才试错的机会

要求员工保持高绩效水平，并不是不允许员工犯错。对于员工的工作情况，企业不应该局限于一时的成败，而要以容忍失败的胸襟看待成功与失败，跌倒之后站立起来的过程实际上是最为宝贵的积累经验的过程，也是从另一个角度学习更多知识的过程。

心理学家曾经做过一个实验。

把一个玻璃管放在一个黑暗房间里，玻璃管一端是封闭的，另一端是开口的。将一只蜜蜂和苍蝇放进去，然后在玻璃管封闭的一端提供照明，结果，苍蝇很快就出来了，而蜜蜂一次又一次地朝着亮光的一端（封闭的一端）撞击，试图穿过去。

为什么？答案是苍蝇发现亮光处无法穿过，就会乱撞一通，最后“误打误撞”找到了出口。

实验指出，在做事过程中必要的犯错更能接近目标。在索尼公司，一个经理如果从来没有犯过错误，是不能被提拔的。其他的世界知名企业如三星、3M 等公司在研发上都非常容忍失败。

3M 公司有一个很著名的做法：鼓励“Honest Mistake（美丽的错误）”。领导者对于工作偶有失败的员工表示理解，并允许他们犯错误。就像外界评论家所说的：“3M 公司从来没有过员工因为希望多做点事情，结果没有做好而被惩罚的例子。”

3M 公司的很多伟大的发明都源于“美丽的错误”，被广泛应用的便利贴就源自一个技术错误。当时，3M 公司的一位工程师在新产品实验中弄出了一种胶带，但这种胶带粘什么都粘不牢，随便一撕就会掉。3M 公司以胶带制造技术闻名于世，该工程师却弄出了这样一种粘不牢的胶带，其尴尬可想而知。但3M 公司后来成功地将此技术运用到了办公室贴纸上，结果大受市场欢迎。

后来，3M 公司确立了一个重要规定：“只有容忍错误才能够进行革新。”3M 公司基于“失败的经验也是宝贵的财富”这一理念给员工最大的自由空间，鼓励他们去试验新点子，并告诉他们，把“失败当作学习的过程”。

可见，成功的企业对待失败并不是一味地持否定态度，而是鼓励员工从错误中学会转换思维，另辟蹊径去解决问题，而往往在这种思维转换的过程中，员工能够探索出真正的成功之道，或者走上另一条与原计划不同的胜利之路。

当然，企业的宽容并不是毫无原则的迁就，而是在失败率高、需要通过不断试错才能探寻出出路的领域给员工更大的自由空间。

9.4 围绕业务培养人才能力

为确保战略能够顺利实施，组织和人才的能力要匹配。也就是说企业人才队伍建设要全力支撑战略需求。企业业务发展需要什么样的人才，需要人才具备什么样的能力，就要从这些方面来建设人才队伍，使人才能力对战略目标的实现形成强有力的支撑。

9.4.1 盘点人才能力，找出差距

围绕业务构建人才能力，需要对人才能力进行盘点，找出能力差距。在此

基础上，有针对性地培养人才，牵引人才发展，为企业储备优质的人才资源。

开展人才盘点时，可以将绩效考核和素质评估作为盘点的两个维度，然后根据潜力 / 绩效等级参考表进行评估，识别出关键人才（见表 9-2）。

表 9-2　潜力 / 绩效等级参考表

等级	具体说明
高潜力 S	在 1 年之内有能力可以承担更高的职责或挑战
中潜力 A	在 1 ~ 2 年之内有能力可以承担更高的职责或挑战
低潜力 B	在 3 ~ 5 年之内有能力可以承担更高的职责或挑战
没有潜力 C	在未来几年之内，看不出有能力可以承担更高的职责或挑战
卓越绩效 S	每次工作都出类拔萃，成为企业甚至行业的榜样
优秀绩效 A	几乎总是能够出色完成任务，是值得信赖的公认的优秀员工
良好绩效 B	基本能够较好地完成工作任务，工作表现较为稳定
有待改善绩效 C	工作业绩不能达到要求

将绩效考核、素质评估和潜力 / 绩效等级参考表相结合，可以制作出绩效潜能矩阵图，纵轴是绩效考核的结果，横轴是素质评估（态度 / 能力）。这个矩阵图可以反映出员工的全面绩效，也可以从中了解到人才队伍的状况和现有人才的特点，如图 9-3 所示。

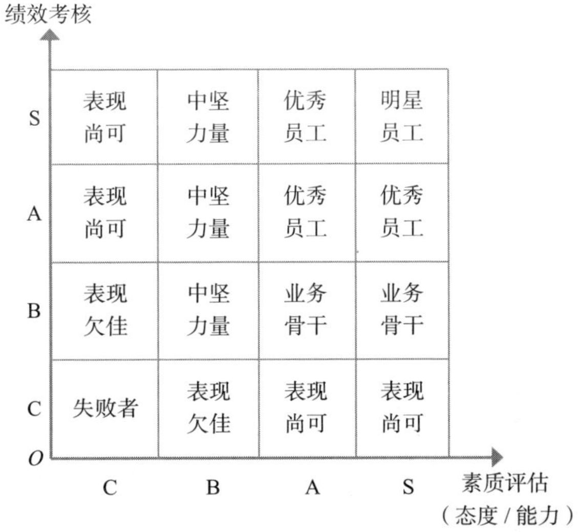

图 9-3　绩效潜能矩阵

针对绩效潜能矩阵盘点出的结果，可以将员工分为明星员工、优秀员工、中坚力量、业务骨干、表现尚可、表现欠佳和失败者七类，对于不同类别的员工，需要采取不同的培养或处理办法。

明星员工和优秀员工是需要重点关注的高潜力人才。对于这类人才，企业要给予他们更多的发展机会，加速其发展的速度。

对于中坚力量者，企业要考虑让其进一步发展，让他们承担更大的业绩责任，并提供有针对性的培训和指导，帮助其进一步提升业绩和能力水平。

对于业务骨干，企业要考虑加强对他们的职业素质和能力的锻炼，传授他们业务经验，帮助他们成长为内部骨干。

对于那些表现尚可的人，如果绩效较好但是素质评估差，则需要仔细分析他们的优势，为他们提供更多的工作指导或者调换职位。如果素质评估好但是绩效不好，可考虑先保留原位，然后加强对其能力和职业素养的训练，提高其业务水平。

对于那些表现欠佳者，企业先给予警告，并提供有针对性的发展支持和能力辅导。

对于绩效和素质都较差的失败者，企业可考虑在三个月内对其进行岗位调整。

对人才梯队的盘点并非简单停留在对人才数量和质量的盘点上，而是对标目标岗位的能力要求，对梯队人才的能力进行深入盘点，识别能力差距。之后，就可以对员工有针对性地开展赋能项目。

9.4.2 训战结合，为人才赋能

任何企业想要谋求长远发展，都要主动适应市场的变化，转换思维，以更高远的视野探寻更多的发展机会。为此，企业需要鼓励员工在实战训练中开阔视野，找到适应新环境的方式，探寻出新时代中赢得客户青睐和信任的特质，以此来推进组织发展。

华为非常重视一线基层干部转身的过程，开发了基层干部在岗角色认知和实践的检验项目，通过这个项目让基层干部进行为期一周的核心价值观的学习研讨、角色认知研讨，之后再进行半年的在岗实践，然后再进行述职、答辩，合格的人才能够进行人岗匹配。基层干部角色认知和在岗实践项目如图 9-4 所示。

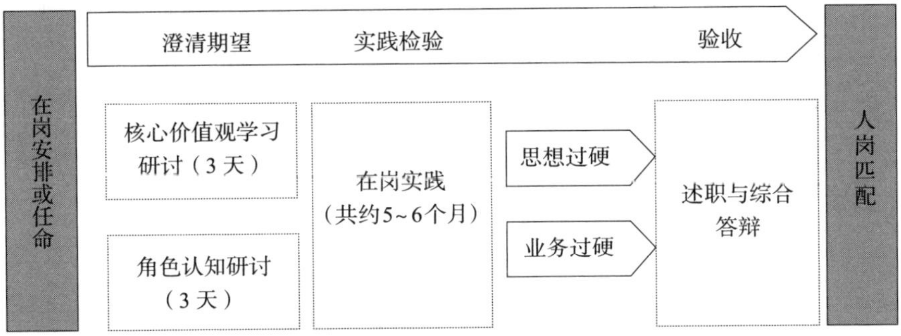

图 9–4　基层干部角色认知和在岗实践项目

在澄清期望阶段，通过核心价值观的学习和角色认知研讨过程，将公司对于岗位的期望明确传递出去，让员工知道公司希望自己做什么，建立起对岗位的清醒认知；在 5 ～ 6 个月的在岗实践中，员工把学到的知识带回到工作岗位上进行练习的同时，还要去采编管理的案例以及公司文化的案例，通过具体实践固化行为，真正做到训战结合；在述职与综合答辩中，只有“思想过硬”和“业务过硬”的员工才能通过考核。

华为为了帮助人才成长，提供了许多赋能项目和学习的机会，但最好的赋能是实践，只有在实践中自我培养，才能抓住机会快速成长。

阿里巴巴也强调，培训犹如一场军事演习，只有经过战场的历练，员工才能真正得到成长。因此，阿里巴巴对新员工一开始就安排了高强度的工作。比如，工程师需要连续 88 个小时写代码或修漏洞，这样的魔鬼训练能够让员工更好地承担“双 11”的工作重任。

9.4.3 用优秀的人培养更优秀的人

英国学者贝尔纳天赋极高，是一名科学天才，有很多人看好他在晶体和生物化学领域的研究，认为他能够获得诺贝尔奖，但贝尔纳没有按照旁人预期的那样走上科学的高峰，而是走上了另一条道路，他尽自己所能将一个个开拓性的课题提出来，指引其他学者登上科学高峰，这一举措大大推动了世界科学的发展，他的这种伯乐精神和牺牲精神也被称为贝尔纳效应。

实际上，在企业中也需要管理者具备这种人梯精神，能够为更多有才干的下属创造脱颖而出的机会。因此，很多优秀的企业基于贝尔纳效应提出了要让优秀的人培育新人，指导更多有才能的人为企业做出贡献。

阿里巴巴新入职的员工有3个月的“师父关怀期”，在这期间，由师父指导徒弟完成各项工作。阿里巴巴的师徒制度秉承16字辅导方针：我说你听，我做你看，你听我说，你做我看。这种师徒制度促进了新老员工之间的交流，也让新员工得到了更好的成长环境。

另外，阿里巴巴还要求各级管理岗位的干部“一对一”地培养接班人，主动为公司发掘人才。这样一来，当公司业务规模快速扩张时，就有足够的人才资源来填补各个岗位的空缺。

华为也经常强调要用优秀的人培养更优秀的人，干部要敢于提拔任用能力比自己强的人，积极为有才干的下属创造脱颖而出的机会。

华为公司高级管理顾问吴春波在谈到华为是如何做好人力资源管理工作时，他表示华为善于利用中国最丰富的资源，也就是人力资源，依靠一大群聪明、勤奋的优秀人才通过“人才培养人才”的方式，帮助华为把“喜羊羊”变成了“大灰狼”，把华为的青年知识分子变成能打胜仗的战士。

做过泡菜的人都会发现，将不同的蔬菜放在同样的卤水中浸泡一段时间之后进行卤制，这些蔬菜的味道会非常相近。同样的道理，当不同的员工处于同样的环境中，因为长时间的耳濡目染，这些员工的职业素养、思维方式、工作能力等都会变得越来越接近，这就是管理学家所说的“泡菜效应”。如果企业能够利用这一点，让优秀的员工带动组织中的其他员工，久而久之，这个组织中的所有成员就会变得越来越优秀，这也就是人们常说的“近朱者赤，近墨者黑”。

9.5 建立人才流动的保障机制

《吕氏春秋》中写道：“流水不腐，户枢不蠹，动也。”意思是水要经常流动才可保持其新鲜，门轴要经常转动才不会腐蚀生锈。企业管理也应该如此，保持人才的循环流动，企业的生命力才能持久。建立人才流动的保障机制，让内部人才充分释放潜能，保持人才活力，能更加有力、有序地推动企业前进。

9.5.1 建立内部人才市场

建立内部人才市场是保持内部人力资源活力的有效方式之一。通过促进内部人力资源的有序流动，能帮助企业发现更多优秀的干部和专家，从而优化配置人才资源。同时也充分调动了员工的积极性，激活老员工，激发出组织活力。

腾讯公司于 2012 年年底启动了活水计划，希望通过构建完善的内部人才市场机制，帮助员工在公司内自由地寻找发展机会，同时也为公司重点产品和业务发展提供人才支撑。

从 2010 年开始，腾讯在很多领域的业务高速发展，不少岗位需要补充优质人才。但当时，很多管理者不愿意自己的下属申请内部转岗。为此，腾讯在 2011 年制定了内部人才市场规则，规定“在当年岗位工作一年及其以上且最近一次绩效非‘低于预期’的员工都可以申请内部应聘，且当前上级不能阻止其调出”。尽管如此，内部人才市场仍然没有达到应有的效果，大家对内部人才市场的认知还是不够，不管是员工还是管理者，对内部人才流动都心存疑虑。于是，腾讯在2012年年底推出活水计划，希望通过该计划让员工永葆激情与活力。

当员工对内部人才市场存有顾虑时，企业应该如何做才能让员工保持开放的心态呢？对此，腾讯总结了三条经验：一是进行文化宣导，转变员工思维；

二是提供平台，链接产品与人才；三是关注员工声音，及时优化机制。

为了加强文化宣导的效果，腾讯从公司各个层级邀请代表来为活水计划代言，他们呼吁管理干部保持开放的胸怀，鼓励员工积极挑战自己。同时推出了一个连载漫画《小T转岗记》，结合场景介绍了小T应聘到一个新团队的具体过程，甚至还给员工准备了一些沟通场景的攻略，如“内部应聘应如何与当前上级沟通”等。

为了帮助公司需要重点发展和投入的战略级产品和项目快速吸引人才，腾讯推出linkshow平台，产品负责人以“现场分享＋全公司直播”的方式分享产品的发展理念、计划、人才未来的成长空间等，快速传播人才需求信息。除此之外，腾讯还向员工推送“内部招聘专案”邮件，发布公司重点产品、项目的人才需求，吸引大家参与。

在活水计划实施过程中，腾讯会时刻关注员工的需求和意见。有员工反映，招聘部门面试官将自己的应聘信息“泄露”给了自己的上司，腾讯立马启动了信息保密教育，并制定泄露信息的相关处罚机制。

活水计划自实施以来，给公司带来了很多积极的影响和成效。腾讯集团高级副总裁奚丹坚信内部人才市场机制是预防大企业病的有效措施之一，他表示：“活水计划提供了一种人才有效配置的市场机制，当每一个个体都能在组织中不断寻找更有激情的舞台，焕发出新的活力，整个组织才会变得更有活力。”

9.5.2 用岗位轮换加强人员流动

在企业中，干部久居固定岗位，容易生成惰怠现象，致使组织活力下降；且长期在同一岗位，也容易形成个人权力圈，致使企业发展不平衡。于是华为提出要对中高级主管实行轮岗换位，保证人才结构动态化，以此推进企业稳定发展。

在华为，轮岗并不是简单的岗位轮换，它包括两种情形，第一种是业务轮换，第二种才是岗位轮换。华为的业务轮换是单纯地从提升业务能力的角度出发的。例如让研发人员从事中试、生产、服务等，以便让研发人员掌握和领会技术商品化的内涵，并用于实践，同时这种交流也使技术人员对其他领域有所了解，以消除技术至上引起的偏见。

岗位轮换则是伴随着绩效考核进行的，即不合格的降职，合格的升职。这一举措在许多外行人看来很平常，但华为在执行这一政策时，采取的规模和力度都远超其他企业。例如，华为市场部集体辞职事件，上至事业部总裁下至普通员工，全部归零，通过竞聘的方式进行答辩，公司根据其具体表现、发展潜力和公司发展的需要，重新任命。

从华为大规模推行轮岗换位制度可以看出，这种轮岗换位不仅能激励员工学习更多专业技能，也帮助员工拓展了职业宽度，同时，避免了有些人处于“提前退休”的惰怠状态，有效激活了各级干部。

和华为一样，在阿里巴巴，管理干部要想获得更好的提升，除了要完成接班人计划，还必须有轮岗经历。阿里巴巴一直以严格的内部轮职制度实现管理层的循环赋能，通过管理层的人员流动培养更多“多专多能”型人才。

阿里巴巴的轮岗文化是从阿里铁军开始建立的。曾任阿里巴巴 B2B 公司 COO 的李旭晖指出，阿里巴巴的大区经理都是从一线销售走过来的，在他们职业晋升过程中，阿里巴巴数次调动他们的岗位，让他们重新归零，从头开发新市场。因为频繁调动，这些销售人员不断积累新的人脉关系，并且能够从容地应付一切工作上的突发状况。久而久之，即使在公司发布调令仓促、反应时间有限的情况下，很多区域经理第一反应都是“什么时候出发？”，并且能够在很短的时间内处理好相关事宜。

马云认为这种灵活应对一切工作事项的能力要在管理层干部中普及，于是在 2007 年年底，马云向员工发了一封公开信，宣布旗下四大板块高层将进行轮岗换位。之后，包括阿里巴巴执行副总裁孙彤宇、集团资深副总裁金建杭以及李琪、吴炯等多名阿里巴巴的高管通过“离岗进修”或岗位调整进入“干部轮休学习期”。

随着企业规模的扩大，企业内部层级越来越多，管理上的难度也越来越大，华为、阿里巴巴等大企业都有意识地建立了干部轮岗制度，让更多干部通过跨部门、跨专业甚至跨国学习，在一次次的岗位轮换和循环学习过程中，提高管理能力，向“多专多能”型人才转型。

9.5.3 推行能上能下的人才管理制度

美国管理学家劳伦斯·彼得经过一系列的研究之后提出了彼得原理，他表示在企业的等级制度中，不可避免地存在部分组织成员因为个人某种特质或特殊技能，被提拔到他并不能胜任的岗位上，这样一来他就成为组织的障碍物或负资产，反而使得组织发展受到限制。

任何企业，人力资源机制都应该是一个持续的动态激活机制，保证组织结构动态化，并使得企业保持更高的灵活性，以适应市场需求的变化。因此，企业需要通过能上能下的晋升体系，激励内部人才向上或向下自由流动，让高能的人走上去，让低能的人走下来，并且重新积累能力以获得再次晋升的机会，从而使企业始终充满活力。

《华为公司基本法》中明文规定，华为的每一位员工都能够通过自己的努力和贡献，以及在工作中增长的才干，获得职务晋升资格。与此同时，为了保证公司能够选拔出最符合公司需要的干部，维护职务竞争的公平性，坚决推行能上能下的干部制度。

华为干部能上能下的实现，离不开客观公正的评价机制。华为拥有明确客观的干部甄选标准，通过公正规范的程序评价干部，并将评价的结果作为干部“上”或“下”的依据。

华为的能上能下是彻底的能上能下，岗位发生变化之后薪酬也会随之改变。华为将易岗易薪作为对干部的一种考察，在降职降薪之后还能保持良好心态并认真开展工作的干部，公司会重点关注并将其作为今后可提拔的对象。

干部要实现能上能下，岗位就必须能进能出，华为的岗位轮换制度和干部之字形成长路径为岗位能进能出提供了很好的制度保障。在实际中，不可能每个干部都能适应自己的岗位，总有部分干部在经过实践之后发现自己在某些能力方面存在缺陷和不足，即使经过系统培训也无法胜任工作，此时岗位轮换制度就可以为其提供更多的选择，可以根据自身的实际情况转换发展通道，如从管理通道转到专家通道，这也符合干部之字形成长的内在要求。

总的来看，华为一贯倡导并坚持执行干部选拔和淘汰、岗位轮换制、干部之字形发展的要求等，为华为能上能下的人才管理提供了坚实的制度保障。通过干部能上能下的制度，让有能力的人上去，给予他们担更大责任的机会，保证了优秀人才在公司内部合理流动，让组织能永葆活力。

参考文献

[1] 黄卫伟. 以奋斗者为本 [M]. 北京：中信出版社，2014.
[2] 黄卫伟. 以客户为中心 [M]. 北京：中信出版社，2016.
[3] 王方华. 企业战略管理 [M]2 版. 上海：复旦大学出版社，2011.
[4] 李文波. 敏捷转型：智能商业时代的组织变革 [M]. 北京：电子工业出版社，2019.
[5] 杨国安，尤里奇. 组织革新——构建市场化生态组织的路线图 [M]. 北京：中信出版集团，2019.
[6] 兰涛. 华为智慧：转型与关键时刻的战略决策 [M]. 北京：人民邮电出版社，2020.
[7] 王玉荣，葛新红. 流程管理 [M]5 版. 北京：北京大学出版社，2016.
[8] 陈立云，金国华. 跟我们做流程管理 [M]. 北京：北京大学出版社，2010.
[9] 考拉看看. 阿里巴巴管理法 [M]. 北京：机械工业出版社，2020.
[10] 倪志刚，孙建恒，张昳. 华为战略方法 [M]. 北京：新华出版社，2017.
[11] 王钺. 战略三环：规划、解码、执行 [M]. 北京：机械工业出版社，2020.
[12] 李冠辰. 华为为什么能 [M]. 北京：中国青年出版社，2019.
[13] 陈雪萍，陈悦，岑颖寅，陈玮. 战略破局：思考与行动的四重奏 [M]. 北京：机械工业出版社，2020.
[14] 王建和. 阿里巴巴管理三板斧 [M]. 北京：机械工业出版社，2019.
[15] 陈伟. 腾讯人力资源管理 [M]. 苏州：古吴轩出版社，2018.
[16] 何建湘. 企业文化建设实务 [M]. 北京：中国人民大学出版社，2019.
[17] 陈国海，刘贵鸿，陈祖鑫. 阿里巴巴政委体系 [M]. 北京 : 企业管理出版社，2019.
[18] 鲁梅尔特. 好战略，坏战略 [M]. 蒋宗强，译. 北京：中信出版集团，2017.
[19] 权五铉. 战略定力 [M]. 李民，译. 江苏：江苏凤凰文艺出版社，2020.
[20] 里维斯，汉拿斯，辛哈. 战略的本质：复杂商业环境中的最优竞争战略 [M]. 王喆，韩阳，译. 北京：中信出版社，2016.
[21] 卡普兰，诺顿. 平衡计分卡——化战略为行动 [M]. 刘俊勇等，译. 广州：广东经济出版社，2013.
[22] 戴维. 战略管理：概念与案例 [M]13 版. 徐飞，译. 北京：中国人民大学出版社，2012.
[23] 凯斯勒，凯茨. 企业组织设计：如何利用组织设计驱动业务结果的达成 [M]. 江阮渊，张善依，译. 北京：电子工业出版社，2020.